혁신고등학교,
무엇이 다른가?

혁신고등학교, 무엇이 다른가?

초판 1쇄 인쇄 2021년 7월 15일
초판 1쇄 발행 2021년 7월 24일

지은이 김현자·김성천·김태호·나현주·이정화·허연구
기획 경기도교육연구원

펴낸이 김승희
펴낸곳 도서출판 살림터

기획 정광일
편집 송승호·조현주
북디자인 이순민

인쇄·제본 (주)신화프린팅
종이 (주)명동지류

주소 서울시 양천구 목동동로 293. 22층 2215-1호
전화 02) 3141-6553
팩스 02) 3141-6555
출판등록 2008년 3월 18일 제313-1990-12호
이메일 gwang80@hanmail.net
블로그 https://blog.naver.com/dkffk1020

ISBN 979-11-5930-197-1 03370

혁신고등학교, 무엇이 다른가?

학교의 역동과 학생 삶의 다채로움

김현자·김성천·김태호·나현주·이정화·허연구 지음

경기도교육연구원 기획

살림터

혁신학교 정책의 도입과 함께 더 나은 학교를 만들고자 하는 실천이 도모된 지 10년을 넘으면서 또 다른 변화를 모색하려는 움직임으로 분주하다. 새로운 모델학교로서의 혁신학교에 대한 학생, 학부모, 교원의 열망과 헌신적 참여는 학교 혁신의 철학과 전반적 체제를 구성하는 원동력이 되어 왔다. 학교의 교육과정을 만들고 전개하는 데 중심적 역할을 담당하는 교원은 학습공동체에서 활동하면서 교육 혁신에 대한 이론을 익히고 학교에서의 실천을 뒷받침할 근거와 방법들을 연구하였다. 외형적으로는 혁신학교가 전국으로 확산되었고 혁신의 고유한 실제들도 축적되었지만 그것으로 학교와 교육의 혁신이 실현되었다고 말하기 어려울 것이다. 많은 교육공동체가 혁신교육에 대한 성찰과 자문을 거쳐 새로운 교육의 장을 펼쳐야 하는 과제에 직면해 있다.

그러한 성찰과 자문의 일환으로 우리는 변화된 학교운영 체제와 가치 지향성을 바탕으로 창의적 교육과정을 적용하여 학생들이 삶의 역량을 기르도록 시도한 흔적들을 경기도 초기 혁신고등학교들에서 되짚어 보기로 하였다. 우리는 2019년 경기도교육연구원의 연구 과제로 8개월 여의 자료 조사와 분석 작업을 거쳐 "경기도 혁신고등학교 학생의 생활 경험과 졸업 후 삶" 보고서를 작성한 바 있다. 당시 우리에게 제시된 과업은 '혁신고등학교에서 교육받은 학생들이 졸업 후 어떻게 달라졌는가' 즉 혁신학교의 교육 효과는 무엇인가에 대하여 답을 제시하는 것이었다. 우리는 고등학교 수준에서의 학교와 교육 혁신 성과를 교과 시험 점수와 입시 실적으로 환원시켜 입증하는 통속적인 접근을 하지 않기로 하였다. 우리나라에서 고등학교는 대학 입시 준비 기관의 역할을 중심으로 기능하므로 고등학교의 교육 내용과 방법을 바꾸는 일은 발상부터 쉽지 않고 학생과 학부모에게도 환영을 받기 어렵다. 그러므로 학생들이 초등학교와 중학교에서는 혁신된 교육을 향유하였더라도 고등학교에서는 종래의 입시 중심 교육으로 복귀할 가능성이 상존한다.

우리는 그러한 현실을 인정하고 초기 혁신고등학교들에서 학생들이 역동적으로 배우고 삶과 밀착된 학습을 하도록 이끌었던 시도들이 그들의 학교 생활 과정에 어떻게 스며들었고 또 졸업 후 생활에 어떻게 연결되고 있는지에 초점을 맞추어 답을 찾고자 하였다. 그러한 우리의 관점에는 학교 혁신 노력이 고등학교 수준에서도 계속 이어지고 이후 단계에서도 중요하게 수용되어야 공교육 혁신이 굳건한 흐름으로 자리 잡을 것이라는 기대가 깔려 있었다.

우리는 혁신고등학교 정책 초기부터 혁신학교로 지정을 받아 학교 변화를 시도해 온 8개 고등학교에서 24명의 졸업생들을 찾아 그들의 학교 생활과 졸업 후 삶에 대한 이야기를 모았다. 대학생, 직장인, 또는 취업준비생으로 살고 있는 그들과 각처에서 만나 각자의 고유한 개인사 조각들을 맞추면서 봄과 여름을 보냈다. 우리는 학생을 존중하고 배움과 관계의 의미를 새롭게 세우려는 신념으로 학교 현장을 지키는 선생님들을 만났다. 또 수업과 여러 활동을 통하여 주도성을 시험하였거나, 재미있는 공부와 시험을 위한 공부 사이에서 갈등하였거나, 또는 지름길을 가지 못하고 우회로에 올랐던 학생들을 보았다. 학부모가 혁신학교의 실천을 지지하거나 자녀의 행복을 우선시하는 교육에 흔쾌히 동의하는 데도 적잖은 시간이 걸릴 것이라고 짐작하였다.

우리가 구성한 혁신고등학교 학생들의 이야기에는 행복한 학교 생활에 대한 온기와 만족감도 있지만, 부족함에 대한 솔직한 인정과 학생들을 진심으로 배려하는 방식이 무엇인지에 대한 충고도 들어 있다.

우리가 보고서를 책으로 엮어 보겠다고 결심한 것은 혁신고등학교가 다른 고등학교들에 비하여 차별적인 교육 성과를 달성한 증거를 보여주겠다는 목표의식이나 욕심 때문이 아니다. 그보다는 학생들이 학교 공부를 하면서 자기 존재성과 삶의 가치에 눈뜨고 부지런히 활동하고 실천한 경험을 새로운 형질로 건사하여 고등학교 이후의 삶을 꾸리는 힘으로 변환시키는 모습을 일부나마 공유하고 싶었기 때문이다. 혁신학교는 학생들에게 함께 추구해야 할 가치를 보여주었고, 속도를 맞추어 걸어야 할 이웃을 챙겨 주었으며, 찾아 가꾸어야 할 꿈의 싹을 틔워 주었다. 우리가 만난 혁신학교 졸업생들이 각자 혁신교육의 의미를 삶 속에서 계속 재구성해 가듯이 혁신학교도 졸업생들의 목소리 속에서 새로운 변화와 또 다른 혁신의 길을 개척하기를 바란다. 그리고 우리 사회가 혁신고등학교와 대학 및 사회를 연결하는 다양한 양식들을 정교하게 수립하여 각기 뜻을 가지고 공부한 학생들을 따뜻하게 한껏 품을 수 있기를 기대한다.

 끝으로 이 책이 만들어질 수 있도록 고등학교 생활 경험을 들려 준 졸업생들, 각 학교의 상황을 정리해 주신 선생님들, 연구 수행 과정을 지원해 준 경기도교육연구원 식구들, 그리고 부족한 원고의 출판을 허락해 주신 살림터출판사 여러분께 감사드린다.

2021. 7.

저자 일동

차 례

제**1**장

혁신고등학교 학생의
생활에 대한 접근

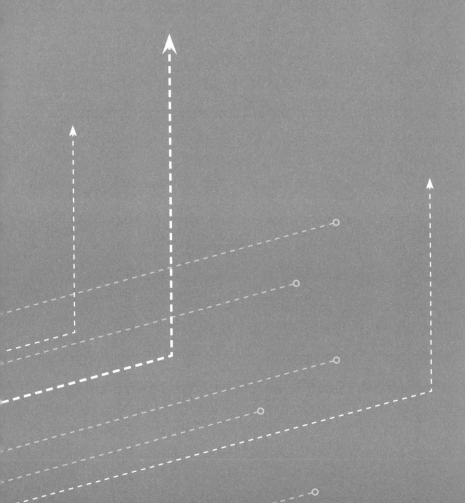

왜 혁신고등학교 학생의 생활에
주목했는가?

학교는 공공성을 띠는 기구로, 학생을 교육하는 일을 핵심 기능으로 수행한다. 학교교육은 학생의 창의력 계발 및 인성 함양을 포함한 전인적 교육을 중시하는 가운데 이루어져야 한다고 기대된다. 초·중등학교에서는 학교급에 따라 점차 일상생활과 학습에 필요한 습관과 능력, 바른 인성, 그리고 민주시민의 자질 함양을 지향한다. 학교가 수행하는 기능 및 역할이 교육의 목적과 목표에 비추어 적합하지 않거나 사회 변화에 대응한 기능의 재설정이 필요할 때 개혁의 요구가 제기된다.

우리나라에서는 1980년대부터 학교교육을 포함한 교육에 대한 개혁 요구가 본격적으로 제기되었고, 그에 대한 정책 방안들이 제시되어 왔다. 1995년 김영삼 정부에서 발표한 5·31 교육개혁 방안은 시대 변화에 대비하기 위해 단위학교의 자율성 확대, 지방교육자치제도, 교직사회 활성화, 수월성과 보편성의 조화 등을 포함했다. 노무현 정부에서는 5·31 교육개혁 방안의 핵심 기조를 유지하면서 교육격차 해소와 교육복지 확대 정책들을 추진했다. 이명박 정부에서는 초기에는 신자유주의적 성향이 드러나는 학교 다양화, 교원평가 확대, 단위학교 자율화와 연계한 교육과정 개편을 추구했고, 후반기에는 그 기조가 창의·인성교육 강화로 변화되었다(안병영·하연섭, 2014). 박근혜 정부에서는 교육 양극화와 학교폭력 문제가 부각된 시기에 중학교 자유학기제, 인성교육진흥법 제정, 문·이과통합형 및 핵심역량 중심 교육과정 개발, 국가직무능력표준 구축 등을 추진했지만, 전교조무력화, 한국사 교과서 우편향, 누리과정 예산 등에 따른 논란도 있었다.

1980년대 이후 교육개혁 과정에서 진단된 우리 교육의 문제 중에서 학교교육과 직접 관련되는 것들은 입시 위주 경쟁교육으로 인한 창의성과 인성교육 소홀, 획일적 교육 내용(교육과정), 경직된 학교운영 체제, 상명하달식 교육행정, 학교와 교원의 자율성 보장 부족으로 정리될 수 있다(이중현, 2017).

2000년대 이후 학교 현장에서는 교사들이 자발적으로 작은학교 살리기 같은 운동을 주도했다. 그러한 학교에서는 학생들을 중심에 두고 교육과정과 수업을 구성했고, 교원과 학부모 및 지역사회 구성원의 참여를 확대하는 방식으로 학교를 운영했다. 그러한 자율적 실천을 수용하여 경기도교육청에서는 2009년 민선 1기 교육감의 취임 이후 자발성, 지역성, 창의성, 공공성에 기초하여 교육과정이 다양화되고 특성화된 모델학교의 구축 정책을 시작했다. 혁신학교에 대한 정책은 시기별로 다소간의 수정을 거치며 시행되었고, 학교 혁신의 모델화, 일반화, 심화·확대를 지향하는 방향으로 이어졌다.

혁신학교는 타 시·도교육청으로 확산되어 2018년 3월 현재 전국 14개 시·도교육청에서 고유의 명칭을 가진 정책으로 운영되고 있으며 그 규모는 1,300여 개 학교가 참여하는 수준에 이른다(박근영, 2018). 경기도교육청의 혁신학교는 총 665개교로 초등학교 378개교(전체 1,261개교), 중학교 218개교(전체 627개교), 고등학교는 69개교(전체 474개교)가 참여하고 있다(경기도교육청, 2019). 학교급 측면에서 보면 초등학교나 중학교에 비해 고등학교 수준에서 혁신

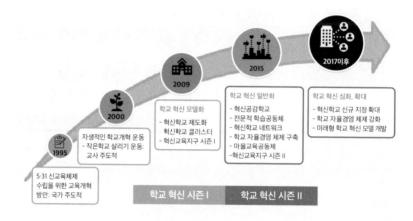

학교 혁신 정책의 변화 과정

1995
5·31 신교육체제 수립을 위한 교육개혁 방안: 국가 주도적

2000
자생적인 학교개혁 운동
- 작은학교 살리기 운동: 교사 주도적

2009
학교 혁신 모델화
- 혁신학교 제도화 혁신학교 클러스터
- 혁신교육지구 시즌 I

2015
학교 혁신 일반화
- 혁신공감학교
- 전문적 학습공동체
- 혁신학교 네트워크
- 학교 자율경영 체제 구축
- 마을교육공동체
- 혁신교육지구 시즌 II

2017이후
학교 혁신 심화, 확대
- 혁신학교 신규 지정 확대
- 학교 자율경영 체제 강화
- 미래형 학교 혁신 모델 개발

학교 혁신 시즌 I   학교 혁신 시즌 II

출처: 경기도교육청(2018). 학교 혁신 정책 이해자료. p. 6. 부분 재구성

학교의 양적 확대가 충분히 이루어지지 못한 상태이고, 교육과정에 대한 실험적 실천 모델 등의 개발 시도 역시 미흡하다(김성천, 2018: 47). 고등학교는 학생들의 대학 진학을 위한 준비 학교로 인식되는 측면이 강하므로 혁신학교 지정과 운영에 따른 학업 소홀 및 성적 하락 등에 불안감을 느낀 학부모들이 혁신학교 지정 철회를 교육청이나 학교에 공개적으로 요구한 사례들도 있다.

혁신학교 지정과 운영에서 학교교육 이용자를 포함한 사회 일반에서 제기하는 대표적 문제는 학생들의 학력 또는 성적에 집중되어 있다. 혁신학교가 민주적인 학교운영체제를 기반으로 윤리적 생활공동체와 전문적 학습공동체를 형성하고 창의적 교육과정을 운영하여 학생들의 삶의 역량을 기르고자 했더라도 그 성과는 학생들의 학업성취도로 대표되어야 한다고 요구받는 경향이 있다. 혁신학교에 대한 다수의 연구들은 교사와 학교를 중심으로 이루어졌고, 정책의 대상인 학생에 대한 평가도 혁신학교의 설립

목적과 운영 취지에 맞게 수행되지 못했다(박세준 외, 2019). 혁신학교 정책의 효과성을 살펴보는 과정에서도 혁신학교와 비혁신학교를 단순 비교하거나, 짧은 기간의 성취를 측정하려 하거나, 혁신학교로 우선 지정된 학교의 여건을 고려하지 않는 등의 문제가 있었다(서민희·전경희, 2018). 고등학교급 혁신학교 학생에 대한 연구들도 인지적·정의적 능력 수준을 측정하거나, 교육활동 및 자치활동에 대한 참여 양상을 조망하거나, 입시에 대비한 활동들을 어떻게 전개하는지 등의 측면에 치중되어 제한된 정보를 제공한다. 현실적으로 대학 입시제도의 영향을 절대적으로 받고 있는 고등학교급에서 혁신을 지향하는 학교의 학생들이 어떻게 생활하고 진로를 택하여 적응하는지에 대한 정보는 진로를 성공적으로 개척한 일부 혁신학교 졸업자들의 회고담을 통해 파악할 수 있다(권새봄 외, 2012; 김지수 외, 2015; 남궁상운, 2017).

우리나라 고등학교 학생들의 삶을 지배하는 공통 주제는 '성적', '막연함', '유예', '무미', '소외' 등이고(조용환 외, 2016), 혁신초·중학교 생활 경험을 의미 있게 여기는 고등학생들조차도 대학 입시가 중시되는 현실에서 행복과 자기발견을 유보하며 불안과 고단함을 견디는 것으로 파악되었다(이정연 외, 2018). 우리는 혁신고등학교의 성과가 무엇인지 정의하여 측정하기 전에 혁신을 지향하는 고등학교에서 학생들이 어떤 변화를 경험했으며 그러한 변화는 그들에게 고등학교 이후 생활에 어떤 영향을 주는지를 알아보는 것이 순서라고 생각했다.

그리하여 경기도 혁신고등학교 졸업생들을 대상으로 고등학교 생활의 주요 경험, 진로에 대한 준비와 선택, 진로 이행 후의 삶에서 고등학교 생활 경험의 유지 및 활용 양상을 탐색하고 혁신고등학교의 존재 가치와 변화에 대한 기대를 알아보았다.

어느 학교의
누가 참여했는가?

혁신고등학교 선정

우리 연구의 주 참여자는 경기도 내 고등학교 중 경기도교육청의 혁신학교로 지정된 고등학교에서 교육받고 졸업한 사람이다. 그들은 경기도 혁신학교 졸업생으로서 개인적 차원의 경험이 있는 동시에 집단생활을 통해 공유한 혁신학교의 문화를 익히고 적응한 경험이 있다고 가정되었다.

우리 연구에서는 개인들의 경험을 분석하고 통합하여 그들이 그러한 경험을 습득하고 체계화한 혁신고등학교에서 어떠한 교육활동이 이루어졌는지 알아보고자 했으므로 고등학교별로 참여자를 선정했다. 고등학교 선정에는 다음 기준이 적용되었다.

- 혁신학교 정책 실행 초기(2010~2013)에 혁신학교로 지정되어 재지정을 거쳐 현재까지 운영되는 고등학교
- 경기도 내 다양한 시·군의 지역 여건과 교육환경의 특성을 반영할 수 있는 고등학교

- 설립 주체의 성격을 반영하는 공·사립 고등학교
- 혁신학교 지정 이전부터 교원이 혁신학교의 가치를 부분적으로 지향하고 실천해 온 고등학교

위와 같은 요건과 연구 수행 여건 및 연구진의 역량을 고려하여 8개교를 대상 학교로 선정했다.

참여자 발굴을 위한 혁신고등학교

순	학교명	설립 구분	소재 지역	개교 연도	혁신학교 최초 지정 연도
1	A고등학교	공립	경기 남서부	2010	2010
2	B고등학교	공립	경기 중서부	2009	2011
3	C고등학교	공립	경기 남단	2010	2010
4	D고등학교	공립	경기 중앙	1996	2011
5	E고등학교	공립	경기 중남부	2009	2011
6	F고등학교	공립	경기 중남부	2010	2010
7	G고등학교	사립	경기 중앙	1964	2013
8	H고등학교	사립	경기 중부	2003	2010

혁신고등학교의 특성

A고등학교

A고등학교는 2010년 3월 12학급 규모로 개교한 남녀 공학 공립 고등학교로, 개교와 동시에 혁신학교로 지정되었다. 학교는 경기 남서부의 계획도시 내에 있으나 교통이 불편하여 학생과 교원 모두 지원을 기피하는 곳이었다. 개교 초기 A고등학교에 입학한 학생들은 주변 학교들의 입학에 실패하여 밀려오는, 중학교 내신성적 100~120점대의 지원자들이 대부분이었는

데, 이는 당시 비평준화 지역의 외곽 신설학교가 흔히 처할 수 있는 불리한 면이었다. 이런 상황은 2013학년도 입학자부터 적용된 고교평준화 도입 후에도 일정 기간 지속되었고, 학교 배정 후에는 학부모들의 항의 민원에 대응하기 위해 3~4명의 교사들이 교육청에 파견 근무를 하기도 했다. 교사들도 학생 지도의 어려움, 신설 상황에서의 업무 과중, 통근 불편, 혁신학교 운영 참여 부담 등이 예상되는 A고등학교에의 지원을 꺼려 신규 교사나 기간제 교사, 일반 전보에 의해 배정되는 교사들의 비율이 높았다. 학부모 다수는 도시 내 공단에서 일하는 맞벌이 근로자였고, 기초생활수급 가정의 학생 비율이 전체의 1/3 정도일 때도 있었다.

혁신학교의 지정과 운영은 교육전문직 경력이 있는 공모교장의 부임과 함께 시작되었다. 학교장은 교육의 비전을 '나를 살리는 교육 너를 위하는 교육'으로 설정하고 A고등학교에 오는 학생은 단 한 명도 포기하지 않아야 한다는 철학을 교사들과 공유했다.

> 교장선생님이 한 아이도 포기하지 않는 교육을 실현하겠다고 처음부터 이 야기하셨거든요. 그래서 한 아이도 포기 안 했느냐, 그렇지는 않아요. 자퇴 도 많이 시키고 초창기에는 퇴학도 시키고 그랬던 것 같아요. 우리 교장선 생님은 절대 포기 안 하거든요. 퇴학은 시키되 다음 해에 꼭 재입학을 권유 하는 통지문을 보냈어요. '네가 학교 다닐 상황이 아니거나 다닐 마음이 없 다면 굳이 학교가 붙잡지 않겠다, 하지만 내년에 마음 바뀌면 꼭 와라.' 하 셨어요.(A고등학교 재직 경력 교사 면담)

학교장의 학교 혁신에 대한 방향성은 '교육은 스스로 살아갈 수 있는 힘을 기르는 것이고 또 같이 살아갈 수 있는 힘을 기르는 것'이라는 신념으로 표출되었다. 즉 학생들이 성적에 의하여 차별이나 비교를 당하지 않고 인격 그 자체로 존중받으며 자율적으로 자기 일을 결정하고 실행할 수 있는 교육 상황을 만들어 주고자 했다.

> 첫 번째는 존중의 교육을 했던 것 같고요. 그것은 학생, 선생님과 학생의 관계에서도 그랬고, 선생님과 선생님 간에서도 그랬어요. 두 번째는 비교하지 않는 교육이었어요. 아이들이 비교당하지 않아서 자기 고유의 색깔을 찾게 되고 자존감도 회복하고 자기 효능감도 느끼게 되는, 그런 교육을 했어요. 세 번째는 차별하지 않고 좀 이기적이지 않으려고 했던, 그런 교육이라고 봅니다.(A고등학교 재직 경력 교사 면담)

A고등학교에서 학교장과 교사들은 혁신의 가치를 공유하는 일을 매우 중시했고, 전입 예정 교사들에 대해서도 기존 재직 교사들과의 사전 연수를 의무화했다. 학교장은 '끼리끼리만 하는 것은 교육이 아니다, 교육은 어떤 사람하고도 할 수 있어야 한다'는 철학에서 혁신학교가 자율학교로서 부여받는 교사 초빙의 특례도 활용하지 않았다. 70여 명의 교원 중 10여 명 정도의 부장교사들이 리더 그룹을 형성하여 학교장의 혁신 철학을 구체적인 활동으로 만들어내고 실천을 주도했다.

A고등학교에서는 교사들이 학생들에 대한 교과 지도와 생활 지도에 전념할 수 있는 환경을 조성하기 위해 불필요한 사무와 학생지도상의 규제들을 줄여 갔고, 교사 보조인력을 늘리는 데 더 많은 비용을 지출했으며, 교사들이 방학과 휴가 등을 한껏 활용하여 휴식하고 회복하도록 배려했다. 교사들은 학생들이 최대한의 자율성을 가지고 활동하되 과정과 결과에 대한 책임 또한 의식하도록 지도했는데, 그런 방식은 체험활동(여행, 직업체험, 학

과체험)과 동아리활동에 가장 잘 반영되었다.

교원의 교육 혁신 노력에 대하여 학생과 학부모들은 점차 신뢰와 지지를 보여주었다.

> 아이들이 와서 고백해요. "선생님들이 위해 주고 존중해 주고, 이런 것에서 많은 감동을 받았습니다." 뭐 100% 그러진 않았을 거예요. (중략) 그럼에도 모든 사람이 '그래, 이게 교육이지'라고 하는, 그런 생각들은 다 있었기 때문에 아이들이 그것들에 감동받고 우리 교육을 또 지지해 주고, 집에 가서 학교 이야기 한다고 부모님들이 전화하고, '우리 애가 학교 다니면서 학교 얘기하는 것을 처음 들어봤다'고.(A고등학교 재직 경력 교사 면담)

혁신학교가 운영된 지 9년 남짓 지나면서 A고등학교는 교원 구성에 많은 변화가 일어났고, '프로그램만 남았다'는 지적에 직면하여 혁신 철학의 유지 및 재정립 문제를 돌아보아야 하는 과제를 안고 있다.

B고등학교

B고등학교는 2009년 3월 일반 10학급, 특수 1학급으로 개교한 남녀 공학 공립 고등학교다. 설립 당시 학년별 12학급, 특수 1학급으로 인가받았으나 2010년 이후 지금까지 매 학년도 일반 8학급, 특수 1학급의 학생들이 입학하는 수준의 학교 규모를 유지하고 있다.

개교한 지 3년째 되던 2011년 9월 혁신학교로 지정되었고(당시 경기도 내에 총 11개 혁신고등학교가 지정·운영됨), 2015년 9월 재지정을 받아 현재 9년차에 이른다. 2011년 혁신학교 지정 당시 3월부터 교육부의 과학중점학교로도 지정되었다.

B고등학교는 경기도 중서부 비평준화 시 지역의 북동쪽에 위치하여 비교적 가까운 거리에서 중학교를 졸업한 학생들이 주로 입학했으나, 과학중점학교와 혁신학교로 지정되면서 원거리 지역에서도 진학을 희망하는 학생들이 점차 늘어났다. B고등학교 소재 지역은 도농복합지역으로 주변 교육환경이 열악한 편이고 교통여건이 좋지 않아 학생과 교사들의 선호도가 낮은 편이었다.

> 거기는 많이 낙후되어 있어요. 생활수준도 높지 않고, 그냥 조그마한 소도시의 조그마한 자급자족하는 마을, 이런 느낌이에요. 거기서는 학교 건물이 제일 좋아요. (중략) B고가 여기 있고 초(등학교)가 여기 있고 버스 한 정류장 정도 거리가 되게 그 옆에는 논들이 있고, 지금은 거기가 산업단지로 개발되면서 공사 중인데, 당시에는 그랬어요. 그래서 애들 학교 가서 노는, 거기 안에는 커피집도 한두 개 정도밖에 없고, 애들이 시험 끝나고 막 빨리 가야 한다고 그러는데, 왜냐면 PC방이 한 집밖에 없는 거예요. 거기서 빨리 자리 잡아야 하는데, 그 지역에 뭐가 문화센터 같은 곳이, 지금 뭐 복지센터 하나 들어섰는데, 그런 것도 없던 지역이었어요.(B고등학교 재직 경력 교사 면담)

개교와 혁신학교 지정·운영이 시작되던 시기의 상황을 보면, 학생들은 인근 지역 다른 일반고등학교 진학에 실패한 경우가 많아 대체로 학력이 낮았고, 스스로 학습하는 습관이 형성되어 있지 않았으며 자존감도 낮은 편이었다. B고등학교가 지역을 망친다는 이야기가 나올 정도로 개교 당시에는 학업에 집중하지 못하고 배려와 보살핌이 필요한 학생들이 많았다. 또 학부모들 상당수는 인근 공단에 근무했는데, 자녀 학교교육에 대한 관심과 참여가 비교적 낮았다.

B고등학교에 과학을 전공한 교장이 부임하면서 과학중점학교와 혁신학교 신청을 추진했고, 이를 계기로 변화가 시작되었다.

> 이분이 오시면서 혁신학교도 추진하시고 과학중점도 추진하시면서, 체육 중점도 같이 진행하셨대요. 추진력도 대단하시고, 지금의 틀을 만들어 놓으신 것 같더라고요. 그리고 리더십이 훌륭하신 것 같고 교사들도 어느 정도 따랐고, 근데 업무를 과중하게 하거나 우리가 혁신학교를 해야 한다고 억지로 그렇게는 아니었던 것 같아요.(B고등학교 재직 경력 교사 면담)

학교장은 학생들을 위해 교사들이 달라져야 한다는 신념을 표방했고, 혁신학교와 과학중점학교의 융합이 필요하다는 판단에서 능력 있고 열의 있는 교사 7명을 초빙했다. 단순 지식 전달이나 수능 문제풀이식 수업으로부터 학생들이 주제를 정하여 탐구하고 실험하는 수업을 진행하면서 수업에 대한 학생들의 흥미가 높아졌다. 교사들은 학생들을 더 이해하고 아끼고자 했고 학생들의 눈높이에 맞는 학습 방법을 고민하면서 다양한 교육 활동을 시도했다. 그러는 동안 학교교육에 대한 학생과 학부모의 만족도가 높아지고 지역에서 학교의 평판도 좋아지는 등, 동반 효과가 나타나기 시작했다.

> 2009년도에 개교했을 때는 '꼴통학교'라 해서 아주 이미지도 안 좋고, 학생도 힘들고 했는데, 혁신학교를 하고 과학중점도 하고 하면서 지역에서의 이미지도 많이 좋아지고, 이러면서 지금은 선생님들의 평균 연령이 예전에 비해 조금 높아졌어요.(B고등학교 재직 경력 교사 면담)

혁신학교 철학과 비전을 제시하고 이끌어 가는 교장·교감, 행정 업무를 전담하여 솔선수범하는 실무 부장그룹, 그리고 교사들을 신뢰하고 지원하는 민주적 학교 분위기가 학교 혁신의 동력이었다. 그러한 혁신의 기반 위에서 교사들의 문제 해결 의지와 자발적 실천은 학생 성장과 학교 발전의 가장 직접적인 힘이 되었다. 학생들은 학업 성적은 낮지만 각자 창의적 아이디어를 내고 발명에도 적극 참여하는 등, 자존감을 회복하고 학교에 다니는 즐거움도 찾아 가고 있다.

C고등학교

C고등학교는 경기도의 남단 시 지역에 2010년 3월 9학급으로 개교한 남녀 공학 공립 고등학교로, 개교 시 혁신학교로 지정되었다. 학교 인가 당시에는 학교 소재 지역의 읍 명칭을 교명에 반영했으나 이후 학생들이 추구할 가치를 중심으로 교명을 다시 정하여 C고등학교로 바꾸었다. 학교 개교와 함께 지역사회에서도 우수한 학생들을 유치하고자 장학회를 구성하는 등 명문학교 만들기에 대한 기대감이 높았다.

개교 첫해 신입생은 학교 소재 지역의 학생, 인접 시 지역 고등학교에 불합격한 학생, 특성화고등학교 입학에 실패한 학생들이 다수를 이루어 학습과 생활 지도에 대한 우려가 높았다.

> 우리 지역에서는 ○○고나 △△고, □□□고 이런 선호하는 학교들이 있고
> 인접 시에는 ◇◇고, ▽▽▽고 이렇게 있거든요. 거기 지원했는데 안 된 애
> 들, 심지어 특성화고까지도 안 된 애들, 거의 내신 100도 안 되는 애들까지
> 도 모여드는 학교라 선생님들이 입학식 날 아이들을 만나자마자 '헉' 하셨
> 거든요. 아이들 머리 색깔이 휘황찬란했고.(C고등학교 재직 경력 교사 면담)

학생들 중에는 가정의 경제적 형편이 어렵거나 부모의 보살핌을 받지 못하는 경우가 많았고, 대부분의 학부모는 농업에 종사했다. 그런 배경으로 학생들은 학교에 의존하는 경향이 있었고, 사교육을 받는 경우가 매우 드물었다. 학부모들은 대체로 학생들에 대한 학교 교원의 열정을 존중했고, 교원의 의사 결정을 믿고 따르는 편이었다.

신설학교이자 혁신학교로 출발한 C고등학교의 혁신학교 실행 원동력은 학교장의 소탈하고 넉넉한 리더십과 교사들의 열의였다. 당시 학교장은 공모교장으로 부임했는데, 지역 신문 등의 매체를 통하여 지역사회와 학부모들에게 학교 운영 방침 등을 적극 전파했다. 교사들도 자발적으로 전문적 학습공동체를 조직하여 배움 중심 수업과 서논술형 평가 등에 대해 학습하면서 실천에 옮기고자 했다.

> 초기 때 선생님들이 전학공에 대해 우리가 뭔가 알고 한 건 아니지만 교무실을 같이 쓰고, 이런 환경적인 면과 수업 방법을 고민해야 하고, 이런 것들을 하다 보니까 이름이 전학공이라는 것도 크게 개의치 않고 협의회, 이런 식으로 해서 계속 만나 거의 일주일에 두 시간씩 자기 수업 발표도 하고, 샘플링해서 항상 찍어서 보여주고, 그런 것들을 많이 한 시기였고, 정말 수업에 푹 빠져서 살았던 것 같아요.(C고등학교 재직 경력 교사 면담)

초기에는 C고등학교 전입을 희망하는 관내 교사가 드물어 신규 교사나 타 시·군에서 전입한 교사들로 채워졌으나 교사들을 초빙하면서 장기 근무자가 늘어나 혁신학교 실천의 기반이 공고해졌다.

C고등학교가 혁신학교 실천에서 중점으로 삼은 것은 학생들이 자주적이고 주도적으로 활동하도록 돕는 것이었다. 수업에서 학생들 스스로 협

동하고 발표할 수 있는 장을 만들어 주었고, 동아리를 활성화하여 학생들이 원하는 것을 스스로 기획할 수 있도록 했다. 그 밑바탕에는 학생들을 있는 그대로 인정해 주자는 학습자 존중의 정신이 있었다.

> 아이들의 성장을 위해 다양한 활동, 예를 들면 동아리활동이든 교과 외의 동아리활동이든 아니면 비교과활동이든 여러 가지 활동을 하면서 아이들한테 준 과제들이 많았죠. '이런 것도 한번 해보자', '저런 것도 한 번 해볼래?' 이렇게 아이들이 주체적으로 할 수 있게 던졌는데 아이들이 생각보다 잘 따라와 줘서 3학년이 되고 졸업하고 나서 애들을 만나 보면 진학의 방향은 아주 다르지만 제가 졸업시킨 아이들 보면 되게 생활력이 강하다는 걸 많이 느꼈거든요.(C고등학교 재직 경력 교사 면담)

C고등학교는 교과교실제 운영을 통해 혁신학교 운영을 활성화하고자 했다. 특히 교과교무실을 설치·활용하여 상시 교과협의회를 하면서 수업과 평가를 새롭게 바꾸어 갔다. 교과협의회를 통한 교사들 간의 소통은 상호 신뢰하는 분위기를 만들어냈고, 학생 교육에도 자연스럽게 반영되었다.

다만, 다른 혁신고등학교들이 처하는 딜레마처럼 학생들이 3학년이 되면 입시에 집중하여 교과교무실이 학년교무실로 환원되고, 학생들의 자발성보다는 교사 중심으로 수업이 관리되는 문제가 있었다.

2014년 이후 C고등학교는 성적이 우수한 중학생들이 선호하는 학교로 알려졌고, 기숙사 건립과 함께 외지로부터도 관심을 받게 되었다.

D고등학교

D고등학교는 1996년 3월 12학급으로 개교한 남녀 공학 공립 고등학교

로, 2000년 창단된 야구부가 전국적인 명성을 얻고 있으며, 2010년 6월과 11월에 각각 교육부(당시 교육과학기술부)의 과학중점학교와 경기도교육청의 혁신학교로 지정되었다. 학교는 도시와 농촌의 성격이 혼재된 경기도 중앙의 시 지역에 있고, 교원이 농어촌학교 근무 점수를 받을 수 있는 곳이다. 비평준화 지역의 특성상 대입 진학을 위한 학력 향상과 진학 중심의 교육관이 널리 퍼져 있다. 이런 상황에서 D고등학교에는 시 지역과 인접 시 지역에서 상위권 학생이 몰려 혁신학교 지정 신청도 쉽지 않았다. 혁신학교 지정 초기에는 학부모들이 지정을 반기지 않거나 아예 관심을 두지 않았으나, 주변에 혁신고등학교가 점차 늘어나고 혁신학교 프로그램이 대학 진학 시 학생부종합전형에 유리하다는 인식이 퍼지면서 거부감이나 반대가 줄어들었다.

혁신학교 초기에는 학교장이 대학 입시 중심의 학교교육 관행을 바꾸어 학생 주도의 교육을 실행하려는 의지를 강하게 표방하면서 교사들 간 가치관 충돌이 표면화되기도 했다. 혁신학교 철학에 맞는 교육, 개선된 공교육을 추구하려는 교사들과 혁신학교 운영에 따른 학력 저하와 비선호 학교로의 전락을 우려하는 교사들 간에 갈등이 일어났다. 학생들 사이에서는 학교가 성적 상위권 중심에서 중하위권 중심으로 운영될 것이라는 데 대한 우려와 불평이 제기되었다. 이는 학교에서 성적 상위권 학생들을 별도로 관리하거나 우열반으로 구분하여 운영해 온 배경이 있었기 때문이다. 학부모들은 우열반을 편성하지 않고, 입시 위주 수업을 배움 중심 수업으로 바꾸어 가고, 특히 5교시 수업을 하는 날에는 야간 자율학습을 운영하지 않고 학생들을 바로 귀가시키는 데 대해 반발하기도 했다. 혁신학교 운영 초기에는 5교시 수업 이후 교사협의회를 하려는 교원의 시도가 가로막혔으나, 이후 혁신교육에 주목하는 분위기가 만들어지고 인근 학교들의 문화가 바뀌는 것을 보면서 학부모들의 인식도 점차 변화되었다.

혁신학교 운영 이후 D고등학교는 성적 상위권 학생을 중심으로 입시 실적을 내는 학교로부터 학생 주도의 동아리활동, 학생회 주도의 자치활동, 교사들 주도의 다양한 혁신교육 프로그램들이 왕성하게 운영되는 학교로 변모했다. 교사들은 학생들을 통제하여 공부를 시켜야 한다는 인식에서 벗어나 학생들이 민주적인 학교 질서 속에서 자발적으로 공부하도록 도왔다. 학생들도 자기 주도 학습 문화가 정착되면서 학생회와 동아리를 주축으로 그러한 문화를 후배들에게 전수했다.

D고등학교에서는 학생부종합전형에 유리한 다양한 프로그램을 운영하여 학생들의 진학 지도에 활용했다. 특히, 글쓰기와 독서 수업은 학생들의 논술 역량을 키우는 데 큰 역할을 한 것으로 평가받았다. 그러나 일부 교사들은 혁신학교가 대학 입시에 치중하여 일명 스펙 쌓기 프로그램들을 운영하기보다는 장기적 안목에서 학생들의 삶을 중심에 두고 삶에 대하여 고민하는 기회를 보장하는 진로·진학 지도를 해야 한다고 지적하기도 했다.

2014년에는 학생들이 주도적으로 주제통합기행을 기획하여 운영하는 활동이 시도되었으나 행정적 절차 문제로 실행 직전 무산되면서 교사들의 혁신교육 실행에 대한 의욕이 저하되고 학교장이 사직하는 혼란도 있었다. 현재 학교는 혁신교육 리더 교사들이 대개 전출하고 혁신학교에 대한 이해가 상대적으로 낮은 교원이 다수 전입하면서 기존 혁신교육 프로그램과 시스템을 실질적 실천으로 구현해야 하는 과제에 직면해 있다.

E고등학교

E고등학교는 2009년 3월 8학급 규모의 남녀 공학 공립 고등학교로 개교하여 2010년 9학급, 그리고 2011년 이후 지금까지는 매해 10학급을 유지하

고 있다. 경기도 중남부의 도농복합 시 지역에 위치하여 학생들이 이용할 수 있는 문화·예술 및 체육 시설 등 물적 자원이 부족한 편이다. 특히 학교 개교와 혁신학교 지정·운영이 시작된 시기에는 학교 주변의 교육 기반 시설뿐만 아니라 지역사회의 경제적 여건이 취약했고, 학습에 대한 학생들의 관심이 대체로 낮았으며, 학업을 중단하는 경우도 적지 않았다. 학생과 학부모는 신설학교인 E고등학교를 선호하는 편은 아니었지만, 교육적 요구 충족을 위해 학교에 의존하는 정도는 높았다.

E고등학교는 개교 3년 차인 2011년 혁신학교로 지정된 후 9년째 혁신학교로 운영되고 있다. 신임 교장과 일부 교사들이 주축이 되어 혁신학교 지정 신청을 준비할 당시 두드러진 갈등은 없었지만 모든 교사가 혁신교육 철학이나 운영 과정에 대하여 충분히 이해하거나 동의한 것은 아니었다. 다만 학교에는 농어촌 지역 근무 승진 가산점을 받기 위해 전입한 고경력 교사들이 많아 집단 내에 상당한 수준의 업무 역량이 확보되어 있었다. 그러한 특성은 E고등학교가 혁신학교로 지정받아 실질적으로 학교 운영을 하는 과정에서 발생하는 새로운 업무와 과업을 무난하게 해낼 수 있는 중요한 자원이 되었다.

초기 혁신학교 운영에 대한 자체 진단에서는 E고등학교가 타 학교의 혁신 프로그램을 신중한 검토 없이 수용하여 적용함으로써 프로그램이 산만하게 운영되었다는 점이 지적되었다. 교사들은 혁신교육 철학에 전적으로 동의하거나 합의하지 못했음에도 각자 위치에서 교육 혁신을 위해 스스로 할 수 있는 노력들을 보태어 문제점을 극복하려 했다. 즉 일부 교사들이 목표를 세우고 주도하는 방식이 아니라, 개별 교사의 자발성에 기초하여 교육 실천을 시도하는 분위기가 형성되었다.

축제가 없었던 해가 있었어요. 그런데 축제가 없는데 "애들 너무 심심하지 않아?" 이런 거예요. 몇몇 교사들이 "그럼 축제를 해볼까?" "아 그것 힘든 것 아냐?" 그냥 선생님들 교사축제위원회를 띄우고 학생축제위원회 띄워서 학생들이 주도하되, 교사들이 옆에서 조언만 해주자고 했어요. (중략) 교사축제위원회를 모집하겠다고 제가 보냈어요. 자발적으로 18명인가 열 몇 명이 모인 거예요. (중략) 50대 선생님 한 분이 "나 예산 잘 짜. 그건 내가 처리할게." 하니까 다른 분이 "교사축제위원장, 그건 내가 명목상 맡아 줄게." 그냥 그러한 분위기. 아이들이 기획하라고 하구요. 그래 가지고 축제가 아주 잘 되었어요.(E고등학교 재직 경력 교장 면담)

E고등학교의 혁신 시도에서 걸림돌이 된 요인은 무엇보다 일부 교원이 혁신학교 운영으로 인하여 일반고등학교로서 입시 성과를 내지 못할 수 있다며 불안해 한 점이었다. 또 전향적으로 변화된 교육과정을 운영하거나 심도 있는 수업 혁신을 실천하고 있는가에 대한 의구심도 중요하게 작용했다. 그런 가운데서도 기초학력 부진 학생이 줄었고, 학생들이 자존감을 가지고 다양한 도전을 하는 주도적 모습을 보여 대학 입시에서도 좋은 성과를 거두었으며, 학생과 학부모 만족도가 높아졌고, 지역사회에서도 선호도가 높은 학교로 변화되어 갔다(E고등학교 내부 문서, 2014).

E고등학교의 혁신학교 운영 과정에서 주목할 점은 교사들이 기본적 과제 실천을 위하여 주어진 여건에서 다양한 안을 만들어냈다는 것이다. 그러한 실천들은 획기적인 프로그램이나 정책 내용이 아니라 학교에서 학생들의 일상적 경험들을 관통하는 시도들이었다.

F고등학교

F고등학교는 경기도 중남부 도농복합 시 지역에 위치한 남녀 공학 공립 고등학교다. 2010년 3월 5학급 개교와 동시에 혁신학교로 지정되었고, 현재는 27학급으로 운영되고 있다.

F고등학교의 설립은 새로운 공교육에 대한 열망과 고민을 가지고 그를 위한 연구와 실천을 계속해 온 교사들의 참여와 헌신에 힘입은 바 컸다. 고등학교 수준의 교육과정 설계·운영 경험이 있는 인근 대안교육 특성화학교, 더 나은 교육을 위해 수업과 학급 수준에서 교사의 수행에 집중해 온 중등 학급운영 연구모임, 새로운 학교 시스템 및 문화를 연구하던 자생적 학교 혁신 운동 단체 등이 공동 연구모임을 만든 것이 출발점이 되었다.

F고등학교가 개교 시부터 유지해 온 교육에 대한 기조는 '참여와 소통을 통한 희망과 신뢰의 배움공동체'로 대표되었다. 학부모와 학생들이 신설학교를 덜 선호하는 경향도 있고 비평준화 지역 내에서 고교 입시 경쟁도 있던 상황에서 F고등학교 초기 입학생 중에는 학교 적응이 어렵거나 학습에 집중하지 못하는 경우가 적지 않았다. 신설학교가 자리를 잡는 데 일정 기간이 걸린다는 점을 감안하더라도 F고등학교의 개교 상황은 '혹독'했다.

> 나머지 아이들은 대학이라기보다는 뭐, 이렇게 인간으로 살아가면서 왜 인간으로 살아가는지, 삶의 목적은 뭔지, 그다음에 이제 현재의 삶이 굉장히 고달프고, 막 이렇게 어루만져 주어야 하는 아이들이 태반이었어요. (중략) 그러니까 공동체 건설 과정에서, 처음에 학생 개개인의 아픔을 어루만져 주고 잘해주면 학교가 가고자 하는 큰 방향에 동의하고 협조해 줄 걸로 알았어요. (중략) 그러다 보니 끊임없이 아이들이 선생님들을 괴롭혔어요. 그게 저희 생각으로는 2년 동안 그렇게 하고 3년 차에 가서 본격적으로 교

육과정 혁신을 하려고 했어요, 설계는. 그런데 제 생각으로는, 그게 3년이
걸렸어요.(F고등학교 재직 경력 교사 면담)

혁신학교 운영 3~4년 차에 이르러서야 F고등학교는 '윤리적 생활공동체'
로서의 모습을 갖추기 시작했다. 물론 그 과정에서 학교 구성원 간 갈등도
있었다. 학생을 보는 관점에서도 교사들 간에 의견 대립이 있었고, 학부모
와 학교 간, 그리고 학부모들 내부에서도 갈등이 상존했다. 그러나 그러한
갈등 속에서도 학부모들은 점차 학교 운영에 적극성을 보였고, 학생들은
교사에 대한 신뢰를 쌓아 갔다.

학생회나 학생들 사이에서 공통적으로 대답하는 부분이 있어요. 그러니
까, '선생님들은 정말 우리의 인생이 잘 되기를 응원하고 지지해 주세요' 하
는 거였어요. 그것에 대해서는 서로 간에 강한 신뢰가 형성되고 그런 과정
이 아이들에게 보이지 않는 잠재적인 교육과정으로 작동하지 않았을까.(F
고등학교 재직 경력 교사 면담)

한 학교에 일정 기간 근무하면 다른 학교로 옮겨가는 순환근무제로 인
하여 기존 교사들이 관점과 철학이 다른 새로운 교사들로 대체되었고, 교
육적 지향이 달라진 학생과 학부모들이 학교에 들어오면서 학교 운영 방
침도 바뀌었다. 이전의 학생 생활 지도 방식을 폐기하려던 시기도 있었으
나 F고등학교 고유의 문화를 내면화한 학생들은 교원에게 저항하거나 또
래들을 설득하면서 기존 질서를 지키고 싶어했다.

아이러니하게도 F고의 그런 문화를 가장 잘 간직하고 있는 것은 학생회입

니다, 학생회. 그것이 이렇게 무너지려고 하면 학생들이 저항도 하고, 왜 과거 선생님들은 이렇게 했는데 그러냐, 또는 동료 학생들에 대해 개별적으로 공동체를 파괴하거나 경계를 넘나드는 아이들에 대해 용기를 갖고 지적하고, 이런 문화가 학생회 내에는 살아 있었다는 거예요.(F고등학교 재직 경력 교사 면담)

교사들도 수업을 중심으로 한 전문적 학습공동체의 일원으로서 역할을 해야 한다는 것을 규범으로 받아들였고, 그러한 기조는 F고등학교의 차별성 있는 문화로 자리 잡았다.

G고등학교

G고등학교는 1946년 4월 5개 불교 사찰이 함께 설립한 종립학교로 출발했고, 현재는 30학급 규모의 사립 고등학교로 유지되고 있다. 경기도 중앙의 시 지역에 자리잡고 있으며, 2013학년부터 고교평준화가 적용되면서 학생들의 학력이 이전에 비해 고른 분포를 보이고 있다.

2012년 혁신학교 예비지정을 거쳐 2013년 혁신학교로 지정된 후 지역의 유일한 혁신고등학교로서 6년 넘게 실천해 오면서 혁신교육에 대한 교직원의 이해가 높아졌고, 학생활동 중심 모둠별 수업과 협력 학습 등 다양한 프로그램을 운영하고 있다.

G고등학교는 고교평준화 실시 이후 교통이 편리하고 내신성적 취득에 상대적으로 유리하다는 점에서 학생들이 선호하는 학교로 꼽히고 있다. 지역의 사립 고등학교 중에서도 대학 진학률이 가장 높은 편이고, 국가 수준 학업성취도 평가 결과를 학교알리미에 공시하던 2015년 무렵에는 경기도 내에서 우수한 성취를 보이는 학교에 포함되었다. 학부모는 경제적 수

준 및 교육 수준에서는 차이가 크지만 학교교육활동에 대한 기대가 대체로 높고, 봉사활동 및 입시 설명회에 적극 참여하는 편이다. 그들은 수업 방법과 평가 그리고 학교 프로그램에 대해서도 점점 높은 요구를 표출하고 있고, 자녀의 성적 향상에도 깊은 관심을 보인다.

교사들은 평균 연령이 높은 편이고 기간제 교사 비율도 다소 높아 혁신학교 지속가능성에 문제가 잠재해 있다. 혁신교육을 담당하는 중간 리더 교사를 양성하고 연수시켜야 할 필요성이 높지만, 기간제 교사가 다수여서 혁신교육 경험의 전수에 불리한 요소로 작용하고 있다. G고등학교가 직면한 가장 큰 문제 중 하나는 혁신교육의 선순환 문제라 할 수 있다. 혁신학교로 지정된 2013년부터 2016년까지는 혁신교육에 관심 있는 교사들이 혁신고등학교 연구회나 권역별 혁신 나눔 모임에 적극 참여했지만, 2017년 이후에는 다수가 재단 내 다른 학교로 이동하면서 혁신교육을 공유하는 교사들이 줄어들었다. 혁신학교 운영 초기에 전체 교사들이 교육활동 예산에 대해 협의하고 각자의 수업을 혁신하기 위해 학생들과 함께 노력한 경험이 사라져 갈 위기에 있다.

G고등학교의 특색 있는 혁신교육 프로그램으로는 창의적 체험활동을 활용한 독서교육을 들 수 있다. 사서 교사와 여러 교과 교사들이 협력하여 학습 공백이 생기기 쉬운 2차 지필평가 이후부터 방학까지의 기간에 학생 선택 중심 활동을 운영한다. 또 시기 집중형 창의적 체험활동으로 별꽃제(배움 축제), 교과 심화형 체험활동으로 수업점프, 인문학 아카데미, 교육과정발표회 등도 개최하고 있다. 일과 중 같은 교과 교사들이 만나는 티타임(tea time) 운영도 G고등학교의 핵심적 혁신 문화에 속하며, 교사들의 자발성 향상과 자유로운 소통 활성화에 도움이 된다는 평가를 받고 있다.

혁신학교 운영에 참여하는 중심 교사들이 제안하는 G고등학교의 혁신

과제는 학생 자치 활성화, 수업에 집중하는 학교 문화 및 시스템 구축, 교사의 자유를 지지하는 교사 리더십 함양, 학교 구성원이 공유할 수 있는 명료한 혁신학교 철학 수립 등이다.

H고등학교

H고등학교는 2003년 9월 서울과 접한 경기도 중부 지역에 도시형 대안학교를 표방하면서 중학교 과정이 병설된 4학급 규모의 특성화고등학교로 개교했다. 설립 이념은 상생의 정신과 그 생활 양식을 21세기 현실 속에 접목하고 확산시키는 '더불어 사는 삶을 실천하는 인간'이다. H고등학교의 교육목표는 '더불어 사는 삶'의 실천 역량을 기르는 교육으로, 1학년에서는 더불어 사는 능력을, 2학년에서는 사회와 나, 그리고 3학년에서는 새로운 배움의 기획을 목표로 한다. H고등학교에서 추구하는 학생의 모습은 자기를 이해하고 발견하며 공공의 가치에 대한 감수성을 기르고 깊은 탐구를 시도하는 것이다. 또 사회 문제 해결 능력과 자기 주도적 기획 및 실행을 통해 대안적 삶을 모색하고 새로운 배움을 기획하는 면모이다.

교육과정은 크게 인문, 자연, 예체능, 대안 진로로 구성되며, 학생이 만들어 가는 실험과 상상 교육활동, 생태 노작교육, 농촌봉사기행, 해외통합기행, 인턴십, 사회체험, 졸업논문 등을 포함한다. 깊은 탐구 주제로서 과제연구, 학술제, 뮤지컬 공연 등을 운영하는 것은 H고등학교가 학력에 대하여 어떤 가치와 목표를 갖고 있는지를 보여준다. 예술 교과로는 연극의 이해와 연극제작 실습, 영화의 이해와 영화제작 실습, 사진의 이해와 기초촬영, 광고콘텐츠 제작, 창작세미나 등을 택할 수 있다. 제2외국어 교과로는 스페인어, 독일어, 프랑스어, 일본어, 중국어 등 다수의 선택 과목을 운영하며, 특성화 교과로 진로와 직업, 노작과제 연구, 팀프로젝트를 개설해 학교의 교육목표를 내면화시킨다.

H고등학교가 혁신학교로 지정된 것은 2010년이며, 학교가 당시까지 축적해 온 학교 혁신의 성과를 나누는 출발점이 되었다. 대안학교로서 이루어 낸 성과와 경험을 경기도 혁신학교들과 소통하고 공유하면서 H고등학교도 나름의 개선할 점들을 발견했다. 기존 교육과정을 더 정교하게 설계해야 한다는 점, 지금보다는 미래사회에 필요한 역량 중심 교육과정으로 혁신해야 한다는 점, 보편성에 입각한 구성원 간 협업 체제를 더욱 안정화시켜야 한다는 점 등이었다.

H고등학교의 학부모는 기본적으로 학교의 철학에 동의하는 이들로, 일반적인 고등학교 학부모에 비해 학교 혁신에 대한 이해와 학교 참여도가 상대적으로 높다. 특히, 사교육을 하지 않을 것을 서약하고 자녀를 입학시키므로 학부모문화도 학교 소재 지역과 인접 지역의 경쟁적 분위기에 그다지 영향을 받지 않는다. 기존 학부모들이 학교와 인접한 지역에 계속 거주하면서 새로운 도시형 지역공동체가 구축되어 왔다. 지역공동체와 학교의 교육과정이 긴밀히 연결될 경우 지역과 상생하는 학교, 지역사회와 교육과정을 함께 운영하는 학교 혁신의 모델이 기대된다.

혁신학교 지정 이후 H고등학교에서 발견되는 큰 변화는 학교 재정의 안정성이다. 혁신학교로서 교육청의 지원을 받게 되면서 학부모의 경제적 부담이 줄어들었고 그에 대한 반응도 긍정적이었다. 반면, 교사들은 교육청 사업 목표에 맞게 학교교육과정을 일부 수정하는 과정에서 H고등학교 특성을 살린 교육과정의 탄력성이 약화되는 변화를 발견했다. 학교 특성화 교과가 줄어 일반고등학교와 비슷한 교육과정이 되었고, 이를 보완하고자 선택 과목, 교양 과목, 전문 교과를 늘리면서 교사들의 수업 시수도 늘었다. 또 혁신학교 지정 이후 학생들은 일제고사를 경험하게 되었다.

현재 H고등학교는 대안학교의 정체성과 대학 진학 중에 무엇을 선택할 것인지 고민하거나, 학력과 학벌 중심의 교육환경에서 딜레마를 경험하거나 패배주의에 빠질 위험은 없다. 학교는 미래사회에서 학교 졸업생들이 어떤 삶을 어떻게 살아가야 할지를 염두에 두고 미래 역량에 초점을 맞추고 있다. 이는 한국 교육여건에서 H고등학교가 지닌 문제를 해결하기보다는 국제적 기준의 관점에서 미래사회 변화를 살피고 교사와 학생에게 필요한 삶의 역량과 새로운 배움의 기회를 만들어 가는 방향으로 학교가 운영되고 있음을 보여준다. 초경쟁 사회에서 모두가 성공할 수 없다면 '덜 가질지라도 더 행복한 삶'을 위하여 지역과 중앙의 순환 구조를 논의하고, 이를 위해 교사들이 어떤 교육을 해야 할지 연구하고 있다.

혁신고등학교별 참여자

졸업생

졸업생 참여자는 8개 혁신고등학교에서 각각 3명씩 선정했다. 우리는 졸업생들을 통해 고등학교의 생활과 진로 결정을 거쳐 현재 생활하는 모습까지 살펴보고자 했으므로 학교 구성원들과 일반인들이 고등학교 졸업생의 진로를 구분하는 통속적 방식에 주목했다. 즉 고등학교 졸업생의 진로를 서울 소재 대학 진학, 일반 대학 진학, 비진학(취업 및 고유의 삶 개척)으로 구분했고, 각 범주에 속하게 된 시기는 고등학교 졸업 후 1년 이내로 정했다.

서울 소재 대학 진학자는 흔히 말하는 '인서울'대학 진학자와 그에 상응하는 입학 경쟁을 유지하고 있는 특수대학 진학자로 분류했다. 일반 대학 진학자는 서울 외 지역의 4년제 대학에 입학한 졸업생으로, 그리고 비진학자는 대학에 진학하지 않고 취업을 했거나 자신이 원하는 방식의 삶을 택

졸업생 참여자

교명	설립구분	개교	혁신학교지정	순	성명(가명)	성별	진학 상황	고교 재학기간	선정경로
A고등학교	공립	2010	2010	1	이정민	남	서울 소재 4년제 대학	2012.3.~2015.2.	교사
				2	장석호	남	충주 소재 4년제 대학	2012.3.~2015.2.	교사
				3	박한솔	남	비진학	2012.3.~2015.2.	학부모
B고등학교	공립	2009	2011	4	주민하	여	안양 소재 4년제 특수대학	2014.3.~2017.2.	교사
				5	윤미래	여	천안 소재 4년제 대학	2014.3.~2017.2.	교사
				6	최기연	남	비진학	2014.3.~2017.2.	교사
C고등학교	공립	2010	2010	7	소정현	여	서울 소재 4년제 대학	2012.3.~2015.2.	교사
				8	김우람	남	천안 소재 4년제 대학	2013.3.~2016.2.	교사
				9	나민희	여	비진학	2013.3.~2016.2.	교사
D고등학교	공립	1996	2011	10	구하영	여	서울 소재 4년제 대학	2014.3.~2017.2.	교사
				11	이국화	여	춘천 소재 4년제 대학	2014.3.~2017.2.	교사
				12	김정윤	여	비진학	2014.3.~2017.2.	교사
E고등학교	공립	2009	2011	13	강선민	여	서울 소재 4년제 대학	2014.3.~2017.2.	교사
				14	신경아	여	용인 소재 4년제 대학	2013.3.~2016.2.	교사
				15	김하준	남	비진학	2013.3.~2016.2.	교사
F고등학교	공립	2010	2010	16	나혜주	여	서울 소재 4년제 대학	2012.3.~2015.2.	교사
				17	하운재	남	오산 소재 4년제 대학	2012.3.~2015.2.	교사
				18	박정선	남	비진학	2013.3.~2016.2.	학부모
G고등학교	사립	1964	2013	19	김지은	여	서울 소재 4년제 대학	2014.3.~2017.2.	교사
				20	황인하	여	충주 소재 4년제 대학	2014.3.~2017.2.	교사
				21	고재우	남	비진학	2014.3.~2017.2.	교사
H고등학교	사립	2003	2010	22	박아경	여	서울 소재 4년제 대학	2013.3.~2016.2.	참여자
				23	유하민	여	춘천 소재 4년제 대학	2012.3.~2015.2.	교사
				24	이현수	남	비진학	2014.3.~2017.2.	참여자

한 졸업생으로 구분했다.

참여자들을 정하는 데 공통적으로 고려한 점은, 그들이 각 학교의 혁신학교 최초 지정 시기 이후 입학했고, 졸업 후 고등학교 경험을 충분히 돌아볼 수 있는 지점에 있어야 한다는 점이었다. 즉 '고등학교가 혁신학교로 지정된 지 최소 1년 후에 입학했고 현재로부터 최소 2년 전에는 졸업했다'는 조건을 만족시키는 이들을 찾았다. 우리가 선정한 8개 고등학교의 혁신학교 최초 지정 시기는 각각 2010학년도(4개교), 2011학년도(3개교), 2013학년도(1개교)에 해당했고, 참여자들의 입학 시기는 2012~2014학년도였다. 각 학교의 전·현직 교원, 친구, 학부모로부터 소개를 받아 조사 과정을 모두 마친 참여자는 24명이었다.

교원

교원 참여자는 8개 혁신고등학교에 혁신학교 운영 기간 동안 재직한 적이 있거나 현재 근무하고 있는 교사 또는 교장을 학교별로 1명씩 선정했다. 교원은 '해당 학교의 혁신학교 운영 초기부터 현재까지의 상황을 가장 잘 이해하고 있는 사람'으로, 타 혁신학교 교원의 추천을 받아 선정했다. 그 결과 교장 1명과 교사 7명이 참여했는데, 2명은 해당 학교들에 근무하고 있었고 나머지는 타 학교로 전출하여 이전 재직교의 상황을 돌아보는 입장이었다.

어떻게 무엇을
알아보았는가?

면담과 기록물 수집

졸업생 참여자 면담

면담은 공동연구자들이 8개 고등학교 출신의 참여자들을 대면하여 이야기를 나누는 방식으로 진행되었다. 연구자들은 면담 절차와 방법을 공유했으며, 특히 면담 내용을 숙지하고 실제 면담에서 대체 질문을 적용해야 하는 상황과 구체적 질문들에 대해 협의했다. 연구자 간에 대상 학교와 참여자를 일부 교환하여 면담하기도 했는데, 그런 경우 이미 실시된 전 회차의 면담 내용을 사전에 교환했다.

면담은 2019년 5월 말부터 7월 말까지 했고, 8월 중에 추가 면담을 했다. 추가 면담은 참여자의 사정에 따라 예정된 면담을 완료하지 못했거나, 일부 요건을 충족시키지 못한 사실이 발견되었거나, 답변 내용이 미흡한 경우 대체 참여자를 선정하여 실시했다. 면담은 개별 3회 적용을 기본으로 했으나 참여자의 여건에 따라 횟수를 증감하되 면담 총 시간은 비슷하게 조정했다. 대학생의 경우 주말이나 여름방학 기간을 집중적으로 활용했고, 직장인의 경우 주말 낮 시간과 평일 야간을 주로 이용했다. 면담 소요 시간은 질문의 분량과 연구자 및 참여자의 특성에 따라 다소 차이가 있었으나 각 회 평균 1시간 30분에서 2시간 정도였다. 면담은 참여자의 상황에 따라 연구진의 공동 연구실과 외부 유료 회의실에서 이루어졌다.

면담 내용은 참여자들의 고등학교 생활과 진로 이행 및 현재 생활에 대한 질문들로 구성했고, 면담 적용 결과에서 연구자 간 차이가 최소화되도록 항목들을 상세화했으며, 면담 상황에서 대체 및 추가할 수 있는 예문들도 작성했다.

1차 면담에서는 고등학교 생활의 주요 영역들과 그러한 영역들에서 참여자들이 어떤 모습으로 무엇을 경험했는지를 다루었다. 2차 면담에서는 참여자들이 혁신고등학교에서 졸업 이후 진로(학)를 어떻게 준비하고 결정했는지 알아보았다. 그리고 3차 면담에서는 혁신고등학교에서의 경험이 개인의 현재 삶에 어떻게 연결 또는 단절되어 있는지, 그리고 혁신고등학교가 학생들의 발달과 학습에 의미 있는 역할을 하려면 어떤 변화가 필요한지 알아보았다.

졸업생 참여자 면담 내용

구분	1차	2차	3차
내용	● 진학예정교의 결정 ● 고등학교 생활에 대한 기대와 실제 ● 고등학교 생활 ● 교과·비교과 이수 ● 학생 주도 교육과정	● 진로(학)에 대한 인식 ● 진로(학) 계획 수립 시기와 과정 ● 진로(학) 계획의 조정과 변경 ● 진로(학) 선택을 위한 준비 내용과 방법	● 현재의 삶 ● 현재 삶에 연결된 혁신고등학교 주요 경험과 신념 ● 혁신고등학교 생활과 영향 ● 혁신고등학교의 기능 ● 혁신고등학교 경험의 유용성 ● 혁신고등학교 실제 및 실천의 의의 ● 혁신고등학교의 변화와 지속 요건

교원 참여자 면담

교원 참여자 면담은 졸업생 참여자 면담 전에 해당 학교와 학생들에 대한 일반적인 이해를 얻기 위해 실시했다. 연구자들은 고등학교별로 공개된 정보를 중심으로 질문 목록을 작성했다. 면담은 각 참여자의 의사에 따라 연구진의 공동 연구실이나 교원의 근무처 사무실 등에서 평균 1~2시간 정도 개별로 진행했다. 질문 목록을 적용하되 혁신학교 운영에 대한 사실적 정보의 진술 외에 학교 혁신에 대한 참여자의 관점과 실천적 지식을 충분히 드러낼 수 있도록 융통성 있게 적용했다.

교원 참여자에 대한 면담 내용은 선정된 혁신학교에 대하여 학교 운영의 일반적 정보와 혁신학교로 지정·운영되는 측면에 대한 정보를 알아볼 수 있도록 구성했다.

교원 참여자 면담 내용

영역	내용
학교의 배경과 구성원	● 학교 설립 시기와 배경 ● 학교의 지리적 위치 ● 학교가 소재한 지역의 여건과 분위기 ● 학교(급) 규모와 변화 추이 ● 학생 구성의 특징(거주지, 가정 배경, 학업에 대한 흥미와 수행 수준) ● 학부모의 배경과 요구 ● 교(직)원 구성의 특징(교원 전입 유형, 연령별 구성)
혁신학교의 지정과 운영	● 혁신학교 지정 이후 현재까지 활성화 수준의 변화 ● 혁신학교 운영이 활발한 시기, 유지된 시기, 쇠퇴한 시기 등의 구분 ● 혁신학교 운영과 관련하여 결정적 역할을 한 인물이나 사건 ● 혁신학교 지정과 운영이 학교의 현재 모습에 미친 영향 ● 혁신학교 운영에 대한 반응(교원, 학생, 학부모, 주변의 비혁신학교) ● 학교의 평판(교육 관계자 및 교육청, 학부모, 일반인, 미디어 등) ● 학교의 차별적 특징(장·단점, 유명한 점) ● 학생들의 진로 유형

기록물 수집

기록물(documents)에는 개별 혁신고등학교에 대한 자료와 연구 참여자들과 관련된 문서 등이 포함되었다. 고등학교에 대한 자료로는 공개 정보(홈페이지 정보, 학교알리미 정보, 홍보 기사, 영상물)와 내부 자료(혁신학교 성과 분석 보고서)를 수집했다. 연구 참여자에 대한 자료로는 졸업생에 대한 기초조사지, 교과 및 비교과 이수 과정에서 만들어 낸 각종 작품(학습 관련 자료, 문집, 포스터, 진로 노트 등), 진로 탐색 과정에서의 메모 등을 모았다.

반복적 비교분석

면담 자료 분석을 위해 반복적 비교분석 방법을 사용했다. 반복적 비교분석은 근거이론에서 한 현상을 설명하는 이론의 개발을 위한 분석 방법으로 도입되었으나 근래에는 이론 개발 외의 상황에서도 많이 사용되며, 다양한 방법으로 수집된 질적 자료를 분석하는 데 두루 활용된다(Ezzy, 2002; Merriam, 2009).

반복적 비교분석의 과정은 개방 코딩, 범주화, 범주 확인의 단계로 이루어진다. 한 단계에서 다음 단계로의 이행은 직선적이라기보다는 반복적으로 되돌아가서 확인과 비교를 통해 분석의 적절성을 점검해 가는 방법이라고 할 수 있다.

개방 코딩은 자료를 읽으면서 중요한 부분에 이름을 붙여 다른 부분과 구분하거나 분류하는 단계다. 연구 문제에 중요한 답이 될 것으로 보이는 부분에 표시하거나, 이름을 붙이거나, 연구자의 질문이나 생각을 적는 방법이다. 자료의 부분에 이름을 붙일 때는 그 부분을 가장 잘 나타낼 수 있는 중심 단어나 구를 활용한다.

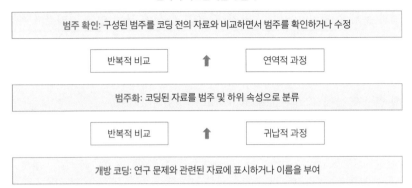

반복적 비교분석법의 절차

범주 확인: 구성된 범주를 코딩 전의 자료와 비교하면서 범주를 확인하거나 수정

반복적 비교 　↑　 연역적 과정

범주화: 코딩된 자료를 범주 및 하위 속성으로 분류

반복적 비교 　↑　 귀납적 과정

개방 코딩: 연구 문제와 관련된 자료에 표시하거나 이름을 부여

출처: 유기웅 외(2012). 질적 연구방법의 이해. p. 250. 부분 재구성.

　범주화는 개방 코딩을 통하여 생성된 이름들을 비슷하거나 다른 점에 기초하여 상위 범주로 분류하는 과정이다. 분류된 각 범주에는 하위 내용을 가장 잘 포괄하는 동시에 대표할 수 있는 주제어를 붙인다. 범주화는 다양한 자료 중에서 범주에 해당하는 개념을 찾아내는 작업이 아니라 다양한 자료들을 관통하는 개념을 구성해 내는 귀납적 과정이다.

　범주 확인은 범주화 단계에서 범주들이 적절하게 구성되었는지를 개방 코딩에 활용된 원자료와 비교하며 확인하는 연역적 절차다. 범주들이 전체 자료를 충분히 설명할 수 있게 구성된 경우 그것들을 확정하고, 자료를 설명하는 데 한계나 결함이 있는 경우 수정한다.

　반복적 비교분석법을 활용한 연구 자료의 분석은 다음과 같은 절차로 진행되었다.

　첫째, 연구진이 면담 자료를 나누어 읽으면서 각 혁신학교와 참여자들에 대해 충분히 이해하는 기간을 거쳤다. 참여자 기초조사지, 재학 당시 활동 기록물, 학교 홈페이지 및 학교 알리미 자료, 교원 면담 자료 등도 함께 검토했다.

둘째, 학교별 전체 참여자들의 면담 내용에 대한 이해를 기초로 면담 영역과 문항을 고려하여 연구자 간에 집중 검토 및 분석 영역을 정했다. 연구자들이 두 명씩 짝을 이루어 각 회별 면담 내용을 분석했다.

셋째, 개별 연구자가 담당 영역별로 개방 코딩과 범주화 작업을 한 후 전체 연구자 간에 그 결과물을 공유하고 수정했다.

제 2 장

학생,
혁신고등학교의
일원이 됨

이 장에는 혁신고등학교에 입학한 참여자들이 각자 어떤 관점에서 학교를 선택했고, 고등학교에서는 어떻게 시간을 보냈으며, 어떤 공간에서 주로 생활했고, 그들의 공부는 어떤 영역과 내용에 걸쳐 있었는지에 대한 이야기를 담았다.

대부분의 참여자들은 진학을 위한 고등학교를 선택할 때 전략적 접근을 했다. 그들은 지나친 경쟁을 피하면서도 내신성적을 잘 받을 수 있는 학교, 중학교 내신성적으로 안전하게 들어갈 수 있거나 중학교 때의 문제를 극복할 수 있는 학교, 실속을 챙기면서 차별성을 확보할 수 있는 학교를 택했다. 고등학교 생활에 대한 그들의 기대는 학업 수행을 잘하고 내신성적을 좋게 받는 일과 중학교에서 경험하지 못한 것을 새롭게 시도하거나 이전 경험을 질적으로 변화시키는 일에 모아졌다.

그들은 혁신고등학교에서 주어진 시간을 반복적 패턴으로 소비했고, 학년에 따라 특징적 생활 양태를 보였으며, 대부분 이른 아침부터 늦은 밤까지 일과를 유지했다. 학교 안에서는 학습공간, 지원공간, 매개공간 등을 오가면서 각 공간에서 나름의 의미를 찾으며 활동했고, 학교 밖에서는 매우 단조로운 동선을 유지했다.

참여자들의 고등학교 학습은 교과 및 시험과 비교과활동으로 대별되었다. 먼저 교과 및 시험에 대한 경험에서는 첫째, 수업에서 학생의 '주도성'은 중요한 수업 운영 원리이자 학습 내용이었다. 수업은 학생들의 주도성을 바탕으로 이루어졌고, 수업 과정에는 학생들이 주도성을 연습하고 내면화할 기회가 포함되어 있었다. 참여자들은 주도성을 수업의 질을 좌우하는 요인으로 인식했고, 주도성이 중시되는 수업을 긍정적으로 생각했다. 둘째, 수업은 동료학습자와 팀을 이루어 함께하는 활동이나 과제를 포함했다. 참여자들은 여럿이 함께 활동하면서 갈등을 겪거나 무임승차 문제 등을 겪었지만 성장을 경험했다. 셋째, 수업은 학습하는 방법을 체득하는 과정으로, 주제에 대하여 자료 수집, 자료 조직, 발표가 포함되었다. 넷째, 수업 내용에 대해서는 다수가 교과별 다양한 주제와 활동 중심 수업이 자신들의 삶과 연결되었다는 데 동의했고, 일부는 대학 입시와 이후 공부를 위해 개념 중심 학습도 필요하다고 보았다. 다섯째, 교과 시험의 난도는 비교적 높지 않았고, 수행평가는 학습 과정 중심으로 이루어졌다.

비교과활동에 대한 참여자들의 경험에도 주체적 활동과 성장이 반영되어 있었다. 첫째, 비교과활동에서도 학생의 주도성이 중시되어 참여자들은 비교과활동에서 주체가 되는 경험을 했고, 활동 과정 자체를 배움의 과정으로 인식했다. 둘째, 비교과활동을 통하여 참여자들은 공적 삶을 연습했다. 그들은 공동 문제를 해결하기 위해 대표를 정하고 주요 접근 방법을 결정했으며, 그것을 실행에 옮겨 보고, 인간관계에 대해서도 숙고했다. 셋째, 참여자들은 비교과활동에 참여하면서 내적으로 성장했고, 대학에 진학한 경우 활동 이력이 학생부종합전형에 유용하게 쓰인 것으로 믿었다.

고등학교 선택 기준은
무엇이었는가?

중학교 과정을 마치고 참여자들이 고등학교를 선택할 때 그들은 전략적 의사결정을 했다. 그들은 통학 거리, 학교의 유형(일반고, 특성화고, 특수목적고), 학교의 평판, 중학교 내신성적, 고등학교 전형 합격점수, 학교 분위기(심화된 경쟁, 완화된 경쟁), 내신성적 등급에 대한 예측 등을 고려했다. 개인에 따라 가장 중시한 조건에는 차이가 있었으나, G고등학교를 제외한 7개교 학생들이 비평준화 지역에서 입학 전형을 거친 점을 고려하면 비평준화 지역 학생들이 더 적극적인 교육 선택 행위를 했다. 즉, 원하는 대학 또는 삶의 지점을 찾는 데 더 유리하게 자신을 준비시켜 줄 고등학교를 찾으려는 욕구를 학교 선택 행위에 반영했다.

경쟁 회피와 내신성적 쟁취

주로 서울 소재 대학에 진학한 참여자들은 고등학교 선택 당시 지나치게 경쟁적인 분위기에서 탈피하고 내신성적을 잘 받을 수 있거나 대학 진학에 유리한 배경을 만들어 주는 학교의 면모를 중시했다.

A고등학교 이정민은 중학교 3학년 때부터 학업에 집중하여 평판이 좋은 고등학교를 택할 수도 있었으나, 원치 않은 학교에 가서도 내신성적을 잘 받아 유수 대학에 진학한 누나를 보면서 '안 좋다는 학교에 가서 잘 해보자'고 결심했다.

B고등학교 주민하는 자신이 다니던 중학교와 30~40분 거리에 있는 시 외곽의 고등학교를 택했다. 시내의 근거리 고등학교는 학습 분위기가 좋지 않고 문제 학생들이 많은 곳으로 보고 선택에서 배제했다. 담임교사도 시 외곽의 고등학교가 내신성적과 대학 입시에 유리할 것이라고 조언했고, 해당 학교에 다녔던 언니도 비슷한 의견을 주었다.

C고등학교 소정현도 지역에서 공부 잘하는 중학생들이 주변 학교들의 명성을 보고 진학교를 결정하는 관행과는 반대되는 결정을 했다. 그는 경쟁력이 높은 시내 학교와 인접 도시 학교들 대신 집 근처의 '생긴 지 얼마 안 되어 잡혀 있지 않은 이미지가 나쁜 학교'를 골랐다. 그는 고등학교 선택 당시부터 학생부종합전형으로 대학에 가겠다는 계획을 세웠고, 내신성적에 유리한 학교를 눈여겨보았다.

D고등학교 구하영은 자신의 성적을 기준으로 지나친 하향 지원은 피해야 고등학교 입학 후 공부에 집중할 수 있고 대학 진학에도 도움이 될 것으로 판단하여 '공부하는 학교' 중에서 합격선에 드는 중상위권 학교를 지원했다.

E고등학교 강선민은 특수목적고등학교 진학을 염두에 둔 적도 있으나 극심한 경쟁 상황을 견딜 자신이 없었고, E고등학교에서 내신성적을 잘 받아 좋은 대학에 간 오빠를 따라 학교를 정했다.

연구자 고등학교를 정할 때 거리만 보지 않잖아요? 지금 말씀하신 것에는 거리,

학습 분위기 그다음 시설, 이 세 가지가 주로 나왔는데요. 이런 조건은 생

각 안 하셨어요? 내가 간다면 수행이 어느 수준일까, 내신이 좀 유리할까?

강선민   그런 것도 있었던 것 같아요. 원래 예전에는 특목고에 가라는 얘기도 많이

들었는데, 그런 데 가면 성적 관리도 힘들 것 같고 분위기를 조금 많이 타

는 편이라 적응이 어려울 것 같기도 하고.

(중략)

연구자   네. 좋습니다. E고를 가는 데 대해 부모님도 좋아하셨어요?

강선민   네. 다섯 살 차이 나는 오빠가 있는데요, E고등학교 1회였죠.

연구자   아, 오빠가?

강선민   네. 오빠도 E고등학교 다니면서 내신도 잘 따고 좋은 학교 갔으니까 너희

들도 가라고….

(E고등학교, 서울 소재 대학 진학자 강선민 1차 면담 내용)

F고등학교 나혜주는 중학교에서 좋은 성적을 유지했으므로 당시 외국어
고등학교에 다니던 언니처럼 특수목적고등학교 진학을 고려했으나 경쟁적
분위기에 적응하기 어려울 것으로 판단했다. 그는 주변 고등학교들의 홈페
이지를 검색하고 관련 자료도 찾아보았으며 일부 학교를 방문하기도 했다.
그는 발표와 토론을 좋아하는 자신의 스타일을 드러낼 수 있는 F고등학교
를 선택했는데, 그 이면에는 '정신만 차리면 학력이 낮은 학교에서도 내신
을 잘 받을 수 있다'는 믿음이 있었다.

G고등학교 김지은의 경우 고등학교 입학 당시 지역에 평준화 제도가 적
용되고 있었는데, 그는 좋은 학교로 알려진 곳보다는 '내신을 따기 쉬운' 상
황을 만들어 주는 학교를 우선적으로 지원했다.

김지은	원래 ○○○가 비평준화 지역이었는데 3학년 선배들부터 평준화되어 뺑뺑이로 진학이 결정되었는데요. G고가 평준화되기 전에는 좋은 이미지는 아니었습니다. 그래서 다른 친구들은 계속 좋게 들었던 학교를 다 1지망, 2지망에 쓰고 그랬는데 저는 어쨌든 고등학교 가서 잘 활동하고 공부도 열심히 해야 대학을 잘 가니까 약간 전략적으로 해볼까 해서 G고를 1지망으로 썼고….
연구자	그럼 부모님 아니면 본인의 희망대로 간 건가요?
김지은	네. 아빠는 ○○ 지역 하면 ○○○여고, ○○○고, 이렇게 딱 되어 있으니까 좀 반대하셨는데, 제가 부모님께 말씀드리니까 엄마는 그렇게 가는 것도 나쁘지 않다 하시고.
연구자	그럼 지원하게 된 목적은 달성한 것 같아요?
(중략)	
김지은	네. 안 좋게 그렇고. 그전에는 날라리 (같은 학생)들이 가는 학교, 그런 인식이 되게 셌습니다. 공부도 안 하고 자퇴하는 (학생의) 비율―그런 걸 들어서 걱정도 많았지만 한번 가보자는 생각으로 갔습니다.

(G고등학교, 서울 소재 대학 진학자 김지은 1차 면담 내용)

현재적 안전 추구와 중학교 경험 극복

서울 외 지역의 일반 대학에 진학한 참여자들은 자신들의 중학교 내신성적에 맞추어 고등학교를 선택함으로써 안전을 추구하거나 중학교 생활에서 회의적이었던 경험을 극복하려 했다.

A고등학교 장석호는 비평준화 지역에서 중학교 내신성적 160점 정도에 맞는 학교를 선택했다. A고등학교는 그의 집에서 거리가 꽤 떨어져 있었고

개교한 지 2년밖에 안 된 데다 평판도 좋지 않았다. 그는 부모의 만류에도 불구하고 내신을 잘 받을 수 있으리라는 기대로 몇몇 친구와 함께 진학을 결정했다.

B고등학교 윤미래는 시내에서 중학교를 다녔으나 당시까지 진학 가능성을 전혀 두지 않았던 시 외곽의 고등학교를 택했다. 그가 친구들과 함께 B고등학교 진학을 결정한 이유는 입학 전형 성적이 그리 높지 않고 학생들을 '수능으로 대학 보내지 않는 곳'이었기 때문이다.

C고등학교 김우람은 다수의 친구들과 달리 집에서 가까운 학교로 진학을 결정했는데, 당시 학교는 개교 후 첫 졸업생 배출을 앞둔 시기였다. 그는 C고등학교 선생님들이 자신의 중학교에 와서 열었던 입학 설명회에서 혁신고등학교에 대해 알게 되었고, 학생 다수가 좋은 대학에 진학할 수 있을 것이라는 예견에 주목하여 학교를 선택했다.

D고등학교 이국화는 인근 비평준화 시 지역 입학 성적이 높은 학교를 지원했다가 탈락하여 집 근처 학교로 정했다. 가고 싶었던 학교에 못 가게 되어 실망했지만, 한편으로는 성적 좋은 학생만 '밀어준다는' 그 학교에 가지 않게 된 것을 다행으로 생각했고, 언니와 같은 학교에 다니게 되어 안도하는 면도 있었다.

G고등학교 황인하는 중학교 성적이 좋아 특수목적고등학교 진학을 우선 고려했으나 전형 지원에 닥쳐서는 일반고등학교로 방향을 바꾸었다. 당시 지역은 시기적으로 평준화 적용 2년째에 접어들고 있었다. G고등학교는 그가 7지망으로 선택한 학교로, 재학생들의 특성에 대한 소문이 매우 부정적인 학교였다. 그는 주변에서 자신의 G고등학교 진학을 염려하는 분위기를 느끼며 매우 혼란스러워했다.

황인하 저희는 평준화된 지 얼마 안 됐을 때라서 뺑뺑이라고 하는, 사실 저는 G고등학교를 7지망으로 지원했는데, 1지망에서 떨어지고 쭉 밀려서 7지망까지 간 거라, 근데 제가 전날 꿈에서 G고라는 글자를 봐서 아침에 '아, G고를 갈 것 같다'고 했는데, 중학교 때 담임선생님이 손을 잡으시면서 '너는 어디서든 잘할 거'라고 하셔서 딱 봤더니 G고였거든요. 저는 학교를 멀리 가서 친구들이랑 떨어지는 것에 아쉬움이 컸지만 크게 문제없다고 생각했는데 제 주변에서는 걱정을 많이 하고, 울어도 된다고, 그런 식으로 말을 많이 해서 조금 심란했습니다.

연구자 그러면 G고에 대한 인상은 어땠어요? 가기 전에, 중학교 때?

황인하 어, 사실 G고 존재를 잘 몰랐고요. 제가 심한 길치라서 그런 것도 있긴 한데. 그냥 옛날에 여고였다, 그리고 물이 좀 안 좋다, 노는 분들이 많다는 얘기만 들어서, 솔직히 '가서 다들 각목 들고 다니는 것 아닌가', 그런 식으로 말을 많이 해서 저도 그런 이미지를 가지고 있었습니다.

(G고등학교, 충주 소재 대학 진학자 황인하 1차 면담 내용)

E고등학교 신경아와 F고등학교 하운재는 중학교 생활에서 겪은 회의적 경험을 극복하기 위하여, H고등학교 유하민은 대안중학교의 생활에 만족하여 스스로 기준에 맞는 고등학교를 택했다. 신경아는 부모의 권유로 입학한 중학교에서 학급 내 따돌림의 피해자가 되었으며 교사들이 학생들에게 무관심하고 통제적 자세로 일관하는 데 실망하여 그러한 경험을 극복할 수 있는 고등학교를 택하는 일이 일차적 관심사였다. 그는 집에서 가까운 학교들을 찾아가 보았고, 개교한 지 얼마 되지 않아 다양한 최신 시설을 갖추고 있고 공간이 청결하게 관리되며 채광이 좋아 밝은 인상을 주는 학교를 택했다. 그는 거리가 멀어도 공부하는 학교에 갈 것을 권유하는 부

모에게 E고등학교에서는 '공부 안 하는 친구들이 모여 내신 따기 쉬울 것'이라는 근거를 대며 안심시켰다.

F고등학교 하운재는 중학교에서 교사들이 현실감이 낮은 교칙을 엄격하게 적용하고 학생들을 성적에 따라 차별적으로 대했다는 문제의식을 가지고 고등학교를 선택했다. 그는 대안학교 진학도 고려했지만 비인가 학교를 갈 경우 학력인정 시험을 치러야 하는 등 대학 진학 준비에 불편이 따를 거라는 점 때문에 생각을 접었다. 그는 시민단체 활동가인 어머니로부터 집 근처 혁신고등학교에 대한 정보를 듣고 관련 자료를 찾아본 후 학교 적응의 문제가 있는 학생들과 대화하고 교감하려는 교원의 노력에 마음이 움직여 F고등학교를 지원했다.

H고등학교 유하민은, 자녀가 입시 압박을 덜 느끼며 참다운 공부를 하기 바랐던 어머니의 권유에 따라 학력 인정 대안학교 중학교 과정에 들어가 매우 만족스럽게 생활했고, 고등학교 과정까지 이어 가고 싶은 마음에서 학교를 정했다. 그는 고등학교 과정 선배들로부터 학교 생활에 대해 듣고 '나답게 살 수 있는 선택'을 했다.

> 그냥 음, (중학교에서는) 관계에 대해 좀 더 생각할 수 있고, 어떤 일이 생겼을 때 그것을 이렇게 덮으려고 하는 게 아니라 그것에 관해 이야기해 보고 생각해 보고 해결해 가려고 했던 순간들이 많았어요. 총회라든지…. 그래서 그런 순간들의 믿음이 쌓여서 '아, 고등학교도 이렇겠구나.' 생각했고, 선배들에게 듣기도 하고, 그래서 지원했죠. 뭔가 좀 여기서 보면 내가 나답게 살 수 있는 곳일 것 같다는 생각이 들어서.(H고등학교, 춘천 소재 대학 진학자 유하민 1차 면담 내용)

실속 확보와 차별성 지향

대학에 진학하지 않은 참여자들은 고등학교 입학 당시 학교별 입학 전형 점수와 통학 거리, 입학 후 받게 될 내신성적을 고려하여 실속을 택하거나 학교가 지향하는 가치 또는 교육과정의 차별적 특성에 주목하여 학교를 선택했다.

A고등학교 박한솔은 비평준화 지역에서 공업고등학교 진학을 희망했으나 성적이 합격선에 못 미쳐 담임교사의 권유로 신설된 지 얼마 되지 않은 일반고등학교로 선택을 바꾸었다. A고등학교는 집에서 버스로 30~40분 거리에 있었고, 어머니도 새로운 학교에서 공부하며 적응해 볼 것을 권했다.

C고등학교 나민희, D고등학교 김정윤, G고등학교 고재우는 집에서 가깝고 입학 전형 성적을 충분히 맞출 수 있으며 입학 후에도 내신성적을 잘 받을 가능성이 있는 학교를 택했다. 나민희는 C고등학교를, 비평준화 지역에서 대부분 학생이 진학하는 일반고등학교이지만 전형 성적이 아주 낮지 않고 재학생들에 대한 평판도 그리 나쁘지 않은 곳으로 보았다. 김정윤은 조금 더 좋다고 알려진 인접 시 지역의 학교를 마음에 둔 적도 있지만, 입학 후 내신성적을 안정적으로 받기 어려울 것으로 판단하여 D고등학교를 지원했다. 고재우도 G고등학교의 입학 전형 성적이 낮다는 것을 알고 있었지만, 입학 후 내신성적에서 상대적 우위를 차지할 수 있을 것으로 예상하며 지원했다.

고재우　일단 집이 가까운 게 어떻게 보면 우선이잖아요. 학교 생활 하면서 교통편도 편해야 하고 하니까. 그때는 생각이 어렸으니까 그냥 집 가까운 데로 가자, 이랬는데 저는 성적도 맞고 딱 돼서 G고를 진학하게 된 것 같아요.

연구자 성적을 좀 고려했다고 볼 수 있어요? 지원할 때?

고재우 어, 그쵸. 왜냐하면, 제가 지원할 때는 '공부를 안 하던 학생들이 많이 모이는 고등학교' 이미지가 컸는데 그 학교에서 공부를 조금이라도 많이 하면 수시로 대학교에 잘 갈 확률이 어떻게 보면 높아지잖아요. 그게 좀 컸던 것 같아요.

(G고등학교, 비진학자 고재우 1차 면담 내용)

B고등학교 최기연은 인접 비평준화 시 지역의 고등학교 진학을 희망했으나 통학 비용이 부담되어 선택의 여지 없이 같은 중학교 졸업자 대다수가 가는 지역 내 일반고등학교를 지원했다.

E고등학교 김하준과 F고등학교 박정선, H고등학교 이현수는 각각 자신들이 고등학교 생활을 통하여 추구하려는 것을 제공할 여력이 있는 학교를 골라 지원했다. 김하준은 E고등학교가 설립된 지 얼마 되지 않아 새로운 면이 많았고 혁신고등학교로서 차별성도 있었으며 무엇보다 자신의 관심사인 인권이나 자율권을 중시한다는 점을 판단 기준으로 삼았다. 입학 전형 점수도 주변 학교들보다 높아 학교 선택에 상당한 자부심을 느꼈다.

제가 E중학교에서 고등학교로 진학했는데, 당시에는 아무래도 E고등학교가 집이랑 제일 가까웠던 점도 있지만, 당시 E고등학교가 혁신학교라는 것은 이미 알고 있었고, 또 지어진 지 얼마 안 된 학교라서 뭔가 새로운 것이라는 메리트가 있었던 것 같고요. 선배들이나 주변에서 들리는 말로 봤을 때, 저 중학교 때까지만 해도 학생들의 자율권이나 인권, 이런 게 잘 보장이 안 되던 시기였는데, 혁신학교라는 새로운 것도 있었고, 또 그것으로 인해 학생들의 권리나 이런 것을 조금 더 상대적으로 잘 보장받을 수 있는 학교라고 많이 전해 들어서, 그런 것 때문에 좀 혹했던 것 같아요.(E고등학교, 비진학자 김하준 1차 면담 내용)

박정선은 F고등학교에서 운영하는 일부 선택 과목에 중학교 때부터 관심을 가지고 자신을 변화시켜 보려는 의지를 학교 선택에 반영했다. 그는 자신이 주관이 약하고 내성적이어서 다른 사람들 앞에서 말을 잘 못 하는 점을 고심했다. 당시 F고등학교 교육과정에는 예술 선택으로 '음악', '미술', '연극의 이해'가, 체육·예술 선택으로 '스포츠과학', '음악과 사회', '미술과 삶'이 개설되어 있었다. 그러한 과목은 당시 인근 학교 학생들에게 관심을 끌었고, 박정선도 자신의 약점을 극복할 기회로 생각했다.

굉장히 내향적이지만 외향적으로 되고 싶은 생각도 있었는데, F고 자체가 혁신학교(였)잖아요. 그리고 1학년 때 연극, 미술 그다음 음악 이렇게 세 과목 선택해서도 배울 수 있고, 이것은 새로운 고등학교라고 흥미가 있었는데 또 운 좋게 친한 애들이 그쪽으로 가자, 가자 해서 생각하게 된 것인데, 그 연극부를, 그러니까 연극을 통해 저 자신 성격을 바꾸고 싶다, 이게 좀 컸어요.(F고등학교, 비진학자 박정선 1차 면담 내용)

H고등학교 이현수는 남자 중학교에 다니면서 학교 교사들에게서 권위적인 태도를 자주 접했고 틀에 박힌 학습 분위기와 반복적 일상에 적지 않은 회의를 느껴 고등학교를 선택할 때는 공을 많이 들였다. 그는 이전과 다른 환경에서 변화된 방법으로 공부하고 싶다는 열망을 가지고 여러 학교를 방문하거나 정보를 찾아보다가 H고등학교의 분위기와 교육과정에 관심을 가졌고, 부모의 동의를 얻어 지원했다.

고등학교에 대하여
어떤 기대를 했는가?

참여자들은 각자 선택한 고등학교에 대하여 학업 분위기와 성적, 수업 방법, 물리적 환경, 친구, 동아리활동, 공학 여부, 매점 활용, 교사와의 관계, 공동체적 삶 등의 측면에서 기대나 우려를 했다. 그러한 기대나 우려는 그들이 택한 고등학교가 혁신학교였는가 여부와는 관련성이 낮았다. 24명의 참여자 중 자신의 학교가 혁신학교였다는 사실을 알고 입학한 경우는 드물었고, 그런 사실을 인지한 경우에도 혁신학교가 보통 학교와 어떻게 같거나 다른지 구체적으로 파악하지 못했다. 참여자들이 입학 전형을 마치고 각자의 학교에 무엇을 기대했는가는 고등학교 선택 기준과 별반 다르지 않았다. 학업 수행과 좋은 내신성적 취득에 대한 동기가 강했던 참여자들은 그것을 뒷받침해 줄 만한 학교를 선택했다. 반면 교과 이수보다 다양한 교과외활동과 인간관계 및 학생 문화에 대한 요구가 더 컸던 참여자들은 관련 활동이 충족될 수 있는 학교를 골랐다. 그리고 고등학교 생활이 중학교 생활의 연장선상에 있을 것으로 생각하거나 고등학교 생활에 막연한 기대를 했던 참여자들은 입학 후의 생활에 대한 구체적 계획을 세우지 못한 상태로 출발선에 섰다. 참여자들의 학교에 대한 기대는, 자신들이 중시하는 일부 측면을 방해받지 않는다면 다른 측면은 개의치 않는다는 사고로 나타나거나 불안감 또는 우려로 표출되었다.

성공적 학업 수행과 내신성적

고등학교에 가서 공부를 잘하여 좋은 내신성적을 유지하고 싶다는 참여자들의 기대는 고등학교 생활이 상급학교 진학을 위한 준비 과정으로서 가장 큰 의미를 띤다는 이해에 기초하고 있었다. 그리하여 각자 학교에서 학습에 전념할 수 있는 분위기가 유지되기를 바랐고, 학습 결과에서도 우위를 차지할 수 있는 조건이 조성되기를 기대했다.

A고등학교 이정민은 진학할 학교를 결정한 후에도 학업 측면, 그중에서도 학교 분위기 때문에 공부에 몰입하기 어려울 수 있다는 점을 우려했다.

> 그런데 그게 좀 있었어요. 학교가 확실히 주변 이미지가 좀…. 그때 생긴 지 2~3년밖에 안 됐고 학업 분위기라든지 이런 게 좋지는 않다는 얘기를 많이 들었죠. 저는 중학교 3학년 때부터 공부를 시작해서 성적을 좀 많이 올린 상태여서 좋은 학교 갈 수 있었어요. 누나를 보고 '그래도 다른 방법도 있으니까 이 방법으로 한번 해보자' 해서, 고등학교 가서 공부 좀 하고 싶었는데, 그런 분위기는 또 아니라고 그러니까, 그 부분에 대해서는 좀 걱정이 있었죠.(A고등학교, 서울 소재 대학 진학자 이정민 1차 면담 내용)

B고등학교 주민하는 내신성적 1등급을 받고 싶다는 욕심에서 집에서 가까운 학교를 진학 예정 학교에서 배제했다. 그 학교에 같은 중학교를 졸업한 친구들 다수가 진학하면 '너무 공부 안 하고 분위기 망치는 아이들'이

많을 거라고 판단하여 차라리 다른 학교에 가서 '공부에 좀 더 집중하는 그런 느낌'을 살려보기로 했다.

C고등학교 소정현도 내신성적을 잘 받고 여러 가지 '스펙'을 쌓고 싶은 생각에서 학교를 선택했지만, 과연 그곳에서 자신의 기대를 실현할 수 있을지 불안해했다. 그런 불안감은 D고등학교가 혁신학교라는 것을 알고 입학을 결정한 구하영에게서 더 구체적으로 감지되었다.

구하영 좋은 이미지가 아니었어요. 혁신학교라서 간다. 이것보다 혁신학교라서 오히려 불안했어요. 저도 자세히는 모르는데, 그냥 듣기로는 혁신학교가 되고, 아. 1년 먼저 되었나. 혁신학교가 되고 성적이 떨어졌다는 말을 들은 적이 있어서.

연구자 학생들 성적이 떨어졌다고?

구하영 네. 그러니까 학교에 대입 결과, 이런 게 성적이 막… 저희 선배들은 듣기로 ○○고만큼 170은 되어야 들어갈 수 있었는데, 학교가 점점 평준화되어 가고, 그런 시기랑 맞물려서 안 좋은 얘기가 나왔던 것 같아요. 혁신학교가 된 것으로.

(D고등학교, 서울 소재 대학 진학자 구하영 1차 면담 내용)

E고등학교 강선민은 해당 학교에 진학하여 좋은 대학에 들어간 오빠를 보면서 학교 분위기가 공부하기에 좋고 '내신 따기'도 쉬울 거라고 확신했다. G고등학교 김지은도 지역에서 가장 공부 안 하고 자퇴하는 학생들이 많다고 알려진 학교를 선택한 만큼 그곳에서 '성적을 따는' 일이 쉬우리라 생각했으나 다른 한편으로는 불안하기도 했다. 같은 G고등학교 황인하도 학교

를 결정한 후에도 학교에 대한 구체적 바람이나 자신의 계획을 확인하기 보다는 '공부 못하는 애들이 많이 왔으면 좋겠다'는 생각을 더 많이 했다.

F고등학교 나혜주는 학교를 결정하기 전에 부모와 함께 방문 상담하는 과정에서 학교 교원이 성적 상위자에게 특별히 더 관심을 가지고 환대한다는 느낌을 받았고, 공부 잘하는 자신이 모둠 수업에서 중심적 역할을 할 수 있으리라 생각했다.

변화된 환경과 행위 방식

고등학교 생활에 대한 참여자들의 기대가 중학교 때 경험하지 못했던 것들을 해보거나 이전에 경험했지만 질적으로 다른 변화를 바라는 점도 있었다. 그런 기대는 시설, 활동, 관계 면에 반영되어 나타났다.

장석호와 박한솔은 A고등학교가 다양한 시설을 갖추고 있고 깨끗하다는 점을 매력으로 보았고, 그런 학교에서 공부할 수 있다는 사실에 설레었다. E고등학교 신경아도 학교 시설이 좋다는 점에 기대를 갖고 입학했다.

C고등학교 김우람, D고등학교 김정윤, F고등학교 박정선, H고등학교 유하민은 혁신학교에서 중점을 두고 운영하는 교과와 창의적 체험활동의 특성을 파악하고 그것을 활용하는 데 관심을 가졌거나 심도 있게 공부하는 방식에 기대를 품었다. 김우람은 동아리 운영이 활성화되어 있지 않았던 중학교에서와 달리 C고등학교에서는 동아리활동에 왕성하게 참여하기를 바랐고, 예술 교과도 풍부하게 경험할 수 있기를 원했다. 김정윤은 중학교에서는 교사의 설명식 수업에 익숙했으나 D고등학교의 수업에서는 학생들이 참여하는 토론과 조별 과제가 많다는 정보를 토대로 수업에 대해 마음의 준비를 했다. 박정선은 중학교 때까지는 내성적인 성격을 바꾸어 볼 계

기가 없었다고 생각했는데, F고등학교에 가면 연극같이 표현활동이 많은 선택 과목에 참여하면서 자신의 모습을 적극적으로 변화시키고 싶다는 바람이 있었다. 그리고 유하민은 자신에게 공부다운 공부, 즉 삶과 연결된 학습을 이끌어 주는 학교를 원했고, H고등학교에서의 학습이 중학교 때와는 질적으로 다를 것으로 기대했다.

> 좀 기억이 미화된 것 같긴 한데, 저는 학교에 대한 만족도가 되게 높았던 학생 중 한 명이었거든요. 그래서 H고등학교에 가기 전에 고등학교는 중학교와 어떤 면에서 다르냐 했을 때는 공부에 심도가 있고 뭔가 좀 더 정말 학습을 한다고 들었어요. 근데 그 학습이 문제집 풀이가 아니라 같이 토론하고, 감독하고, 이런 수업들이 많다고 들어서 그런 것을 기대했는데⋯.(H고등학교, 춘천 소재 대학 진학자 유하민 1차 면담 내용)

관계 측면에 반영된 참여자들의 고등학교에 대한 기대는 남녀 공학 여부, 학생의 위상 및 학생-교사 관계, 새로운 친구 관계 형성 등으로 나타났다.

D고등학교 이국화는 여자 중학교를 다녔기에 공학 고등학교에 대한 관심이 높았고, A고등학교 박한솔도 공학 고등학교 내에서도 혼성 학급에 배치되는 상황이 실현되기를 바랐다.

E고등학교 김하준은 자신이 택한 학교가 학생의 권리를 폭넓게 인정하고 자율적 활동의 허용 수준 또한 높게 설정하고 있다는 점에 매료되었고, A고등학교 장석호는 학생들의 활동 편의를 우선 고려한 독특한 교복을 착용할 수 있다는 데 설레었다. F고등학교 하운재는 교사와 학생의 관계가 중학교 때처럼 나무라고 반발하는 관계에서 벗어나 대화를 통해 설득하고 따르는 방식으로 유지될 수 있겠다는 희망을 가졌다. H고등학교 이현수는

대안고등학교에서의 생활이 대학 입시 준비 과정이라기보다는 공동체적 삶을 연습하고 배우는 과정이라는 데 의미를 부여했다.

B고등학교 윤미래와 G고등학교 고재우는 중학교까지는 초등학교 때부터 학교 생활을 같이 시작한 친구들과 지냈지만, 고등학교에서는 여러 지역에서 모이는 다양한 친구들을 만나 서로 알아 갈 기회가 있다고 생각하며 들뜬 감정을 느꼈다.

> 초등학교에서 중학교에 친구들이 그대로 올라왔는데, 고등학교는 각 지역에서 오는 친구들이 많잖아요. 그래서 학업 위주보다는 친구들, 다양한 친구들을 만날 수 있으니까 새로운 친구를 만날 기회가 좀 있었던 것 같아요. 그 기대가, 친구에 대한 기대가 조금 많았던 것 같아요.(B고등학교, 천안 소재 대학 진학자 윤미래 1차 면담 내용)

중학교 생활의 연장

일부 참여자들은 고등학교 생활에 대하여 특별히 기대하지 않았거나 진학할 학교가 결정될 때까지의 과정에 매몰되어 구체적 기대 없이 입학을 맞았다.

B고등학교 최기연은 고등학생이 되면 학교에서 공부만 하거나, 각자 하고 싶은 영역을 공부하게 될 거라고 막연히 생각했다. C고등학교 나민희는 중학교를 함께 다닌 친구들 다수가 같은 고등학교에 진학하는 상황이어서 고등학교 생활이 중학교에서와 크게 달라질 것이 없을 것으로 짐작했다.

> 중학교가 바로 옆에 있어서 대부분 학생이 다 C고로 가고, 인문계 안 가는

친구들만 다른 학교로 넘어가고, 인문계 가는 친구들은 대부분이 와서 크게 기대한 것들도 없었어요. 중학교랑 비슷할 것 같다고 생각했거든요. 워낙 겹치는 친구들이 많아서.(C고등학교, 비진학자 나민희 1차 면담 내용)

E고등학교 신경아는 고등학교에서는 대학 입학을 준비하는 데 따른 압박감을 가지고 생활하게 될 것이므로 중학교 때 고등학교 입학에 대한 부담감을 가지고 생활하던 것과 비슷할 것으로 예견했다.

고등학교 가면 수능 준비 때문에 다들 그 수능이라는 것의 압박감이 굉장히 크니까 고등학교 가도 중학교랑 비슷하겠지, 그것보다 더 심하겠지 생각했는데⋯.(E고등학교, 용인 소재 대학 진학자 신경아 1차 면담 내용)

고등학생의 생활시간은
어떻게 구성되었는가?

참여자들은 고등학교에서 주어진 3년의 시간을 일정한 방식에 따라 소비하면서 그 과정에서 주기적으로 되풀이되는 의례들을 수용했다. 고등학교 생활에서 무엇이 반복되는가에 대한 참여자들의 지각은 그 범주에서 다소 차이가 있었고, 참여자 중 1/3 정도는 반복성을 거의 의식하지 않았다. 참여자들은 고등학교 생활에서 자신들에게 중요한 대표적인 일들, 대략의 일과 내용, 일과 시작-중간-끝 지점의 일, 일과의 압축적 되풀이 경험, 학교 안과 밖에서 하는 일, 주간과 야간의 활동, 수업과 수업 외 활동, 시험 등을 통해 반복성을 경험했다.

반복적 소비

자신들에게 중요한 대표적인 일들로 반복성을 규정한 A고등학교 박한솔은 학교 생활에서 좋아하는 선생님의 수업시간, 시험, 점심시간이 반복된다고 보았다. F고등학교 박정선은 수업과 동아리활동(농구)을 꼽았고, G고등학교 고재우는 공부와 친목활동(운동, 매점 이용, 선생님과의 작용)에 의미를 부여했다. E고등학교 강선민은 수업, 시험, 행사를 통하여, C고등학교 소정현은 수업, 급식, 동아리, 자율학습에 참여하면서 고등학교 생활의 반복적 특성을 느꼈다. H고등학교 유하민에게는 수업, 회의, 행사준비위원회가 중요하게 반복되는 일이었다.

> **유하민** 음. 반복되는 일, 맞아요. 수업이랑 회의, 끝나지 않는 회의도 많고, 그리고 항상 뭔가 학교 행사가 있을 때마다 준비위원회를 꾸렸는데, 그것도 반복 중의 하나였던 것 같아요. 선생님들이 준비하시는 게 아니라 저희가 축제나 농활이나 음….
>
> **연구자** 행사 준비? 행사가 그만큼 많았던 거네요? 준비 기간도, 학생들 손에서 되어야 하니까 길어지고요?
>
> **유하민** 네. 그래서 정말 그게 반복적이었고.
>
> (중략)
>
> **연구자** 농촌봉사, 그리고 어떤 행사가 더 있어요?
>
> **유하민** 체육대회. 학교 축제. 그리고 저희가 그냥 만들었어요. 환경주간도 만들고, 과학주간도 만들고, 예술주간도 만들고 그냥 없으면 만들어내서, 그렇게 만들어서 하기도 하고, 크리스마스 파티 같은 것도 하고, 교외에서도 했어요. 예를 들어 느티나무도서관이라고 ○○에 있는데, 거기서 연극제를 동아리 선배들이 하기도 하고, 거기서 활동하는 사람이 다른 지역의 사람들과 같이 밤샘 책 읽기 같은 걸 했던 것 같아요.
>
> (H고등학교, 춘천 소재 대학 진학자 유하민 1차 면담 내용)

시간의 흐름에 따른 일과 내용을 중심으로 고등학교 생활의 반복성을 설명한 사례는 A고등학교 장석호에게서 찾아볼 수 있었다. 그에게는 학교 생활이 오전 수업, 쉬는 시간, 점심시간, 산책 또는 축구, 오후 수업, 자율학습으로 구성된 일련의 과정으로서 계속 반복되는 것으로 지각되었다.

일과의 시작-중간-끝 지점의 일로 고등학교 생활의 반복성을 지각한 C고등학교 김우람에게는 '아침에 가면 담임선생님이 들어와서 하는 아침조회, 수업이 모두 끝날 때 하는 종례, 그리고 학년별로 시간이 정해져 있는 급식은 늘 반복되는 일'이었다.

일과의 압축적인 되풀이 경험이 고등학교 생활의 반복성을 나타내는 대표적 사례는 D고등학교 이국화의 3학년 때 일과 구성에서 찾아볼 수 있었다.

> 고3 때는 학교, 집, 학교, 집—이게 끝이었던 것 같아서, 왜냐하면 학교에서 공부하고 또 야간 자율학습까지 하다 보니 10시까지 계속, 그 장시간을 학교에 머물러 있다가 끝나면 집에 와서 씻고 자고 또 아침에 학교 가고, 이런 식의 삶이 반복되었어요. 거의 13시간을 학교에만 있는 것, 그 시간이 막 힘들다고 생각하지 않았어요. 왜냐하면 야간 자율학습 했던 친구들도 같이 있었고, 또 석식이, 저는 학교 급식이 맛있어서, 석식 먹는 재미도 있었고.(D고등학교, 춘천 소재 대학 진학자 이국화 1차 면담 내용)

학교 안과 밖에서 하는 일을 구분하고 그것을 계속 유지해 가는 일이 고등학교 생활에서 반복되었다고 본 참여자도 있었다. A고등학교 이정민은 고등학교 1학년부터 3학년 때까지 '학교 안에서는 학교 내 프로그램을 잘하고, 학교 밖에서는 학업의 부족을 채우기 위해 학원이나 독서실을 다녔다'고 구분했다.

고등학교 생활의 반복성을 주간과 야간에 하는 활동들을 기준으로 구분하는 경우도 있었다. B고등학교 윤미래는 '오후 5시까지는 수업을 듣고 저녁에는 9시 반이나 10시까지 야간 자율학습을 하는 사이클이 반복되었다'고 요약했다.

참여자가 고등학교 생활의 반복성을 의식하는 데는 주기적으로 예정되어 있거나 수시로 정해지는 시험도 하나의 기준으로 작용했다. E고등학교 신경아는 시험을 '그냥 한번 열심히 공부했다가 잊어버리는 것' 정도의 사건으로 받아들였지만, 시험 결과가 어떻게 쓰이는지 알기 때문에 결코 소홀히 할 수 없는 일로 보았다.

신경아	반복이라고 생각하니까 시험밖에 생각이 안 나는데요.
연구자	시험?
신경아	네. 그러니까 학교 입학하면 잠깐 놀다가 그 수행평가라는 게 있잖아요. 수행평가가 나오고 나면 '아, 곧 시험이구나' 하고 2주 전부터 공부하고 시험 보고 다 까먹고 다시 '아, 시험 끝났다' 하면 기말 오고 그랬죠.

(E고등학교, 용인 소재 대학 진학자 신경아 1차 면담 내용)

계절과 같은 학년

고등학생들에게 학년은 예측 가능하게 주기적으로 돌아오는 계절처럼 인식되었다. 초등학교와 중학교를 거치면서 이미 학생들에게 익숙해진 계절에 대한 감각은 고등학교에서도 일상적인 수준으로 작동되었다.

참여자들은 고등학교에서 학년이라는 이정표를 어떻게 지각했는지에 대해 '그냥 똑같았다', '무난히 흘러갔다', '같은 일이 반복되어 크게 다르지 않았다' 등과 같이 반응했다. 즉 학년을 구분하고 각각의 구획된 시간 동안 무엇을 해야 하는가보다는 3학년 마무리 지점까지 도달하여 어떤 결과를 만들어 낼 것인가를 더 중요하게 보았다.

1학년은 학생들이 새로운 집단에 소속되어 탐색하고 적응하는 데 필요한 자유와 어색함 그리고 약간의 긴장이 있는 시기로 인식되었다.

고등학교 1학년 시기에 대한 인식

학교	참여자	인식의 표현
A고	이정민	약간의 자유로움이 있었음.
	장석호	공부하려는 친구들 간에 경쟁이 치열하지는 않고 적당히 있었음.
	박한솔	웃으면서 아무 생각 없이 학교 와서 수업하고 친구들과 놀았음.
B고	주민하	대회나 행사에 많이 참여할 수 있고 봉사활동도 해둘 수 있는 시기였음.
	윤미래	새로운 분위기에서 공부에 집중함.
	최기연	분위기가 밝은 편이었음.
C고	소정현	자유롭고 가벼웠고 대학 진학에 대하여 실감 나지 않았고, 잘하는 선배를 보면 나도 내신을 잘 받고 싶다고 생각했음.
D고	이국화	학교에 적응하기 바빴던 시기였음.
	김정윤	마음에 맞는 동아리에 가입하여 활동을 마음껏 할 수 있는 시기였음.
E고	강선민	가벼운 분위기였고 공부에 매달리는 친구들이 거의 없었음.
F고	박정선	활발한 애들은 친해지려 하고, 소극적인 애들은 약간 눈치를 보는 것 같기도 하고, 초반에는 활기가 조금 낮았으나 후반에 가면 끼리끼리 친해지고 무리도 나뉘지만 다 같이 하는 일도 있었음.
G고	고재우	친구들 간에 서로 친해질 듯하면서도 사이가 멀어 할 말만 하고, 학교가 끝나도 같이 놀지 않는 시기였음.
H고	유하민	신나게 연극제 준비하고 이것저것 참여하며 놀았음.
	이현수	새로운 가치나 관계나 많은 것을 열정적으로 표현한 시기였음.

2학년은 1학년과 3학년을 잇는 시기로, 학생들에게 심적 부담이 본격적으로 자리 잡는 기간으로 보였다. 공통 과정을 마치고 2학년부터 문과와 이과로 계열이 나뉘면서 학생들은 친구관계 재설정, 선택 과목 설정, 수업 방식의 변화, 내신성적 경쟁 가열화에 따른 대책 수립 등의 변화를 경험한 것으로 파악되었다. 그에 더하여 학생들은 자신들의 대학 입학 전형에 필

요한 비교과활동 실적을 쌓기 위하여 교내 대회, 봉사활동, 체험활동, 동아리활동 등에 참여하는 일에도 신경을 썼다. 학교에서 직업교육 위탁과정을 연결하는 경우 대학 진학 가능성이 낮다고 생각한 학생들은 3학년 때 위탁과정에 갈지 결정해야 하므로 2학년 말에 집중적으로 고민했다.

고등학교 2학년 시기에 대한 인식

학교	참여자	인식의 표현
A고	이정민	조금씩 정신 차리는 친구들, 뭘 해야겠다는 생각을 하는 친구들이 보이고, 미래에 대해서도 서로 얘기할 수 있었음.
	장석호	2학년에서 가장 큰 변화는 계열 선택이었고, 중학교 때부터 수학 공부를 소홀히 하여 학습지를 구독하며 기초를 다지고자 했음.
	박한솔	조금 무거워지고 문·이과 분리되면서 똑같이 만나던 친구들이 외국인처럼 느껴졌으며, 후반에는 3학년 이후 취업과 진학 선택에 대해 갈등했음.
B고	주민하	교과 공부를 관리하며 봉사활동 대상을 확대하여 계속했음.
	윤미래	교내 대회 참여에 치중했음.
	최기연	애초에 꿈이 정해져 있지 않은 친구들은 고민을 많이 했음.
C고	소정현	교과 공부에 집중하며 비교과활동에서 챙겨 놓으면 좋은 것들을 두루 신경 썼음.
	나민희	계열이 분리되면서 100분 수업이 생겨 국어에서는 토론, 과학에서는 실험을 시간 제한 받지 않고 충분히 했음.
D고	구하영	입시에 반영될 내신성적이 학기별로 산출되어 가는 것을 느끼면서 성적이 나쁜 수학 과목에 대해 학원 공부를 시작했음.
	이국화	학교에서 참여할 수 있는 프로그램에 더 집중했음.
	김정윤	계열을 이과로 선택하여 만난 친구들과 많은 것을 주고받았음.
E고	강선민	계열이 분리되면서 내신성적 경쟁이 치열해졌음.
	신경아	듣고 싶은 과목을 선택할 수 있어서 배우는 내용이 달라지는 정도의 의미는 있었음.
F고	하운재	계열이 분리되어 문·이과로 나뉘는 변화는 있었음.
	박정선	문·이과로 계열이 분리되고 반이 편성되다 보니 성향이 맞지 않는 친구들이 같은 반이 되어 힘들어하는 경우가 있었음.
G고	고재우	계열 분리 후 편성된 반에서 친구들과 더 돈독한 관계를 유지했고, 여학생들과도 친하게 지냈음.
H고	유하민	학년이 올라가면서 감정이 달라지고 자신이 변화해야 한다는 생각을 했음.
	이현수	선택 과목 수업과 인턴십이 시작되면서 학생 각자 개성을 찾아간 시기였음.

대부분의 학생들은 3학년에 들어서면서 대학 입학 전형 절차와 직면했고, 그로 인하여 학교와 학년의 분위기 및 활동이 입시에 유리하게 맞춰져 감을 절감했다. 그런 과정에서 F고등학교 하운재는 학교에서 공동체 정신을 강조해 왔지만 3학년이 되자 전면적으로 입시 활동에 몰입하게 하는 듯한 불일치를 경험했다. C고등학교 소정현은 3학년이 되자 입시 준비에 대한 압박을 받았고, 그런 상황에서 학생 주도 수업 방식에 불안을 느꼈다. B고등학교 최기연은 영화 관련 학과를 지원하려고 하니 학교 내신성적이나 창의적 체험활동 참여 실적만으로는 부족하여 스스로 외부 워크숍에 참여하거나 메이킹필름을 구해서 공부했다. 그리고 A고등학교 박한솔은 당시 학교에서 연결해 준 직업교육 위탁과정을 선택하여 교실과 집을 떠났고, G고등학교 고재우는 미용 기술을 배워 취업하기로 하고 학교 수업을 마치면 학원에 가서 관련 공부를 했다.

고등학교 3학년 시기에 대한 인식

학교	참여자	인식의 표현
A고	이정민	지금이라도 무엇을 좀 하면 되지 않을까 하는 심정으로 공부하는 친구들이 많았음.
	장석호	대학 입학을 생각하면서 친구들이 조금 날카로워졌고, 공부를 안 했거나 중간 정도 하던 친구들도 마지막이라고 많이 고민하며 가장 정신없어했음.
	박한솔	직업교육 위탁과정을 선택하여 타 지역 직업교육기관에서 공부하는 동안 학교에서 소외된 느낌을 받았음.
B고	주민하	성적 관리를 계속하면서 자소서 쓰는 데 필요한 대회 실적 등을 보완하기 위해 팀을 꾸려 참여하기도 했음.
	윤미래	대학을 가야겠다는 생각으로 공부에 집중했음.
	최기연	모두에게 희비가 엇갈리는 시기였음. 영화를 많이 보았고 영화 관련 학과 입학에 필요한 이론서나 메이킹필름을 찾아서 스스로 공부했음.
C고	소정현	입시 준비를 해야 하는데 계속 학생 주도 수업으로 가다 보니 EBS 교재의 모의고사 문제를 다루는 데 소홀하여 입시와 동떨어진 듯한 불안감이 컸음.
	나민희	방학 때 학교에서 보충수업을 하여 방학이 2주로 짧았음.

D고	이국화	학교와 집만 오가며 하루의 절반 이상을 학교에서 보냈음.
	김정윤	수업과 공부 외에 한 일이 없고 1~2학년에서는 하지 않았던 야간 자율학습을 했음.
E고	강선민	누구나 긴장하고 공부에 매달리는 기간이었음.
	신경아	학교 수업 외의 활동(학원, 집에서 그림 그리기)에 더 집중했음.
F고	나혜주	우리 반은 공부하자는 분위기가 되었고 친구들도 열심히 하려고 했으며 담임선생님도 대학을 가라기보다는 공부하라고 당부하셨음.
	하운재	학교에서 공동체 정신을 강조했는데 입시 상황에서는 180도 바뀌어 우리도 입시를 치러야 한다는 것을 절감했고, 학교보다는 사회로부터 압력을 받는다고 느꼈음.
	박정선	공부하는 일이 주가 되는 때여서 좀 무겁고 심각하고 각자의 문제로 씨름하느라 활기가 없었음. 일반고등학교여서 다른 학교와 마찬가지로 수능 위주로 간 것 같았음.
G고	고재우	진지하게 현실을 직감하며 정시보다 수시 전형을 거쳐야 한다는 이야기들을 주고받는 가운데 주변 친구들을 보고 공부하거나 최소한 방해하지 않는 분위기였음.
H고	유하민	학년 타이틀이 주는 무게감으로 인하여 '학교를 졸업하면 사회에 던져지겠구나' 하는 생각을 했고, 설렘보다는 걱정을 많이 했음.
	이현수	다소 입시 중심적인 흐름이 나타나 학교 시스템이 수시나 정시 준비를 하는 학생들에게 맞추어져 있었고, 실제 학생들도 긴장을 많이 했음.

낮과 밤을 잇는 루틴

학생들이 시간 측면에서 어떻게 생활했는가는 그들의 평균적인 일과가 어떻게 짜여졌는지 살펴봄으로써 재구성되었다. 학생들에게는 오전 수업, 점심식사, 오후 수업이 핵심을 이루는 공통적 과업이 되었고, 이러한 활동 외의 일들은 학교 생활이라는 주제 하에서는 전면에 등장하지 않았다. 그러한 핵심 과업에 선택적 과업들이 부가되어 개별 학생의 일과가 형성되었고, 부가적 과업들이 학생 간 일과의 차이를 만들어냈다. 예를 들면 오후 수업 후 이어질 수 있는 보충학습, 저녁식사, 야간 자율학습 등은 학생들이 선택할 수 있었으므로 그 시간에 학원이나 과외를 택하여 개인적 학습을 하거나 독서실에 가서 혼자 공부하는 일정을 만들 수 있었다. 그러한 차이가 있었음에도 학생들의 일상적 과업은 아침부터 시작하여 저녁식사 전에 일단 종료되거나 늦은 저녁까지 전개되었다.

고등학생의 일과

학교	참여자	인식의 표현
A고	이정민	등교(07:00)-개인 공부-조회-오전 수업-점심식사-휴식, 복습-오후 수업-학원, 독서실 ※ 3학년 때는 학원 수업을 유지하며 학교 야간 자율학습에 참여함.
	장석호	등교(08:00)-수업 준비, 과제, 놀이-조회-오전 수업-점심식사-산책, 축구-오후 수업-보충학습, 자율학습, 운동, 개인 시간, 동아리-저녁식사-야간 자율학습
	박한솔	등교(07:20)-수면-조회-오전 수업-점심식사-만화 시청이나 이야기하기-오후 수업-(수요일 동아리)-저녁식사-야간 자율학습(2학년 1학기까지) ※ 2학년 2학기에는 용돈을 벌기 위해 햄버거 가게에서 1일 3~5시간 일함. ※ 3학년 때는 충북 소재 직업교육기관의 위탁과정에서 조경을 공부함.
B고	주민하	등교(08:20)-수업 준비-조회-오전 수업-점심식사-오후 수업-저녁식사-야간 자율학습(2학년까지) ※ 아버지 차를 타고 등교했고, 시험기간에는 독서실을 1개월 예약하여 이용함.
	윤미래	등교-개인 시간-조회-오전 수업-점심식사-오후 수업-저녁식사-야간 자율학습 ※ 1~3학년 동안 화·목요일에는 오후 수업 후 귀가하여 영어 과외수업을 받음.
	최기연	등교-개인 시간-조회-오전 수업-점심식사-오후 수업-저녁식사-야간 자율학습(1학년 때만) ※ 2~3학년 동안에는 오후 수업 후 귀가하여 집안일을 돕거나 아르바이트를 함.
C고	소정현	등교(08:00)-독서, 개인 공부-조회-오전 수업-점심식사-오후 수업-보충수업-저녁식사-야간 자율학습
	나민희	등교-개인 공부-조회-오전 수업-점심식사-오후 수업-원하는 수업(보충수업)-저녁식사-야간 자율학습 ※ 보충수업에는 국어, 영어, 수학, 음악(기타), 체육(배드민턴, 축구) 등이 개설됨.
D고	구하영	등교-개인 공부-조회-오전 수업-점심식사-오후 수업-방과후 수업 ※ 2학년 때부터 3학년 1학기까지는 오후 수업을 마치고 수학 학원에 감.
	이국화	등교-개인 공부-조회-오전 수업-점심식사-오후 수업-방과후 수업-저녁식사-야간 자율학습
	김정윤	등교-개인 공부-조회-오전 수업-점심식사-오후 수업-방과후 수업-학원(2학년까지) ※ 3학년 때는 야간 자율학습에 참여함.
E고	강선민	등교-개인 시간-조회-오전 수업-점심식사-오후 수업-방과후 수업(보충수업)-저녁식사-야간 자율학습 ※ 야간 자율학습 시간 내에 1시간 정도 교사가 지명하는 학생들이 4점짜리 수학 문제를 공부하는 반이 있었음.
	신경아	등교-개인 시간-오전 수업(수면)-점심식사-오후 수업(수면)-학원 ※ 학원에서 귀가한 후 밤늦게까지 그림을 그림.
	김하준	등교-개인 시간-조회-오전 수업-점심식사-오후 수업-귀가(PC방)

F고	나혜주	등교-수면-조회-오전 수업-점심식사-오후 수업-보충수업-저녁식사-야간 자율학습 ※ 보충수업 교과는 영어, 수학, 논술(글쓰기) 등으로 다양하게 개설됨.
	하운재	등교-개인 시간-조회-오전 수업-점심식사-오후 수업-보충수업-저녁식사(교외 매식)-야간 자율학습
	박정선	등교-독서-조회-오전 수업-점심식사-오후 수업-농구동아리-저녁식사 ※ 주 3회 수학 과외수업을 받고 9시쯤 귀가하면서 친구들과 시간을 보내기도 함.
G고	김지은	등교-개인 시간-조회-오전 수업-점심식사-오후 수업-방과후 수업-학원 ※ 학원에서 영어 주 2회 1시간 반씩, 수학 주 4~5회 2시간씩 수강함.
	황인하	등교-개인 시간-조회-오전 수업-점심식사-오후 수업-귀가(저녁식사)-학원-독서실 ※ 오후 수업 후 부모님이 마중하여 저녁식사 이후 일정을 안내함.
	고재우	등교(08:20)-개인 시간-조회-오전 수업-점심식사-오후 수업-방과후 수업-저녁식사-야간 자율학습(1학년 1학기만) ※ 1학년 2학기부터는 야간에 주 3일 아르바이트를 했고, 3학년 때는 미용학원에 다님.
H고	유하민	등교(08:30)-조회-오전 수업-점심식사-오후 수업-저녁식사-개인 공부, 공동 과제 ※ 2학년 때부터 선택제 수업이 적용되어 수업시간이 개인별로 정해짐. ※ 예체능 분야 진학예정자 외에는 학원 수강을 하지 않음.

고등학생은
어떤 공간에서 생활했는가?

학생들의 생활공간은 학교 안과 학교 밖의 것으로 구분되었다. 학생들은 학교 안에서는 주어진 공간에서 스스로 만족을 얻고자 하는 방식으로 생활했다. 8개 고등학교 중 5개교는 참여자들이 입학할 당시 개교한 지 2~5년이 지났고, 2개교는 각각 11년과 17년이 되었으며, 나머지 1개교는 1972년 교사 건립 후 여러 번 증축했다. 평일 대부분의 시간을 학교에서 보내는 학생들은 주로 학습공간, 지원공간과 매개공간을 오가며 생활했다. 그와는 대조적으로 학교 밖에서는 매우 제한적인 범위의 공간을 활용하며 단조로운 동선을 유지했다.

거처하며 생활하는 학습공간

학습공간은 학급 교실과 특별교실 및 교과교실로 대표되는 곳으로, 학생들은 그곳에서 교사 및 친구들과 직접 상호작용했다. 학급 교실은 학생들이 가장 오래 머무르는 생활공간이자 학습공간이었다. 학생들은 일상적으로 생활한 교실을 비교적 편안하고 넓은 곳으로 지각했다. 학급 교실에서는 학급의 집단 정체성을 확인하는 조회나 종례 등의 의식이 행해졌고, 교과 수업이 이루어졌으며, 또래 간 대화나 놀이가 일어났다. 또 학급 교실은 동아리활동실로도 쓰였고, 야간 자율학습 시간까지 불을 밝혔으며, 옷을 갈아입거나 잠을 자는 공간으로도 활용되었다.

F고등학교 박정선은 교과교실제를 적용하는 상황에서도 학급별로 배정된 교실에 대하여 보통의 학생들이 갖는 생각을 드러냈다. 박정선에게 학급 교실은 소속감을 확인할 수 있는 가장 편안한 장소였다.

> 연구자　(교과교실로) 이동 수업을 하는 상황에서도 학급 교실은 학생들에게 특별해요?
>
> 박정선　네, 그랬던 것 같아요. 어떻게 보면 하루에 학교에서 시작과 끝이니까. 조회나 종례 때만 다 같이 모였다가 흩어져서 수업을 듣긴 하지만 쉬는 시간마다 간다거나 점심시간마다 모인다거나 이런 것을 하니까요. 교실밖에 없죠. 학생들에겐. 제일 편하고.
>
> 연구자　우리 교실이니까요?
>
> 박정선　네. 제 짐도 다 거기 있고 하니까 그랬던 것 같아요.
>
> (F고등학교, 비진학자 박정선 1차 면담 내용)

D고등학교 구하영은 학급 교실을 집 같은 공간으로 생각했다. 그에게 학급 교실은 일상적 생활을 하는 근거지이면서도 외부와 연결되어 있어 새로운 기운과 정보를 받아들이는 곳이었다.

> 구하영　교실이 편안한데, 왜 집이라고 생각하냐면, 편안한데 가끔씩 외출하면 좋잖아요. 그런데 저도 교실에 있는 게 편안한데 가끔씩은 나가면 기분이 전

환되는….

연구자	아, 아까 식수대라든가 운동장?
구하영	네. 그런데 저는 교실이 막 답답하거나 이러진 않았어요.
연구자	아, 그렇지는 않았어요?
구하영	네. 교실이 좋았어요. 왜냐면 친구들이 너무 좋아서.

(D고등학교, 서울 소재 대학 진학자 구하영 1차 면담 내용)

학생들은 학급 교실을 지루하거나 답답한 곳으로 낙인찍지 않았다. 학급 교실이 수업 활동 등이 부여하는 규칙성과 정체감으로 채워졌지만 학생들이 외부 공간을 드나들면서 교실에 환기 효과를 주었기 때문이다. 그러한 드나듦은 학급 교실이 외부 공간과 원활하게 연결되는 상황에서 더 큰 의미가 있었다. A고등학교 이정민은 교실과 연결된 공간들이 교실에 대한 생각을 상당 부분 좌우한다고 생각했다.

이정민	크게 교실이 있고. 저희 학교가 신설이어서 학교가 구조적으로 예쁘고 잘 되어 있어 많이 돌아다녔던 것 같아요. 시간 있으면, 정원 같은 것도 잘 되어 있고, 공연장, 그런 곳에서도 바람이 잘 불어서 여름에는 시원하고 그러니까 애들이 그런 곳에 앉아서 얘기도 하고 장난치고.
연구자	휴식하거나 바람 쐴 수 있는 공간이 더 있었나 봐요?
이정민	네. 그건 좋았어요. 편의시설.
(중략)	
이정민	산책길을 지나가면 옆에 조그마한 연못도 있고, 봄·가을 되면 꽃도 많이 피고.
연구자	교실에서 생활하는 건 어때요, 불편했어요?

이정민   아니요. 좋았어요.

(A고등학교, 서울 소재 대학 진학자 이정민 1차 면담 내용)

    학급 교실이 학생들에게 일상적 거처공간이자 학습공간의 기능까지 한데 비해 특별교실과 교과교실은 교과 특성에 따라 학생들의 이동을 요구한 곳이었다. 거의 모든 학생이 해당 교과 수업을 위해 과학실, 음악실, 미술실, 컴퓨터실 등의 특별교실을 이용했다. 반면 교과교실은 C, E, F고등학교에서는 국어, 영어, 수학 등의 수업을 위해 설치하여 활용했고, A고등학교에서는 해당 교과목에 대한 소수 학생들의 심화학습을 위해 사용했다.

김우람   10개라고 치면 교실에서 4개 정도 하고 나머지 6개는 옮겨 다녔어요.

연구자   주로 어떤 과목을 특별교실로 들으러 갔어요?

김우람   수학 같은 경우는 적분과 통계가 특별교실이 있었고, 화학도 화학실험을 해야 하니까 화학실이 따로 있었고, 음악·체육은 당연히 따로 교실이 있었고, 일본어 같은 경우도 일본어 전용 교실이 있었으니까요.

연구자   좀 다양한 특별교실이 마련되어 있었나요?

김우람   다양하다기보다는 공간적인 측면에서 효율적이었던 것 같아요. 더 넓고, 아니면 TV가 더 큰 게 있다거나 앞에 더 보기 좋게 그런 식으로. 아니면 칠판이 3겹이 있어 가지고 필기하기 좋다거나, 그런 교실이 따로 마련되어 있었어요.

(C고등학교, 천안 소재 대학 진학자 김우람 1차 면담 내용)

연구자   그런데 이런 교실 있었어요? 영어실, 수학실과 같은 교과교실?

이정민   네. 따로 있었는데, 그 부분은 필요한 사람들이, 저도 그 사람들 중 한 명이었어요.

| 연구자 | 필요한 사람들만 원해서 갔어요? |

이정민 언제든지 와도 좋은데. 말은 그렇게 하셨는데 막상 애들이 많이 안 가고 이러니까. 그런데 저는 많이 이용했던 것 같아요.

(중략)

이정민 아뇨. 안 계셔도 저희끼리 공부하고 있다가 선생님 오시면 질문하고 다시 공부하고 이런 식으로.

연구자 그러면 수학선생님은 그 교실에 늘 계세요? 책상도 거기 있고?

이정민 그죠. 공간이 이렇게 구분되어 있고, 여기 선생님들 계시고, 한 두세 분 정도 계시고, 여기는 저희가 따로 공부할 수 있는 공간이 마련되어 있어서. 저희는 여기서 하다가 궁금한 점이 생기면 넘어가서 여쭤보고.

(A고등학교, 서울 소재 대학 진학자 이정민 1차 면담 내용)

분화된 편의를 제공하는 지원공간

지원공간은 도서관, 상담실, 급식실, 체육관(강당), 운동장을 포함하며, 학습공간의 기능을 보완하거나 학생 생활의 편의를 돕기 위해 설치된 곳이다. 지원공간에서도 부분적으로 학습활동이 수행되었으나 교과 학습이 주된 목적인 공간에 비해 격식은 덜 요구되었고, 일부 학교 학생들은 교무실에서도 지원공간의 기능과 편의를 얻었다. 대부분의 학생들은 급식실에 대해서는 만족스러워했고 체육관이나 운동장의 구비 수준과 활용도에서도 긍정적으로 평가했다. 도서관은 학교마다 모두 설치되었고 최소한의 기준 이상으로 관리되었으나 이용 면에서는 적극성을 보인 학생과 소극적으로 활용한 학생이 섞여 있었다. 학교의 혁신에서 시설 개선을 통한 물적 자원을 변화시키는 일이 필요하다는 지적(나효진, 2015)에 비추어 보면, 잘 갖추어진 시설·설비가 참여자들의 학교에 대한 자부심과 만족감을 높이고 학교생활에 대한 적응을 돕는 것으로 보였다.

A고등학교 이정민은 학생 봉사활동 사서로도 활동한 적이 있는데, 도서관을 정보를 얻고 휴식을 취하는 곳으로 활용했다. 반면 D고등학교 구하영은 학교생활기록부의 독서활동 상황을 기록하기 위하여 그에 적합한 도서를 이용하는 측면으로 학교도서관의 기능을 한정했다.

연구자 도서관, 학생들에게 인기 있었어요?

이정민 보이는 친구들은 계속 보이고, 많이 활성화는 안 되어 있었던 것 같아요.

연구자 왜 그랬을까요?

이정민 그런 공간을 별로 좋아하지 않는 친구들이 많았다고 해야 하나? 도서관은 정말 잘 되어 있었는데 저는 거기서 잘 쉬었거든요.

연구자 거기서 주로 뭐 했어요? 과제 했어요?

이정민 책도 보고, 책 읽는 사람도 보고, 혼자 생각도 하고, 할 것 없으면 아무거나 뒤적거려 보고, 이런 식으로 했던 것 같아요.

(A고등학교, 서울 소재 대학 진학자 이정민 1차 면담 내용)

연구자 도서관은 어땠어요? 학교도서관?

구하영 도서관에서. 그냥 도서관에 잘 안 가 가지고.

연구자 아. 잘 안 갔어요?

구하영 그래도 그 독후감 써야 하잖아요. 기록부. 그때는 이용했죠. 그때, 그때는 그래도 유명한 책 같은 것은 있어 가지고…. 기록으로 쓰기 유명한 책, 그런 것.

(D고등학교, 서울 소재 대학 진학자 구하영 1차 면담 내용)

상담실은 대부분의 참여자에게는 특별히 가보지 않았거나 갈 일이 없었던 공간으로 간주되었으나, B고등학교 윤미래에게는 동아리활동의 무대가 되었고 G고등학교 황인하에게는 상담을 위해 즐겨 찾은 곳이었다.

윤미래 저는 동아리로 Wee 클래스를 했는데 이제 상담….

연구자 상담? 상담하는 동아리?

윤미래 네. 상담하는 동아리죠. 그것도 상담실 가서 주로 애들 모여 가지고 하긴 했었어요. 그런데 그것도 이제 매주 가서 무슨 활동을 할 것인가에 대해 배우는 게 아니고 심리 검사 같은 것을 많이 주로 했거든요. 선생님하고. 그래 가지고 나가서 활동해 보기도 하고, 주로 상담실을 이용했지만 나가서 하는 활동도 되게 많았기 때문에.

(B고등학교, 천안 소재 대학 진학자 윤미래 1차 면담 내용)

상담실도 좀 의미가 있긴 했어요. 제가 1학년 때부터 진로 상담을 좀 많이 받아서. 진로를 정하고 '이런 부분으로 나가려고 합니다' 했을 때 가장 응원을 많이 해주셨던 선생님 중 한 분이시기도 하고, 항상 제가 시험을 예상한 것보다 못 보고 잘 보고를 떠나서 그냥 늘 응원해 주셔서 감사했고, '넌 너무 잘하고 있다', '너는 정말 훌륭한 학생'이라고 말해 주셔서, 그런 격려가 필요할 때 많이 찾아뵈었던 것 같아요.

(G고등학교, 충주 소재 대학 진학자 황인하 1차 면담 내용)

일부 학교 학생들에게는 교무실이 지원공간 역할을 했다. H고등학교 유하민은 교무실과 그에 딸린 공간을 자신과 친구들이 비교적 자유롭게 드나들거나 사용할 수 있도록 허락받았던 것을 특별하게 여겼다.

유하민   반별로 1학년 1반, 2반, 교무실이 있었는데, 사실 저희는 교무실이 좀 특별
했던 게, 교무실에 쉬는 시간만 되면 갔어요. 그래서 지금 생각해 보면 선
생님들한테 죄송한데.

연구자   선생님들의 쉬는 시간을 다 빼앗은 것 같은데요?

유하민   네. 저희 놀이터로 막 해 가지고. 선생님들하고 맨날 이야기하고. 그리고 거
기에 뒷방이 있었거든요. 교무실 뒷방에서 상담하거나 스터디 할 공간이
없을 때 거기를 내주셨거든요. 회의할 공간이 없을 때나. 그 공간에는 냉장
고가 있어서 냉장고에서 얼음 만들어 먹고 그랬던 기억들이 있네요.

(H고등학교, 춘천 소재 대학 진학자 유하민 1차 면담 내용)

쉼과 만남이 있는 매개공간

매개공간은 산책로, 연못, 공연장, 계단, 발코니 등이 해당되었고, 학습
과 관련된 용도가 정해져 있지 않으나 학생들이 정서적으로 이완된 상태에
서 자신들을 돌아보고 다른 사람들과 교류의 폭을 넓히는 곳이었다.

A고등학교 장석호는 쉬는 시간마다 복도에 놓인 소파에서 편하게 휴식
하거나, 교실 밖 계단으로 내려가 산책로와 이어지는 작은 공간에서 축구
공을 가지고 놀이를 했다. D고등학교 구하영은 교실 밖으로 외출하듯 나
가서 매점에 들르거나 운동장 주변을 걷고, 음수대에서 물을 마시며 기분
을 새롭게 했다. E고등학교 강선민은 점심이나 저녁식사 후 교사(校舍) 뒤쪽
으로 이어지는 산책로를 따라 연못과 돌담을 끼고 걸으며 마음의 안정을
찾았다. G고등학교 김지은은 야산처럼 오르막으로 이어지는 학교 숲에 자
주 들러 자신의 감정과 생각을 정리했다.

김지은 그 옆에 뭐지, ○○동산인가 하는 곳이 있었는데요. 그냥 불상이 있고 기도드리고 이러는 곳은 아니고, 그냥 산책할 수 있는 곳이었는데, 야자 하다 가고 집중 안 되면 가서 걷고, 체육 시간에 자율 시간 주시면 설렁설렁 걸어 다니고, 그리고 아무도 없을 때 너무 슬퍼서 올라가면 학교가 이렇게 다 보이고 그러잖아요, 옆에 동산이니까. 그래서 가서 '아, 진짜 빨리 졸업하고 싶다' 이런 생각도 하고 그랬던 것 같아요.

연구자 그럼 나름 개인 시간을 가질 수 있는, 그런 공간인 거네요?

김지은 네.

(G고등학교, 서울 소재 대학 진학자 김지은 1차 면담 내용)

F고등학교에서는 교과교실제가 전면적으로 실시되진 않았지만, 건물 층마다 학생들 간 정보 교류를 위한 홈베이스 공간을 설치하고 있던 터여서 하운재의 학교 생활에 대한 만족도를 높여 주었다.

저는 홈베이스가 가장 만족스러웠던 것 같아요. 주된 생활공간이 교실이긴 했지만. 다른 학교는 어떤지 잘 모르겠는데 중학교 때를 얘기해 보면, 전혀 상상할 수 없던 공간이었어요. 편히 놀 수 있는 장소도 되고, 거기서 동아리활동도 하고 학생회 홍보도 하고 그러면서, 그런 공간으로 봤을 때는 만족도가 높기도 했고.

(F고등학교, 오산 소재 대학 진학자 하운재 1차 면담 내용)

일부 학생들이 매개공간으로 활용한 의외의 장소는 화장실이었다. D고등학교 이국화는 화장실을 교실만큼 의미 있는 공간으로 생각했다.

쉬는 시간만 되면 친구들이랑 화장실에서 모여서. 왜냐하면 반에는 자는 친구들도 있고, 공부하는 친구들도 있고, 다양한 친구들이 있어서 큰 소리로 떠들기에는 조금 그렇기 때문에 화장실에 가서 수다를 떨거나…. 또 시험기간이 되면 친구들이랑 서로 물어보거나 대답하는, 이런 형식으로 질문하는 것도 했고, 또 고등학교 3학년 시절에 대학 발표를 기다리면서 그 공간에서 친구들이랑 웃고 울었던 기억이 있어서, 화장실이랑 교실이 가장 기억에 남아요.

(D고등학교, 춘천 소재 대학 진학자 이국화 1차 면담 내용)

공부와 여가활동을 위한 학교 밖 공간

학생들이 학교 밖에서 활용한 공간은 매우 제한적이었다. 학생들 다수는 학교에서 권장하거나 허용하는 야간 자율학습에 온전히 또는 부분적으로 참여했다.

평일 학교에 남아 야간 자율학습을 한 학생들은 자율학습을 마치고 바로 집으로 가거나 또는 학교나 집 근처의 도서관이나 독서실을 이용한 후 귀가하는 것이 보통이었으므로 학교 밖에서 보낼 시간이 원천적으로 적었다. 반면 학교 정규수업이나 방과후 수업을 마치고 학원에 가거나 집 밖에서 과외를 받는 학생들은 해당 장소까지 이동하는 시간 정도의 여유가 있었다. 학원 수업이나 과외를 마치고 귀가할 때까지 약간의 시간이 있거나 A고등학교와 C고등학교처럼 야간 자율학습 없는 날을 운영하는 경우 학생들이 진출할 수 있는 교외 공간은 PC방, 노래방, 영화관, 분식집 등이었다. 야간 자율학습을 하지 않은 일부 학생들은 용돈을 벌기 위해 음식점, 마트, 재활용품 수거업체 등에서 일을 했다.

주말에도 학생들의 동선은 큰 변화 없이 단순했다. 그들은 주중에 쌓인 피로를 풀기 위해 평소보다 늦게 일어났고, 이후 시간은 집, 학원, 도서관, 독서실 등에서 보냈다. 그보다 조금 더 동선이 확대되는 경우 교회, 친척 집, 체육센터, PC방, 영화관, 카페 등에까지 닿았다.

교과 공부와 시험은
어떠했는가?

대부분의 혁신고등학교가 일반고등학교로서 국가 수준 교육과정을 준수해야 하고, 대학 입시제도의 영향 아래 놓인 상황에서 교육과정의 구조를 변화시키는 데는 분명한 한계가 있었다. 혁신고등학교의 교육과정 경험에 대한 참여자들의 생각 역시 이를 크게 벗어나지 않았다. 고등학교 교과목은 중학교에 비해 더 '세분화'되어 있어 전문적인 느낌을 주었으나, 그러한 세분화의 정도도 대략 정해진 것이어서 참여자들에게 과목 선택의 폭은 그다지 크지 않았다.

교육과정의 구조적 특성에서 큰 차이를 기대할 수 없는 여건임에도, 혁신고등학교는 학습자들이 스스로 '다르다'고 느끼는 경험의 차이를 만들어 냈다. 참여자들 대부분은 혁신고등학교의 수업이 중학교에서 경험했던 수업과 달랐고, 주변 친구들의 고등학교 경험과도 차이가 있다고 보았다.

혁신고등학교의 교과 수업 경험에서 참여자들이 새로이 배웠다며 질적 차이를 언급한 지점은, 토론이나 발표와 같이 학생이 주도하면서도 학생의 참여를 적극 유도하는 수업, 학생들이 동료학습자와 '같이' 하는 활동으로 구성된 수업, 학습 방법을 배운 수업, 교과와 교과 밖 세계를 연결시킨 수업 등이었다. 물론 입시 준비가 본격적으로 이루어진 3학년 때는 대부분의 학교에서 그러한 수업 방식과 내용이 전과 같은 비중이나 강도로 유지될 수는 없었다. 조윤정 외(2014)는 경기도의 초기 혁신고등학교 4개교에 대한 교육과정 구성 및 실행 관련 연구에서 학생들이 교사들로부터 인격적으로 존중받고 또래 간에는 협력 경험을 나누면서 주체성과 자기 주도성을 지닌 존재로 성장하고 있음을 보고했다. 그러한 행위 양식은, 고등학생들이 주관이나 입장을 정립하지 못하고 자신들의 삶을 주체적으로 선택하도록 길러지지 않는다는 연구 결과(조용환 외, 2009)와는 다른 발견이다.

학생 주도의 수업

참여자들이 혁신고등학교에서 경험한 수업의 특징 중 두드러지는 점 한 가지는 그들이 수업을 만들어 갈 수 있었다는 점이다. 여러 교과 수업에서 조별 활동을 하거나 그 결과물을 발표하고, 공부할 부분을 미리 나누어 학습한 것을 친구들에게 설명하며, 프로젝트를 계획하고 추진하여 그 성과를 수업에 가져오는 등의 활동이 이루어졌다. 그러한 수업에서 학습활동의 핵심적 동력은 학생들의 주도성이었고, 그것이 배움의 질을 좌우하는 중요한 요인이 되었다.

> (중학교에 비해) 일단 난이도에서는 확실히 차이가 있었고, 그런데 가장 큰 차이가, 중학교와 초등학교는 교사가 수업하고 학생들은 단순히 앉아 있고—이런 방식이 되게 많았어요. 그런데 고등학교 때도 처음 그런 것도 당연히 있긴 있었지만 학생들이 움직이려는 수업들이 되게 많았어요. 학생들이 모둠활동, 토론활동 아니면 발표, 직접 PPT 만들어서 발표하는 등, 좀

역동적인 활동도 많았던 것 같아요.(C고등학교, 서울 소재 대학 진학자 소정현 1차 면담 내용)

제가 느끼기에는 중학교 같은 수업, 중학교 수업이 선생님께서 학생에게 '그냥 먹어' 하고 강압적으로 넣게 하는 방식이라면, 고등학교는, 제가 다닌 E고등학교는 이 재료들을 모아서 '먹어 봐' 하는 느낌이었어요. 요리를 시켜보는 느낌.(E고등학교, 용인 소재 대학 진학자 신경아 1차 면담 내용)

판서할 때는 강의식 수업은 지루해서 조는 친구들도 있었고, 아예 다른 공부를 한다든가 그런 친구들이 많았던 것 같은데, 조별 활동을 하거나 체험 같은 것을 하면, 예를 들어 조별 활동을 하면 내가 참여를 안 하면 진행이 안 되는 그런 구조로 되어 있으니까 더 참여도가 높았던 것 같아요.(D고등학교, 춘천 소재 대학 진학자 이국화 1차 면담 내용)

교육 같은 부분에 대해서도 일반 초등학교·중학교 수업과는 많이 다른 방식의 수업들이 진행되긴 했어요. 여러 가지 뭔가 실제로, 그냥 뭐라고 해야 되죠? 교과서만 보고 강의만 듣는 수업이 아니라 선생님들이 여러 가지 다른 방식의 수업을 시도하려는 모습을 많이 보여주셨고요. 체험하게 한다거나 아니면 강의가 아니라 책 읽고 토론하게 한다거나, 수업시간에 그런 것들이 많이 있어서.(E고등학교, 비진학자 김하준 1차 면담 내용)

대부분의 학생들이 혁신고등학교에서의 수업에 자신들이 주도적으로 참여해야 했고 그만큼 활동이나 체험이 많았다고 했다. E고등학교 신경아의 말처럼 혁신고등학교의 수업은 학생들이 스스로 어떤 활동을 하지 않으면

'먹을 수 없는' 수업이었다. 학생들은 그런 방식의 수업을 '더 잘 기억에 남고', '재미있고', '참여도가 더 높았고', '집중도 잘되었던' 수업으로 평가했다. 다만 주도성의 정도와 그에 대한 태도는 참여자 집단별로 조금 차이가 있었다. 서울 소재 대학 진학자들은 학생의 주도성이 중시된 수업 방식을 학습 효과가 있고 재미있는 방식이라고 보았다.

소정현　저는 영어 수업이 되게 좋게 기억에 남았던 것 같아요. 일반적으로는 선생님이 이끌어 가는 줄 알았는데, 1학년 때부터 학생들이 영어를 할 수 있게 해보고, 또 그 시간은 핸드폰을 허용해 주셨어요. 그래서 직접 단어도 검색해 보고 그러면서 아까 말씀드렸듯이 선생님이 짚어 주시는 포인트는 없는 대신 아이들끼리 검색해 가지고 이걸 찾아보면 단어가 더 빨리 외워졌어요. 선생님이 주도해서 해석해 주고 밑줄 치고 하면 그 시간에는 일단 밑줄 쳐 놓고 이따가 한번 보는데, 아이들이랑 했을 때는 직접 해석해 보면서 '뭐 이렇게 된 것 같은데', '아닌 것 같은데', '이렇게 하는 거 같은데' 하면서, 그런 얘기가 왔을 때 더 기억에 잘 남더라고요.

연구자　발표를 지켜보는 과정에서 더 관심을 갖게 되고 '쟤들 정말 맞게 하는 거야?', 나도 찾아보게 되고, 그런 상태가 되는 거예요?

소정현　네. 그런 게 영어 수업 때 있어서, 영어는 되게 재미있게 활동했던 것 같아요.

(C고등학교, 서울 소재 대학 진학자 소정현 1차 면담 내용)

김지은　거의 그냥 판서나 선생님들이 이렇게 쫙 앉혀 놓고 일방적으로 강의하는, 저는 그게 익숙해졌었는데 거기서는 국어나 수학은 무조건 조별 활동도 했고, 하브루타 식으로 수업했던 것도 있고, 선생님이랑 학생 입장을 바꿔 선생님들이 직접 주도해서 학생들에게 답을 이끌어내는, 그런 것도 있어

	서 처음에는 진짜 낯설었는데, 할수록 제 공부가 되는 느낌이었습니다.
연구자	구체적으로 그 답을 이끌어낸다고 했는데 그게 어떤 방식이에요?
김지은	수업시간에 선생님들이 한 번 쫙 훑어 주세요. 그런 다음 그것에 대한 핵심 주제를 잡고 내가 친구들에게 다시 설명해 주거나 아니면 선생님께 제가 프로젝트 같이 해서 설명해 드리고 발표하고, 그런 형식이었습니다.
연구자	그게 본인한테 맞았다는 거예요?
김지은	네. 저는 좋았어요. 앉아서 혼자 막 일방적으로 습득하고 졸리면 졸고, 이런 게 아니라 계속 노력해서 얻어내는 거니까 그게 좋았어요.

(G고등학교, 서울 소재 대학 진학자 김지은 1차 면담 내용)

학생들의 주도적 역할이 중시되었던 수업은 이후 그들이 고등학교를 졸업한 후에도 우선 기억되었고, 공부가 되는 학습활동으로 여겨졌다. D고등학교를 졸업한 구하영은 그런 경험이 이후 대학에서의 공부까지 연결된다고 했고, 그 이유를 활동 방식에서 찾았다.

구하영	아, 그리고 특별하게 수업한 게 있는데, 화학 같은 경우에는 선생님께서 어떤 단원을 정해 주시면 그것을 저희끼리 인강처럼 촬영해서 업로드 시키게끔 하셨었어요. 그러니까.
(중략)	
구하영	제가 출연하는 게 아니라 그냥.
연구자	아, 설명만?
구하영	네. 여기 PPT를 띄워 놓고 펜으로 막 이렇게 쓸 수 있잖아요.
연구자	그럼 위에서 촬영하면서.
구하영	근데 그것을 그냥 녹화. 컴퓨터 자체를 녹화해서 마이크로 목소리 넣고 했

는데, 그 단원은 확실히 대학교까지 기억에 남아요.

연구자 아, 그래요, 이게?

구하영 저는 화학 전공이니까 진학하고서도 그것을 배우거든요. 그런데 그 부분이 나왔을 때는 확실히 기억에 남아요.

(D고등학교, 서울 소재 대학 진학자 구하영 1차 면담 내용)

학생들은 그러한 학습을 경험하면서 성취감을 느꼈다. E고등학교 강선민과 G고등학교 김지은이 각각 수업 활동 끝에 느꼈던 '뭔가 이루어 내거나' '뿌듯했다'는 반응은 수동적으로 앉아서 듣는 수업에서는 찾아보기 어려운 것이었다. 서울 소재 대학 진학자 대부분은 학생들이 주도성을 발휘한 수업 경험을 긍정적으로 보았다.

연구자 과목들은 어땠어요?

강선민 대부분 교과 선생님들이 잘 못 가르치시는 분들이 거의 없었던 것 같아요. 그래서 배우는 데 재미있게 잘했던 것 같고, 학생들 참여를 많이 강조하시다 보니까 처음에는 그게 어색하고.

연구자 귀찮고?

강선민 네. 그랬는데 다 같이 뭔가 이뤄 내고, 발표도 하고.

연구자 성취감도 느끼고?

강선민 네. 그런 것 하다 보니까 도움이 많이 된 것 같아요. 공부하는 데도, 제가 어떤 파트를 맡아서 친구들한테 알려줘야 하면 이 파트를 잘 알아야 알려줄 수 있으니까, 그런 발표활동은 도움이 많이 되고 재미있었던 것 같아요.

연구자 공부도 미리 해야 됐겠죠?

강선민 네.

연구자	자, 그다음에 기억에 남는 프로젝트나 수행평가 같은 것 있어요? 아, 이건 정말 못 잊겠다.
김지은	수행평가요?
연구자	네. 수행평가나 프로젝트 했던 것이요.
김지은	프로젝트는 현재 사회상에 대해 영어로 발표하는 게 있었고요.
연구자	영어로요?
김지은	네. 영어 교과목에서 파생된 활동, 프로젝트였는데, 지금 생각해 보면 고등학생 때 생각이라 되게 좁아 보이는데 뭔가 그것을, 내 생각을 적은 것을 영어로 표현을 했다는 것에 뭔가 뿌듯했어요.

(G고등학교, 서울 소재 대학 진학자 김지은 1차 면담 내용)

한편, 학생의 주도성이 강조되는 수업에 대하여 서울 외 지역 대학 진학자들과 비진학자들은 긍정적 반응의 정도가 다소 약했다. 학생의 주도성이 강조된 수업이 좋은 수업이었다는 점에 대해서는 의견이 크게 다르지 않았다. 그러나 참여할 수밖에 없어서 수업에 집중해야 했다는 판단과 함께 학생들에게 '너무 많은 것을 바라는 방식' 또는 '아이들이 수업을 다 끌고 가는 느낌을 주는 수업'이라고 평가하기도 했다. B고등학교 윤미래는 학생들이 스스로 해야 할 과업이 많아지면서 새롭게 배운 부분도 있었지만 그만큼 준비 부담도 커졌다고 보았다.

| 윤미래 | 수행평가 같은 경우도 중요한 측면이잖아요. 그런데 수행평가도 생각나는 게, 이렇게 워드 쳐서 내는 것도 많았지만 토론도 많았고 PPT로 발표하는 |

것도 되게 많았어요. 그런데 그것도 선생님들마다 다 다르더라고요. 어떤 분은 토론할 것이다, 어떤 분은 PPT 만들어서 발표할 것이다, 아니다, 이번에는 3쪽으로 워드 쳐서 내라. 그래 가지고 이것저것 하기에는 조금 힘들었어요. 당시에는. 그런데 대학교 오니까.

연구자 교과별로 다 요구하니까?

윤미래 네. 다 애들 수준에 맞춰서 내주시긴 하지만 처음이잖아요. 토론도 처음이고, 워드 치는 것도 처음이고 그럴 수 있는데, 그런 것은 아무래도 애들 다 가르치시다 보니까 그런 부분에 신경을 잘 못 써주신 것 같고, 지금은 많이 도움 되었다고 생각하는데, 그때는 너무 많은 것을 바라는, 그런 방식이었던 것 같아요. 수업 내용이, 방식이.

연구자 어떻게 보면 교과마다 거의 그런 활동 중심의, 발표 중심의 수업들은 일반적으로 많이 했다는 것이네요?

윤미래 네. 많이 했죠.

(B고등학교, 천안 소재 대학 진학자 윤미래 1차 면담 내용)

유사하게 D고등학교 김정윤도 학생 주도 수업에서 '많이 배웠다'고 돌아보면서도 '내가 수업을 하는 건지, 선생님이 가르치시는 건지 혼동이 왔다'는 친구들의 반응을 소개하면서 수업 부담을 지적했다.

김정윤 저는 개인적으로 좀 이렇게 남의 얘기, 제가 생각지 못한 길이 열리는 거잖아요, 토론하다 보면. 저는 그래서 개인적으로는 좋았는데, 솔직히 저는 그게 그렇게 과하지는 않았는데, 문과 애들한테 제가 이번 것 준비하면서 많이 물어봤거든요. 그런데 문과에서는 좀 이게 과해서, 애들이 수업을 다 끌고 가는 느낌을 받았다는 얘기를 들었어요. 저는 이과였고 또 1, 2학년 때

는 그렇게 많다고 느껴지지 않아서 또 좋아하기도 했고, 그래서 저는 좋았
는데 몇몇은 많이 싫어하기도 했어요.

연구자 그러면 문과 친구들은 학생들이 좀 불만—불만이라기보다 과했다고 했는
데, 어떻게 이끌었기에 그런 거예요?

김정윤 저도 정확히는 못 들었는데 거의 그냥 애들한테 수업, 이런 것도 있었대요.
애들한테 토론까지는 아니지만 너희가 뭐 수업을 해봐라. 그런데 그것도
좋은 수업이라고 생각은 해요, 왜냐하면 저도 수학 수업을 할 때, 저희한테
가르치는 수업이 되게 많았어요, 화학 같은 경우도. 저는 그러면서 많이 배
웠거든요. 그런데 그 친구랑 다른 문과 친구들은 그게 너무 잦고, 많은 과
목에서 그것을 시키니까 내가 수업을 하는 건지, 선생님이 가르치는 건지
좀 혼동이 올 정도로 많이 시켰다는 친구들이 있었어요. 약 세 명한테 물
어봤는데 동의하더라고요.

(D고등학교, 비진학자 김정윤 1차 면담 내용)

함께 하는 공부

참여자들이 교과 수업의 경험에 비중을 두고 언급한 또 다른 부분은 협
업을 통한 배움이다. 혁신고등학교 수업에서는 조별 과제 혹은 팀 프로젝
트 등 다양한 이름으로 학생들 간 협업을 유도하는 활동들이 주요하게 배
치되어 있었고 활동 결과가 평가로 연결되기도 했다. 동료와 팀을 이루어
활동하는 방식의 수업에 대해 참여자들은 대학 진학 여부나 진학한 대학
의 소재지와 관계없이 대체로 긍정적으로 인식했다. A고등학교 이정민과
박한솔은 조별 활동으로 진행되는 수업의 가장 큰 장점으로 다른 친구들
로부터 배울 수 있다는 점을 들었다. 교사를 통하여, 자료 조사를 통하여

배웠지만, 조별 활동을 함께하는 동료들에게서 많이 배웠다는 것이다.

연구자	조별 과제도 꽤 있었어요? 조별 과제, 발표?
이정민	조를 이루어 토의·토론하면서, 조에 문제를 주고 조원끼리 찾은 문제를 발표하는 형식의 수업을 했어요.
연구자	그럼 두 개가 섞인 건데, 혼자 공부해서 성과를 내는 방법이 아니잖아요? 여러 명이 들어와 있고, 그 여러 명이 서로 관심이나 수준이 다르고 그 문제를 이해하는 방식도 다를 것인데, 이런 것을 많이 시킨다면 좀 힘든 점도 있고, 좋은 점도 있을 것 같아요. 좋은 점은 뭐예요?
이정민	좋은 점은 그런 것 같아요. 혼자 몇 시간 동안 고생하면서 이해할 걸 누가 말로 한번 이렇게 딱 해주면 그게 딱 귀에 들어오고 이해되는 순간이 있더라고요. 쉽게 이해할 수 있었어요. 그 점에서는 굉장히 좋았던 것 같아요. 이해가 안 되는 친구들을 말로 설명해서 이해시켜야 하는 건 어렵고요.

(A고등학교, 서울 소재 대학 진학자 이정민 1차 면담 내용)

박한솔	네. 하려는 애들만 하려고 하는 그게 단점, 부정적인 점이라 할 수 있겠고, 긍정적인 것은 팀워크, 협동심, 그리고 부족한 정보를 공유할 수 있어서, 그게 좋은 것 같아요.
연구자	그다음 나에게 없는 점을 다른 사람에게 발견한다든지, 저렇게 하니까 내가 했던 방법보다 효과적이다, 이런 것이 학습이 되는 면도 있겠네요.
박한솔	네. 배우는 거죠. 또래 동급생한테. 선생님한테도 배우지만, 자료 조사하면서도 배우지만 얘한테도 배우는 거죠.

(A고등학교, 비진학자 박한솔 1차 면담 내용)

그러나 참여자들이 그러한 방식의 학습활동에 전적으로 긍정한 것은 아니었고, 양가적으로 판단하는 경우도 있었다. 그들에게 조별 활동은 교과 내용을 '배운다'는 것을 넘어서는 차원의 경험이지만, 그런 활동에 불안과 부담도 느꼈다는 것이다. 양가적 판단의 내용에서는 참여자들 간에 차이가 있었다.

서울 소재 대학 진학자들은 조별 학습 과정에서 발생하는 무임승차나 갈등 문제를 먼저 언급했다. 그들 대부분은 조별 활동에서 자신들이 더 많이 기여해야 한다는 부담을 느끼기도 했지만, 결국 활동 과정에서 파생되는 문제점들보다는 이점이 더 컸다고 보았다. 그들은 모둠 내 또래 간 학습 수준과 관심에 차이가 나는 것은 당연하므로 조별 활동에 대한 기여도에도 차이가 날 수밖에 없다고 인정했다. 그리고 공동의 목적을 위해서는 비협조적인 동료의 마음을 움직여 활동으로 이끄는 일도 배움의 일부로 중요했다고 보았다. G고등학교 김지은은 그런 상황을 수용하는 것도 '능력'이라고 했다. 나아가 A고등학교 이정민은 협업 과정에서 문제 상황을 성공적으로 극복해 내는 것도 평가의 한 부분이 될 수 있다는 관점을 보여주었다.

김지은	(모둠 활동에서) 아무리 잘하는 친구들만 모아 놔도 항상 뒤처지는 친구는.
연구자	발생하죠.
김지은	그렇죠. 그래서 그 친구를 어떻게 이끌어 가느냐를 중요하게 생각했던 것 같아요. 그래서 그 친구 위주로 도와주거나 아니면 그 친구가 먼저 할 수 있게 기회를 주거나 이런 것도 하고, 또 조별 발표 때 의견이 안 맞을 때, 그때도 말하다 싸운 적도 있고, '네가 하고 싶은 대로 다 해라' 이런 적도 있고, 그랬는데 그냥 또 조절하면서 '내가 이 부분 져 줬으니까 너도 이 부분에 대해 양해해 줬으면 좋겠다' 이런 식으로 넘어간 적도 있고 그랬던 것 같아요.

연구자 그 부분, 성적이 약간 상위권인 학생들은 모둠활동 할 때 손해 본다는 생각을 많이 하잖아요. 어땠어요? 솔직하게?

김지은 제가 한 것은 90%쯤 되고 그 친구는 한 0.5% 한 것 같은데 같은 성적을 받게 되니까 그게 좀 그랬는데, 뭐 그것도 조별 활동의 어쩔 수 없는 점이지만 수용하는 것도 능력이라고 생각해요.

(G고등학교, 서울 소재 대학 진학자 김지은 1차 면담 내용)

연구자 이런 조별 활동을 하면 토론이 있을 수 있고, 조별 활동 안에, 그러면 점수를 같이 받는 때가 많았어요?

이정민 이런 건 대부분 같이 주세요.

연구자 같은 점수로, 같은 등급으로?

이정민 네.

연구자 그러면 같이 주는 게 좋아요? 아니면 조 안에서도 기여가 많은 사람을 차등해서 주는 게 나아요? 학생들 입장에선 어떤가요?

이정민 이건 사람마다 다를 것 같은데,

연구자 정민 학생 입장에서 보면 어때요? 나는 낮은 점수를 받을 확률이 적은 그룹이라는 입장에서 보면 어때요? 노력을 덜 한 사람은 낮게 받아도 된다?

이정민 그렇게 사람들을 노력할 수 있게 콘트롤하는 것도 평가 항목에 들어가지 않을까 하는 생각이 들기는 해요, 잘 이끌 수 있는 것도.

(A고등학교, 서울 소재 대학 진학자 이정민 1차 면담 내용)

조별 활동에서 의견을 조율하고, 때로 양보하면서 공동의 성취를 이루는 것도 배움의 과정이라는 위의 생각에서 한 걸음 더 나아간 의견도 있었다. F고등학교 나혜주는 조별 활동에서 자신이 더 큰 역할을 해야 하는 문제보다는 '같이 하는 공부'의 본질에 주목했다. 그는 과제를 부분들로 나누어 개별 작업을 모아 완성하는 방식보다는 구성원들이 모여 시간을 보내면서 공동 작업을 완성해 가는 방식의 조별 활동을 선호했다. 그는 F고등학교에서는 학생들에게 공동의 일에 '똑같은 양의 기여는 아닐 수 있겠지만 다른 방식으로' 각자 역할을 수행해 줄 것을 기대했고 그것이 조별 활동 수업에도 적용되었다고 믿었다.

나혜주   제가 그런 것에 좀 무심해서, 무감각한 편이라서 그런 것일 수도 있는데, 어떤 방식으로든 기여했던 것 같아요. 그게 어떤 지식적인 측면이 아니더라도, 뭐 예를 들어 영어 수행평가를 하려고 넷이 모였는데 그중에 두 명은 영어를 잘 못해요. 그런데 그 친구들은 이렇게 모였을 때 뭐가 어찌됐든 자기 역할을 해냈던 것 같아요. (중략) 솔직히 지금 대학교 와서 팀플을 하면 딱, 일이 정해지거든요. 그래서 누구는 이것 하시고요. 누구는 이것 하시고요. 몇 장부터 몇 장까지 어느 분이 하시고요. 그렇게 하잖아요. 저는 사실 이게 더 비정상적이라고 생각하거든요. 이게 무슨 팀플이지? 그래서 솔직히 말하면 안 모여도 팀플을 완성할 수 있는, 굳이 얼굴을 보지 않아도. 왜냐하면 카톡으로 내고, 취합하고 발표하면 끝, 이건데 사실 고등학교 때 했던 조별 모임이나 수행평가는 그런 차원의 개념이 아니었던 거죠.

연구자   정말 같이 모여서 얘기 나누고 그랬다는 거죠?

나혜주   애초에 그것을, 몇 쪽부터 몇 쪽까지 네가 하고 네 등분해서 해오자, 그러면 되는 게 아니었어요. 안 해왔을 수도 있고 못 할 수도 있고, 오히려 그게 더 망하는 지름길이었어요. 어쨌건 넷이 뭘 해야 된다고 미션을 받았으면, 일단 모이면 죽이 되든 밥이 되든 뭐가 나왔던 거죠. 그런 자연스러운 분위기가 되게 좋았어요.

한편, 서울 외 지역 대학 진학자들과 비진학자들은 수업시간에 진행된 조별 활동의 부정적인 측면에 더 주목했다. D고등학교 이국화와 김정윤의 지적에서처럼, 조별 활동은 여럿이 맞춰 움직이려다 보니 갈등이 생기기도 했고 '시간을 많이 잡아먹는' 활동만 하다가 그치기도 했다. 토론 과정에서 친구와 관계가 어려워지기도 했고, 활동 중에 나누는 대화가 핵심적이지 않아 '수업을 루즈하게(늘어지게)' 만들기도 했다. G고등학교 황인하는 조별 활동에 대하여 '공부 잘하는 애들을 진짜 암 걸리게 하는 거'라고 부정적 인식을 보여주었다.

> 확실히 의견 차이가 발생하긴 하는데, 거기서 제 주장만 옳다고 할 수 없는 입장이고, 또 친구 말이 다 맞다고 할 수도 없는 입장이니까 그 사이에서 조율을 잘 하려고 노력했던 것 같아요.(D고등학교, 춘천 소재 대학 진학자 이국화 1차 면담 내용)

김정윤	시간을 많이 잡아먹고, 괜히 그런 데서 토라지는 사람도 있고, 이게 좀 의상하는, 혼자 상해 버리는, 그래서 멀어지는 경우도 봤고요.
연구자	아, 토론하다가?
김정윤	갑자기 자기 혼자 기분 나빠져서 나를 멀리한다든가.
연구자	어쩔 수 없는 거잖아요.
김정윤	네.
연구자	그런 경우는 어떻게 풀어요? 그러면. 다음에 또 토론해야 하는데.
김정윤	엄청 친했던 사람은 아니어서 그냥 전 내비뒀던 것 같아요. 이런 것 가지고

저러나. 시간 많이 잡아먹고, 좀 뜬 얘기, 핵심적이지 않을 때가 많죠.

연구자   빙빙 이야기가 돌거나.

김정윤   네.

연구자   그러면 진도에 문제가 생기는 거죠?

김정윤   네. 수업이 루즈해지고.

(D고등학교, 비진학자 김정윤 1차 면담 내용)

두 집단의 참여자들이 부정적인 견해를 강하게 제시했지만 긍정적 측면을 도외시한 것은 아니었다. 그들도 동료와 같이 하는 학습은 충분히 가치 있는 일이라고 보았다. 서울 소재 대학 진학자들이 더 많이 기여하고 협업의 어려움을 해결하는 과정에서 배울 수 있었다고 한 반면, 서울 외 소재 대학 진학자와 비진학자들은 협동적 활동을 통하여 진일보한 형태의 학습을 경험했다고 했다. 일방적 전달이나 설명에 의한 지식 습득이 아니라 동료와 사회적 관계 속에서 교류하며 자신들의 한계를 넘어서는 학습을 했다는 것이다. F고등학교 하운재는 조별 과제를 수행하는 과정에서 자신을 수동적 학습자가 아니라 생각을 표현할 수 있는 능동적 존재로 인식하게 되었다고 확언했다. E고등학교 김하준도 함께하는 수업에는 '대화'가 있었고, 대화를 통하여 타인의 생각뿐 아니라 자신의 내면을 성찰할 수 있었다고 보았다.

전반적으로 모두 좋긴 했는데 가장 기억에 남는 것은 조별 토론이라고 해야 하나, 조별 수업, 그게 어떻게 보면 장단점이 다 있기도 한데, 그리고 학교 수업 자체가 책상 배치가 디귿자로 되어 있어서, 수업에서 선생님이 주입식이 아니라 뭘 하나 해도 '일단 너네가 한번 토론해 봐라', '한번 얘기해

봐라', 그런 것 자체가 내가 선생님한테 단순히 지식을 주입받는 것이 아니라 나도 같이 말할 수 있는 사람이구나 하는 (의식을 가질 수 있게 했고) 내 친구들도 그런 사람으로 보게 했죠, 조별 과제가.(F고등학교, 오산 소재 대학 진학자 하운재 1차 면담 내용)

아무래도 조금 더, 그러니까 그 주제에 대해 학습하는 게 빨랐던 것 같아요. 받아들이는 게. 왜냐하면, 말씀드렸듯이 그냥 남의 이야기가, 그러니까 선생님이 말해 주는 것을 그냥 듣는 게 아니라 내 얘기도 하고, 네 얘기도 하고 그러니까 이건 대화하는 거잖아요. 한쪽의 일방적인 얘기를 듣는 게 아니라. 대화를 하면서 자기의 의견도 정립되고, 상대방도 어떻게 생각하는지 이해할 수 있게 되고, 그런 시각을 넓히는 계기가 많이 되었던 것 같아요.(E고등학교, 비진학자 김하준 1차 면담 내용)

나아가 F고등학교 하운재는 '효율'이나 '편의' 같은 가치는 배움과 어울리지 않는다고 보았다. 조별 수업이 핵심적이지 못하거나 비효율적일 때도 있지만, 혼자 하는 공부는 편하고 효율적이라는 것 외에는 다른 장점들을 기대할 수 없었다는 것이다. 그는 본인뿐만 아니라 동료 학습자들도 의식이 있는 존재라는 점을 생각하고 상호작용하면서 각자 의견을 정련하며, 다소 더디게 배우면서 더 많은 사유와 창의적 시도들을 접하는 측면이 '배움'과 더 어울리는 장점이라고 보았다.

하운재   제 또래의 당시 학생들에게는 공부라는 것을 혼자 하는 데 익숙해 있잖아요. 처음에는 조별 수업을 하면서 '어, 왜 이걸 조별 수업으로 하지?' 하는 생각도 들었어요. 지금 생각해 보니 함께하면 할수록 좋다, 함께할 수 있다, 그렇게 하는 방식도 있다 하는 점을 깨닫게 됐어요. 공동체, 함께한다는 것.

연구자 때로는 비효율적이라는 생각도 했는지요?

하운재 많이 했죠. 제 경험에 비추어 보면 저는 학교에서 공부를 좀 하는 편이었는데 조별 수업에서 공부를 좀 안 하는 학생들이 끼게 되면 조금 비협조적으로 나오거나, 그들이 열심히 한다 하더라도 제 성에 차지 않으면 짜증 날때도 있었고, '왜 굳이 이렇게 해야 하나' 생각이 들 때도 있었어요. 그렇다하더라도 같이 한다는 측면이 있고, 우리는 경쟁자가 아니라 친구로서 함께 나아가는 것이라는 생각이 더 컸던 것 같아요. 중간에 부정적인 생각을하기도 했지만요.

연구자 부정적인 면이라면 바로 그런 면이었겠네요?

하운재 예. 어떻게 보면 혼자 하고 딱딱 끝내 버리면 편하게 할 수 있잖아요. 그런데 조별 수업이 좋았던 게, 저는 가뜩이나 외동에다가 중학교 때까지는 혼자 놀기를 좋아했는데, 친구관계랑은 별개로 저도 다른 사람과 같이 활동하고 부대끼며 살아가야 하는데 다른 사람이 저와 의견이 다른 경우 머리로는 '나와는 다른 사람이니까 다른 생각이 있겠지' 하고 알고 있어도 실제로 조별 과제에서처럼 어쩔 수 없이 서로 힘을 합쳐야 하는 상황이 아니면 친구관계에서 그렇게 진지하게 얘기할 기회가 별로 없잖아요. 그런 면에서 저는 '아, 나는 당연히 A라고 봤는데 얘는 B라고 생각할 수 있었구나', '사람이 다르구나' 하는 점들을 느꼈던 것 같아요. 체험하지 않으면 모르는 타입이라서요.

(중략)

하운재 예. 그리고 어떻게 보면 공부에서 효율성을 따지는 게 맞는가도 의문이긴한데, 제가 혼자 했다면 빠를 수는 있었겠지만 다른 친구와 얘기하면서 창의적인 대답이나 확신 있는 조별 과제가 많았고, 속도 면에서도 마음이 편한 것 빼면 굳이 장점이 있었을까 싶어요. 그걸 편하다고 표현해야 되나, 그냥 쉽기 때문에 좋아했던 것 같기도 하고. 편하다고 해서 좋게 봐야 하나 하는 문제도 있는 것 같습니다.

(F고등학교, 오산 소재 대학 진학자 하운재 1차 면담 내용)

학습 방법 체득

교과 수업에서 자기 주도성에 기반을 둔 학습 방식은 학생들에게 새로운 역할을 요구했다. 학생들은 수동적으로 앉아 있는 대신 적극적으로 의견을 개진해야 했고, 그들의 지식과 의견은 일방향의 전달 대신 상호 교류하여 더욱 발전적인 수준으로 다듬어 공유하는 방식으로 다루어졌다.

이에 학생들에게는 이전까지의 학습 태도나 전략, 개인적 성향 등을 새로운 학습 상황에 맞게 변화시키고 맞추어 가야 하는 과제가 주어졌다. 대부분의 학생들은 학습자로서 새로운 학습 상황에 부합하는 변화된 역할을 경험하거나 감지했다. F고등학교 나혜주와 C고등학교 김우람은 교과 학습 과정에서 상황을 주도하는 '주체'로서의 역할을 경험하고 배웠다. F고등학교 박정선은 개인적 성향상 토론이나 발표 등의 활동을 힘들어하는 친구들도 '간접적으로라도' 그런 역할을 경험했을 것으로 짐작했다.

수업에 내가 참여해야 하니까. 그래서 마주 보고 앉아 있는데 한 명이 이렇게 자고 있으면 갑분싸잖아요. 그래서 그러면 안 된다는 사회적 합의 같은 게 있었다고 생각해요. 그렇기 때문에 학생들이 주체가 되어 수업을 할 수 있고, 또 이끌어 나갈 수 있고, 수업이 선생님이랑 수다 떠는 느낌, 대화하는 느낌 이런 게 있었어요. 선생님이 말씀하시는 순간에도 자유롭게 질문할 수 있고 그러다 보니까, 또 선생님이 발표를 많이 시키기도 했고 그런 점이 되게 좋았고.(F고등학교, 서울 소재 대학 진학자 나혜주 1차 면담 내용)

'이런 애도 있구나.' '저런 애도 있구나.' 고등학교 때 팀프로젝트 하면서 제가 안 좋아했던 애랑 똑같이 행동하는 애도 있었고, 그런 식으로 있어 가지고 의견 조율에 도움이 됐다고 생각하고, 그 상황에 익숙하니까, 제가 그 상황이 처음이었다면 제가 다 떠안고 일하게 되는 상황인데 저한테 과중되는 경우가 있으면 '이만큼은 제가 하고 이만큼은 다른 분이 하면 좋겠다.'(C고등학교, 천안 소재 대학 진학자 김우람 1차 면담 내용)

박정선 이 문제에 대해 친구들끼리 생각해 보고, 서로 대답해 보고, 답하고 이런 방식이 좀 많아졌어요. 그것이랑 이제 남들 앞에서 발표하는 수업 방식이 차이점이라면 큰 차이점인 것 같아요.

연구자 중학교 때 이런 부분이 익숙하지 않았다고 말씀하셨는데요. 그래서 고등학교 때 적어도 1학년 때까지는 토론 수업, 발표 수업, 이런 것들에 참여하는 데 노력이 필요했어요?

박정선 네. 그래서 이걸 힘들어하는 애들도 많았어요. 솔직히 중학교 때까지는 토론이나 발표 수업 같은 게 거의 없으니까 경험해 보지 않았던 것이고, 또 내성적인 친구들은 힘들어하긴 했어요. 앞에서 자기 생각 말하고 이런 것을.

연구자 그러면 이런 부분이 일종의 도전인데요, 어떻게 대처해요? 그냥 눈감고 시도한다는 학생들도 있을 것 같은데, 이걸 회피하는 친구들도 있었어요?

박정선 네. 토론 수업을 예로 들면 솔직히 100% 다 참여 안 해요. 어떻게 시간 가다, 가다 보면 말하는 애들만 말하게 되는데, 내성적인 애들은 좀 뒤로 숨고 이러는 것 같아요.

연구자	하는 사람은 열심히 하고, 그렇지 않은 사람은 하지 않게 돼요?
박정선	그래도 일단 듣는 것만으로도 도움이 되니까, '저런 생각도 있구나' 하고. 다양한 시선으로 이제 볼 수 있게 되니까.
연구자	직접적인 참여가 좀 제한이 된다고 하더라도요?
박정선	간접적으로나마 경험하는 거니까요.

(F고등학교, 비진학자 박정선 1차 면담 내용)

대학 진학자들은 위와 같은 역할 변화 요구에 수동적 차원에서 '적응'하는 수준을 넘어 보다 적극적으로 반응하면서 새로운 학습자 역할을 하는데 필요한 역량을 습득했다고 보았다. 특히 B고등학교 주민하는 수업 과정에서 정보를 다루고 공유하는 역량이 학생들에게 얼마나 강조되었는지를 기억했다.

> 저는 어쨌든 중학교나 고등학교 때도 말하는 것을 좋아했고 활발하게 하는 편이어서 자신감 있게 발표를 했는데, 이때도 발표 능력이 좀 떨어지는 학생들도 있고 하니까 발표할 때는 선생님이 이런 것을 말씀해 주셨어요. 'PPT 발표 때는 PPT 글자가 24포인트 이상은 되어야 한다. 너네가 읽을 때 대본을 준비하지 마라. 대본을 준비해도 이것만 읽으면 감점할 거다.' 이런 식으로 발표를 학생들이 주도적으로 할 수 있게, 능동적으로 할 수 있게 피드백을 많이 해주셨어요.(B고등학교, 안양 소재 특수대학 진학자 주민하 1차 면담 내용)

대학 진학자들은 고등학교에서 활용한 공부 방식과 역량이 대학에서도 유용했다고 돌아보았다. 대학에서 공부해 보면서 혁신고등학교에서의 학습 경험이 의미 있었다는 것을 알게 되었다. G고등학교 김지은과 B고등학교 윤미래는 혁신고등학교에서 터득하여 숙련한 '학습하는 방법'을 대학의 공부에 유용하게 활용하고 있었다.

김지은	대표적으로 교과랑 종합이 있잖아요. 그런데 확실히 대학생활은 종합 친구들이 잘하는 것 같아요.
연구자	그걸 어떻게 느껴요? 객관적으로 알 수 있는 방법이 있어요?
김지은	일단 교과는 성적으로, 내신이랑 수능 성적으로 온 거잖아요. 그래서 아무래도 자기 공부에만 치중하는 경우가 많은데, 그리고 자기 공부만 할 줄 알아요. 그 친구들이.
연구자	그게 보여요? 눈에?
김지은	네. 어쨌든 단체 생활이니까 같은 강의가 아니더라도 같은 동아리, 학회면 참여하는 정도가 보이잖아요. 참여도 그렇고. 종합인 친구들 보면 목소리 내는 것도 다르고, 발표나 PPT 준비하는 것도 다르고 자료 준비도 확실히 다르고. 그리고 지식, 아는 것의 깊이가 다르다고 해야 되나?
연구자	아, 거기까지 차이가 나요?
김지은	네. 제 주변 친구들은 그게 티가 좀 많이 나더라고요.
연구자	아무래도 이것은 공부하는 방법을 잘 아는 거죠?
김지은	네. 그렇죠.
연구자	공부하고 발표하려면 이것만 알아서는 안 되겠다?
김지은	맞아요.
연구자	그렇죠. 여러 측면에서 보고. 교수님들도 알까요? 이런 것을?
김지은	네. 아실 것 같아요. 그런데, 그것 안다고 해서 '아, 이 친구는 종합으로 들

어왔구나' 이것까지는 모르실 것 같은데, 솔직히 전 고등학생 때 하는 것도 훈련이라고 생각하거든요. 대학 와서 다짜고짜 하는 게 아니라 그게 쌓여서, 쌓여서 되는 것이니까. 그래서 교수님들도 아시는 것 같아요.

(G고등학교, 서울 소재 대학 진학자 김지은 1차 면담 내용)

윤미래 　대학교 때 토론도 많이 하는데 거의 워드로 치잖아요. 워드로 치고 과제 내고 그리고 PPT도 발표식이니까, 그래서 저는 고등학교 때 애들이 다 이렇게 배워 오는 줄 알았어요. 대학교 갔는데 애들이 PPT를 한 번도 만져 본 적이 없어요. 혁신학교가 아직 많이 없으니까. 그래 가지고 '어떻게 PPT를 못 만들어?' 이렇게 (생각)하고 제가 언니니까 '언니가 만들어 달라'고 그래서 '아니, 너네 만드는데 못 만드는 척하는 거지?' 그랬어요.

연구자 　믿기지가 않았구나.

윤미래 　네. 정말 저는 그 애들이 PPT 못 만들어 봤다는 걸 몰랐어요. 그리고 워드 치고 발표하는 것조차 애들이 너무 떨려 하더라고요. 저희는 엄청 일상화되어 있었는데 애들은 처음이니까, 그것에 대해서는 확실히 제가 성적도 많이 얻어 가고 과제 측면에서는 긍정적인 측면이 많았던 것 같아요. 조금 놀라웠어요. 다른 애들이 너무 달라서.

연구자 　그러면 고등학교 당시에는 (PPT) 만드느라 고생스럽고 힘들었나요?

윤미래 　네. 힘들었어요. 친구들하고 수행평가 해서 PPT 만드는 것도 많지만 개인으로 만드는 게 많았어요. 개인으로 PPT도 만들고 대본도 짜고 그것에 맞는 발표도 하고 하다 보니까 물론 역량이 조금 늘긴 했는데, 지식 같은 경우는 되게 많이 늘긴 했는데, 시간 측면에서는 좀 부족했다, 다른 것도 수행평가가 많으니까 좀 그랬던 것 같아요. 힘들었던 것 같아요.

(B고등학교, 천안 소재 대학 진학자 윤미래 1차 면담 내용)

대학 진학자들은 자신들이 혁신고등학교에서 '학습하는 방법'을 이미 연습했고 자기 주도적 학습에 필요한 역량을 체득했다고 보았다. 학습에 필요한 자료를 검색하고, 그것을 조직하거나 구성하여 다른 학습자와 효율적으로 공유하는 과정을 몸에 익힌 덕분에 그들은 대학에서도 그러한 과업을 익숙하게 수행할 수 있었다. G고등학교 김지은은 '자료 준비도 확실히 다르고 지식, 아는 것의 깊이가 다르다'라고 평가했고, B고등학교 윤미래는 'PPT 만들고 대본 짜고 그것에 맞는 발표도 하는' 경험을 통해 역량과 지식 모두 늘었다고 보았다. 참여자들은 PPT를 활용한 수업 경험을 대학에서도 계속 유용하게 쓰이는 배움으로 예시했지만, 혁신고등학교에서 학습하는 방법을 배웠다는 것은 그러한 프로그램 활용법의 습득을 넘어서는 인식 및 기술의 성장을 의미한다고 설명했다. H고등학교 박아경도 고등학교에서 공부하는 방법을 익힌 덕분에 대학에서도 높은 성취를 이룰 수 있었다고 자평했다.

> 내재된 언어 능력, 글을 표현하는 능력도 일종의 선행학습으로 볼 수 있는데, 저희 학교에서는 그런 훈련을 받았다고 생각합니다. 저희 학교 학생들이 대학에서도 성취도가 높다고 봐요. 좋은 학점을 받는 것도…. 저는 제 학점에 만족하지 않는데, 1학년 때 입학하고 학부 차석을 했어요. 4.3 만점에 4.15를 받았어요. 고등학교에서 글쓰기와 수행평가 했던 것이 도움이 되었어요. 중학교에서도 수행평가 비중이 높은 학교에서 있었어요. 다른 학교가 20~30% 수행평가 할 때, 그 중학교에서는 40~60%까지 수행평가 비중이 높았어요. 그런 연장선장에서 훈련되어 있었다고 봅니다.(H고등학교, 서울 소재 대학 진학자 박아경 1차 면담 내용)

삶과 연결된 배움 대 기본을 위한 공부

대학 진학자들은 교과 수업 내용과 관련하여 분명한 의견이나 기대를 보여주었다. 그들은 혁신고등학교에서의 교과 수업에 대하여 다소 상반된 기대를 동시에 했고, 그런 기준으로 수업 경험을 평가했다.

대학 진학자들은 혁신고등학교 수업에서 다양한 형태의 활동을 경험했고, 그를 통하여 각 교과가 자신들의 삶과 어떻게 연결되어 있는지 인식하기도 했다. 그런 수업에서는 교과서와 입시 중심 교육 내용을 뛰어넘는 교육 소재와 경험들이 교실 안으로 들어왔고, 결과적으로 교육 경험과 의미가 풍부해졌다. F고등학교 나혜주와 H고등학교 유하민이 언급한 바와 같이 학생들은 각 교과에 내재된 삶의 원리를 파악하고 교육받은 존재로서의 안목을 갖도록 안내받았다.

'법과 정치' 수업에서 고3 때 총선인가 뭐가 있었거든요. 지방선거인지 총선인지 기억이 안 나는데 그때 우리 동네 후보자들 공약 검토하는 숙제가 있었어요. 되게 재미있었어요. 집에 브로셔 오잖아요. 한 명씩 보면서 누가 제일 괜찮고 그런 것을 수업시간에 배웠던 개념을 적용해서 해오는 숙제가 있었는데 그것만큼 좋은 연습이 어디 있겠어요, 사회에 나가기 전에. 되게 좋았던 기억이 나요.(F고등학교, 서울 소재 대학 진학자 나혜주 1차 면담 내용)

고등학교는 좀 더 심도 있고 학구적으로 다가가려고 했던 것 같아요. 교과목에 대해, 예를 들어 중학교 때는 영어 수업을 한다고 하면 뭔가 역할극 같은 것도 많이 하고 영어 대본 읽는 것도 많이 하고 했는데, 고등학교 가서는 『사랑의 기술』을 원서로 읽고 토의 질문들을 작성한다든지 아니면 또 심화영어, 아까 말씀드렸듯이 소논문을 쓴다든지, 그리고 아티클 (article) 같은 것도 많이 읽었는데 그게 정치·사회 이슈 같은 부분들을 많이 다뤄서, 그런 부분에서 확실히 뭔가 이 교과목을 통해 사회를 바라본다는 느낌을 받았던 것 같아요.(H고등학교, 춘천 소재 대학 진학자 유하민 1차 면담 내용)

교과와 삶의 연결성을 고려할 때, 진로가 결정되는 중등교육의 마지막 단계에서 교과가 보다 더 다양화되고 세분화될 필요가 있다는 의견도 제기되었다. F고등학교 하운재는 고등학교에서 보다 심화되고 학생들의 이후 삶과 공부에 연결될 수 있는 내용을 구체적으로 충분히 경험하지 못했다며 아쉬워했다.

그때는 언론 쪽에도 관심이 있었어요. 솔직히 교과목이라고 말하기도 그런데, 언론에 대해, 언론의 역할이나 이런 면에서 사회에 대해 좀 더 깊은 방향으로 나아갈 수 있었다면 어땠을까 생각해요. 어떻게 보면 윤리라든지 사회탐구 식으로 해서 그냥 두루뭉술하게 배우는 거니까, 그런 게 좀 아쉬운 면이 있어요.(F고등학교, 오산 소재 대학 진학자 하운재 1차 면담 내용)

혁신학교의 수업 경험에 대해 삶과의 연결성 측면에서는 다수가 위와 같이 긍정적으로 평가했지만, 대학 진학자들은 상반된 의견도 보였다. 그들은 혁신고등학교에서의 수업 활동을 의미 있게 받아들였지만, 그런 활동이 대학 입시를 어느 정도 뒷받침할 수 있는지에는 대개 불안해했다. C고등학교 소정현은 당시 수업 활동이 재미있었고 그 과정에서 행복감도 느꼈지만, 그런 수업 활동만으로는 입시 준비에 충분하지 못하다는 생각을 줄곧

했다. 그는 중요하거나 덜 중요한 부분을 구분하여 공부에 도움을 받고 싶어 했지만 학생이 중심이 된 수업에서는 그런 기대를 채우기 어려웠다.

> 시간적인 여유는 없었어요. 선생님이 해주시면 저희는 시험을 봐야 되고 하니까 중요한 것을 선생님 목소리로 들을 수 있고, '아, 이건 넘어가도 돼' 이런 말들 들으면서 저희는 그런 것에서도 '이게 중요하구나' 하면서 별표를 치거나, '이건 좀 덜 해도 돼' 하는 판단을 할 수 있는데, 아이들끼리 하고 나가면 '그래서 선생님이 중요하다고 하시는 게 뭘까' 하면서 그냥 그렇게 넘겼던 것 같아요. (중략) 그런 데서 좀 불편했던 게, 혁신학교라고 해서 정말 학생이 중심이 돼서 움직이는 것은 너무 좋았어요. 반면 지금 고등학생은 당장 입시를 앞두고 있는 면에서는 항상 친구들 사이에서도 그런 얘기를 많이 했던 것 같아요. 너무 행복한 반면 '당장 지금 입시준비를 해야 되는데 이렇게 활동했을 때가 정말 과연 좋을까'라는 생각은 늘 했던 것 같아요.(C고등학교, 서울 소재 대학 진학자 소정현 1차 면담 내용)

고등학교를 졸업하고 대학에 와서 보니 고등학교에서 배워야 할 '기본적인' 것들이 결여되었다고 생각하는 참여자들도 있었다. A고등학교 이정민이나 H고등학교 유하민은 혁신고등학교의 교과 수업에서 대학 입시를 위한 공부나 졸업 후 대학 공부의 기초를 다지는 일이 더 필요했다고 보았다. 혁신고등학교에서의 수업은 그들이 입시를 거쳐 대학에 가고 이후 대학에서 원만하게 공부하는 데 필요한 준비 측면에서는 다소 미흡한 면이 있었다.

이정민 여기서도 아까 말씀드렸던 거랑 조금 겹칠 것 같은데, 물리 과목이 있었어요. 과목 자체의 내용이 어려운 것도 있었는데, 선생님께서 중간중간 건너 뛰신 게 많더라고요. 나중 와서 보니까. 그래서 제가 대학 와서 따로 필요한 부분을 스스로 찾아서 해야 될 때가 있었고.

연구자 내가 물리를, 기반을 가지고 가야 되기 때문에?

이정민 네. 그래서 굳이 꼽자면 그 수업이 좀 힘들었던 것 같아요. 나중에 대학에 와서까지.

연구자 그럼 학교 다닐 때 물리에 대해 어떻게 느꼈어요? 지금은 '부족했구나, 수업이' 이렇게 알게 되었고요. (고등학교) 다닐 때는 어떻게 느꼈어요? 물리에 대해?

이정민 다닐 때는 정말 이해가 안 된 상태에서 머릿속에 집어넣었죠. 시험 보기 위해. 내가 직접 이해하고 그래야 제 것이 된다고 생각하거든요. 그걸 통해 다른 것도 연결고리가 되는 건데 그런 작용이 없었던 것 같아요. 그냥 맹목적으로 시험 끝나면 잊어버리고.

(A고등학교, 서울 소재 대학 진학자 이정민 1차 면담 내용)

유하민 근데 졸업하고 나서 느낀 건, 이렇게 어려운 건 아닌데 기본적인 것을 많이 놓쳤다는 생각이 드는 거예요. 마르크스는 아는데 정말 기본적인 것은 모르는 상황들?

연구자 상징적인 부분에는 몰입했는데, 그것들을 받치고 있는 기둥이나 공통적인 기반, 이런 부분까지 들여다보진 않았다는 말씀인 것 같아요?

유하민 네. 모든 것을 싸잡아 이야기할 수는 없겠지만, 그런 면을 느끼는 순간들이 있었어요.

(H고등학교, 춘천 소재 대학 진학자 유하민 1차 면담 내용)

대학 입시와 대학에서의 학업에 대한 준비 부족 문제가 제기되었지만, 참여자들이 고등학교에서 혁신적인 수업을 3년 동안 같은 강도와 비중으로 경험한 것은 아니었다. H고등학교를 제외한 대부분의 고등학교에서는 D고등학교 구하영이 술회한 것처럼 3학년에게는 입시 준비를 위해 강의식 수업 비중을 늘렸고 수능 대비 수업을 했다.

> 연구자   그럼 전체적으로 D고 수업은 어땠어요? 약간 주입식이었어요? 아니면 토
>   론식이 많았어요?
>
> 구하영   토론식이 많았던 것 같아요.
>
> (중략)
>
> 연구자   네. 전체 100 중에서.
>
> 구하영   아, 이게 사실 학년마다 다른데, 2학년 때 토론식이 정말 많았다고 생각
>   하고.
>
> 연구자   아. 2학년 때 많았고.
>
> 구하영   3학년 때는 아무래도 주입식이 많고.
>
> (D고등학교, 서울 소재 대학 진학자 구하영 1차 면담 내용)

가르친 만큼만 평가하고 배움을 자극

참여자들은 대학 진학 여부나 진학한 대학의 소재지와 관계없이 혁신고등학교에서의 평가(시험)에 대해 유사한 관점을 보여주었다. 즉 교내 시험은 수능시험과 유형이 비슷한 모의고사에 비해 다소 쉬운 편이었고, 수행평가는 수업에 열심히 참여한 경우라면 누구나 성과를 낼 수 있었다. 모의고사 준비는 학교 밖 학원에서 하거나 학교 내에서 개설되는 방과후 수업을

통해 이루어졌다. 그리고 수행평가는 과업 수준이 높진 않았음에도, '부담 스럽지는 않지만 귀찮다'(B고등학교, 비진학자 최기연)고 느낄 정도로 수업 과정에 충실해야 성공적으로 대처할 수 있었다.

혁신고등학교에서 평가는 여러 측면에서 민감한 영역에 속한다. 학교가 종래 방식과는 다른 교육활동을 구성·운영하면서 전통적 시험 방식을 고 수할 경우 학생들이 경험한 내용과 평가가 괴리되고, 이는 교육적 지향이 나 철학과의 불일치로 귀결될 위험이 있다. 다른 한편으로는 교내에서 실 시하는 지필평가나 수행평가와, 수능으로 대표되는 모의고사 간에 출제 수준과 실시 방식에서 차이가 있다. 학교에서 배운 내용이나 수준과 차이 가 큰 외부 시험을 준비해야 하는 경우 학생들은 혼란을 느낄 수 있다.

학교의 교과 이수와 관련된 평가에 대해 대학 진학자들은 대체로 일치 된 의견을 나타냈다. 그들에게 당시 교내 시험은 '딱 가르친 만큼만' 평가하 는 수준에서 출제되었다. 그리고 학업성취 수준을 구분하기보다는 배움을 '자극'하기 위하여 과정이 중시된, 학습활동과 평가 사이에서 타협된 산물 이었다.

연구자   교내에서 출제되는 시험이 있고, 모의고사같이 밖에서 출제돼서 시험지가 오는 시험이 있잖아요. 교내 출제 시험하고 외부 출제 모의고사는 받아들 이는 데 어땠어요?

장석호   저희가 심화 과정까지 안 가고 딱 중간에서 멈추는, 그런 깊이였단 말이에 요, 그 배움의 깊이가. 그래서 솔직히 말해서 수능이나 그런 것에 대비하기 가 어려웠어요. 애들도 다 자고 그러니까 너무 수준을 높이면 다 바닥을 치니까 그 성적들이. 그래서 그런 것 때문에 일부러 그러신 것 같아요, 약 간 조절해 가지고.

연구자 그러면 교내 시험은?

장석호 약간 쉬웠습니다, 바깥에 있는 그런 시험보다는.

연구자 외부 출제 시험을 보면 그게 느껴져요?

장석호 네. 등급, 만약 제가 1등급을 받았어요, 내신으로는. 그런데 바깥에서 본 것 한 4등급, 이렇게 나오더라고요. 그래서 그만큼.

(중략)

연구자 교내에서 선생님들이 출제하시는 시험은 일부러 쉽게 만들어 준다고 학생들이 느꼈어요?

장석호 네.

연구자 선생님들이 말씀하셨어요?

장석호 아니요. 그런 건 아니었는데, 그러니까 공부해야 맞히는 것이긴 한데, 수능 문제나 그런 것은 약간 난이도가 있잖아요. 변별력을 위해서. 그런데 이 정도, 이런 것은 어느 정도 상식이랑 좀 더 공부하면 나올 법한 문제를 내서서 수능 문제보다는 좀 쉬웠던 것 같아요. 그리고 선생님들이 내는 문제는 딱 가르친 만큼만.

(A고등학교, 충주 소재 대학 진학자 장석호 1차 면담 내용)

연구자 그랬구나. 수행평가. 그래서 어땠어요? 잘 썼어요?

윤미래 저는 잘 썼다고 생각했는데 선생님이 고칠 게 너무 많다는 거예요. 그래서 저는 성적보다는 수행평가에 몰두했어요. 만점 못 받으면 다시 해갔어요. 그래 가지고 선생님한테 피드백 받고 세 번 정도 더 고쳤던 것 같아요. 자소서처럼 자주 가서 '선생님, 저 이 정도 했으니까 만점 주세요' 하고 가져가서 만점 받고 그랬었어요.

(B고등학교, 천안 소재 대학 진학자 윤미래 1차 면담 내용)

혁신학교의 새로운 수업 방식에 적합한 평가가 어떤 것이어야 하는가에 대해 F고등학교 나혜주는 자기 학교에서는 참여형 수행평가 비중을 높게 적용했고 교내 시험을 쉽게 출제함으로써 학생들이 안심하고 수업에 참여하게 했다고 보았다.

제 생각에는 F고가, 당연히 괴리가 있었겠지만, 일반고에서 할 수 있는 조치를 했다고 생각하는 게, 일단 수행평가 비율이 높았고요. 물론 필기고사(지필평가)보다는 낮았겠지만 수행평가 비율을 높여서 어떤 간극을 완화하려는 게 가장 컸던 것 같아요. 그래서 수행평가는 사실 참여하면 점수를 받을 수 있는 거잖아요, 수준으로 나눈다기보다는. 그래서 수행평가는 참여하면 점수를 받을 수 있는 것이기 때문에 그런 것으로 학생들의 참여율을 높이고, 정말 참여하면 성적으로 보상받을 수 있게끔 하려고 했던 게 가장 컸던 것 같아요. 필기고사는 좀 필요악 같은 거잖아요. 안 볼 수는 없지만 어쨌든 성적을 내야 하기에 어쩔 수 없이 봐야 하는. 솔직히 저는 F고의 필기고사가 그렇게 어렵지 않았어요. 그런데 선생님들이 수준을 그렇게 높지 않게 낸 것도 그런 것이랑 연관이 있다고 생각하거든요. 수업시간에 열심히 참여했고, 수행평가도 열심히 했으면 필기고사도 당연히 풀 수 있게끔, 그래서 공부를 열심히 하긴 했지만 시험지를 받아 봤을 때 '이런 문제를 어떻게 풀어', '이것 너무 함정 문제야', 이런 건 거의 없었거든요. 공부했으면 풀 수 있는 문제.(F고등학교, 서울 소재 대학 진학자 나혜주 1차 면담 내용)

비교과활동은
어떻게 했는가?

다수 참여자에게 혁신고등학교에서의 비교과활동은 자신들의 주도적 의지를 시험하고 다양한 체험을 가능하게 한 매력적인 영역이었다. 그들은 학생회활동, 자율동아리를 포함한 동아리활동, 지역사회로 연결된 봉사활동, 그리고 학교 밖 NGO활동 등을 하면서 자신들에 대해 탐색하고 진로를 알아보았다.

서울 소재 대학 진학자들은 고등학교 재학 시절 비교과활동에 적극 참여했고, 진로활동이나 봉사활동보다는 자율활동과 동아리활동에 주력했다. 대부분 학생회에서 활동한 경험이 있었고, 그를 통하여 자신들을 학교에서 일어나는 일에 관여하고 결정을 내리는 주체로 인식했다. 학생들의 비교과활동 범위는 B고등학교 주민하의 봉사활동이나 D고등학교 구하영의 동아리활동에서 보는 것처럼 학교를 넘어 지역사회까지 확대되기도 했다.

서울 외 지역 소재 대학 진학자들의 비교과활동도 서울 소재 대학 진학자들과 유사하게 전개되었다. 절반 정도의 학생들은 학생회활동에 참여했다. E고등학교 신경아는 학생회 임원은 아니었지만 다른 방식으로 학생회활동에 관여했다. 비교과활동 영역 중 학생들이 가장 활발하게 참여한 영역은 동아리활동이었다. C고등학교 김우람은 진학 준비와 직접 관련되는 동아리활동을 하면서 대학 탐방 기회가 있었다. 학생들은 진학과는 직접 관련이 없더라도 B고등학교 윤미래와 G고등학교 황인하의 경우처럼 진로로 연결될 가능성을 염두에 두고 동아리활동을 기획·운영하거나 참여하기도 했다. F고등학교 하운재에게는 교내 NGO동아리활동 경험이 사회학 전공을 택하여 대학에 진학하는 데 도움이 되었다.

주목할 만한 점은, 학생들이 스스로 주도하는 소규모 체험학습—예를 들면 각종 기행과 체험 및 농촌봉사활동 등—을 매우 중요하고 의미 있게 보았다는 것이다. 그들은 자신들이 세운 활동 계획을 시행착오 속에서 실행했고, 일련의 과정을 돌아보면서 주체의식과 유능감을 확인했다.

대학 비진학자들의 경우 고등학교에서의 비교과활동 참여 양상이 진학자들과는 다소 달랐고 집단 내에서도 개별 경험에 차이가 있었다. 물론 그들도 봉사활동과 진로활동보다는 자율활동이나 동아리활동을 더 활발히 했다. 그들 중에서는 소수만이 학생회나 학급회의 임원으로 참여했고, 직접 참여한 경우 학생 자치활동에 대해 긍정적 인식을 보였다(D고등학교 김정윤, H고등학교 이현수). 직접 참여하지 않은 경우 학생회활동을 긍정적으로 보기도 했고(C고등학교 나민희, F고등학교 박정선), 활동 수준이 기대에 못 미친 것으로 판단하기도 했으며(E고등학교 김하준), 일부 친구들만의 관심사였다고 치부하기도 했다(A고등학교 박한솔, B고등학교 최기연). 동아리활동에도 대부분은 적극 참여했지만(C고등학교 나민희, D고등학교 김정윤, E고등학교 김하준), 관심이 가는 동아리가 없어 구성원이 모자라는 곳에 들어가 의무감을 가지고 활동한 경우(B고등학교 최기연)도 있었다.

비진학자들 중에는 진로에 대한 준비를 학교에서 제공하는 진로활동보다는 특수한 맥락으로 이동하거나 학교 밖 자원을 이용하여 도모한 경우

서울 소재 대학 진학자들의 비교과활동 참여

학교	참여자	참여 양상
A고	이정민	학생회, 농구동아리(1학년), 천체관측동아리(2~3학년), 봉사활동(도서관 사서 봉사활동, ○○시 마라톤대회 환경미화와 행사 진행 등), 학생 주도의 소규모 체험학습
B고	주민하	학생회, 영자신문동아리(1학년), 인문학동아리 스콜라(2학년), 교지편집부 활동, 봉사활동(○○시 정책포럼 참여, 지역아동센터 교육봉사활동), 소논문대회 참여
C고	소정현	학생회, 국제문화교류동아리
D고	구하영	과학동아리(1~2학년), 보육원 교육봉사활동, 또래 멘토링 프로그램 참여
E고	강선민	학급회, 토론동아리와 진로탐색동아리(1학년), 역사동아리(2학년), 튜터-튜티 프로그램에서 수학과 생명과학 튜터활동
F고	나혜주	학생회, 독서 관련 자율동아리
G고	김지은	학급회, 영화제작동아리(2학년), 봉사동아리(2학년)
H고	박아경	학생회(또래 멘토링 프로그램 운영), ○○수업팀, 라디오동아리, 웹저널동아리, 공공기술동아리, 진로활동 인턴십(2학년)

서울 외 지역 소재 대학 진학자들의 비교과활동 참여

학교	참여자	참여 양상
A고	장석호	학생회(1~3학년), 영화감상동아리, 학생 주도의 소규모 체험학습(체험)
B고	윤미래	창업동아리(1학년), Wee 클래스(2학년), 아동 교육 관련 동아리(2~3학년), 성격심리 검사 등 자기 탐색 기회를 통해 진로 탐색 관련 활동, 학생 주도의 소규모 체험학습(문화기행, 문학기행)
C고	김우람	학생회, 대학탐방동아리(1학년), 연극영화동아리와 국제문화교류동아리(2학년), 유네스코국제포럼 참가(지역 문제 해결을 고민하는 과제), 도서관 봉사활동
D고	이국화	과학동아리(교육봉사활동, 학교축제 참가), 진로와 탐색 교과 이수 과정에서 각종 검사 경험
E고	신경아	학교축제에서 학급활동의 주체로 활약한 경험 보유, 동물 관련 동아리, 밴드부, 방과후 활동으로 인문학 공부 관련 프로그램 참여
F고	하운재	학생회(통합기행, 학생선도), 교내 NGO동아리, 공정여행동아리
G고	황인하	역사동아리, 실험동아리, 독서토론동아리, 환경동아리, 자율동아리 구성 및 운영(2~3학년), 동물구조관리협회에 3년간 봉사활동하고 관련 기구들을 후원하면서 진로 관련 활동(수의학과 진학 고려)
H고	유하민	학생회(학생회 주관 자율학습 프로그램 운영), 동아리에서 지역의 초등학생 대상 수학캠프와 ○○학교 청각장애 학생 대상 수학캠프 운영

가 눈에 띄었다. A고등학교 박한솔은 3학년 때 타 지역에 있는 직업교육기관에 위탁되어 조경 분야 교육을 받았고, G고등학교 고재우도 3학년 때 정규수업을 마치고 시내 학원에 가서 미용을 배웠다. B고등학교 최기연은 영화에 대한 관심을 충족시키면서 진학과 연결시키고자 중고 장비와 콘텐츠를 구하여 작품을 감상했다. 그리고 E고등학교 김하준은 교내 동아리활동을 계기로 사회적 이슈에 목소리를 내게 되었고, 이후 사회 운동에 주목하여 학교 밖 활동에도 참여하며 진로를 모색했다.

비진학자들의 비교과활동 참여

학교	참여자	참여 양상
A고	박한솔	학생회는 참여하는 학생들만의 관심사라고 생각함. 요리와 영화감상동아리, 어르신 무료급식소 봉사활동, 학생 주도의 소규모 체험학습(○○체험), 3학년 때 직업교육기관에서 조경 분야 위탁교육 받음.
B고	최기연	학생회는 '폐쇄적'이어서 참여하는 학생들만의 관심사라고 생각함. 야구동아리에 가입했으나 형식적으로 참여함.
C고	나민희	학생회와 학급회에 참여하진 않았으나 활성화되어 있었다고 긍정적으로 인식함. 영어 관련 TEPS동아리(1학년), 체육 관련 동아리(2학년)
D고	김정윤	학급회 임원, UCC동아리 창설, 교내 진로탐색활동의 일환으로 외부 전문가 초청 강연이 있었으나 학생들의 요구에 비해 구체적이거나 실무적이지 않았음. 학생 주도의 소규모 체험학습(통합기행)
E고	김하준	독서토론동아리(1학년), 소논문동아리(2학년), 영화자율동아리(2~3학년), 학생 인권 활동 동아리(3학년), 방과후 활동으로 인문학 공부 프로그램 참여, 학교 밖 NGO활동 참여
F고	박정선	학생회에 참여하지 않았으나 활발하게 운영되었다고 긍정적으로 인식함. 학급 농촌봉사활동 참여, 농구동아리, 학생들이 생활기록부 기록을 위해 봉사활동에 참여한다고 생각함.
G고	고재우	선도부(1학년), 제과제빵동아리(2학년), 등산동아리(3학년), 3학년 때 진로를 결정하고 수업 후 학원에서 미용을 배움.
H고	이현수	학생회(다양한 자치기구 구성 및 인권주간·생태주간 등 각종 주간 설정), 축구동아리, 교내 반별 연극 행사 참여

종합해 보면, 서울 소재 대학 진학자와 일반 대학 진학자 그리고 비진학자들 모두 비교과활동 중 동아리활동에 가장 활발하게 참여했다. 동아리

활동은 참여자들이 개인적 관심사를 추구하거나 진로와 연관 지어 선택했고, 다른 한편으로는 입시를 염두에 두고 가장 적극적으로 활용했다. 자율활동에 속하는 학생회나 학급회활동도 봉사활동이나 진로활동에 비해 참여자들이 적극적으로 선택한 활동에 속했다. 학생회활동을 특정 학생들만의 활동 무대로 보는 관점도 있었지만, 전반적으로 교내에서는 학생들의 자치활동이 활발하게 일어났고, 참여자들이 자신들의 주도적 역할을 새로이 인식하는 장이 되었다.

비교과활동 영역과 참여자 집단별 활동 내용과 참여 양상은 다소 달랐지만, 대부분의 참여자들은 자기 주도성에 기반을 둔 활동으로 말미암아 자기 성장이나 변화에 적지 않은 영향을 받았다는 점을 인정했다. 또 대체로 학교 내에서 이루어진 것이지만 그러한 경험은 더불어 사는 공적 삶의 맥락에서 주어지는 역할을 연습하고 그에 임하는 태도를 배운 성장의 계기였다. 김은수(2017)는 일반고등학교와 혁신고등학교 학생들의 학교 생활 만족도 연구에서 수업 외 학교활동 영역 중 '인성 및 생활 지도'에서 혁신학교 학생들이 더 높게 만족했다는 결과를 보여준 바 있다.

주도성을 바탕으로 활동

입시 준비를 위해 책상에 앉아 공부만 할 것으로 생각했던 일반고등학교에서 학생들은 활동들을 다양하게 주도하거나 참여할 기회가 있었다. 학교는 학생들이 경험할 수 있는 내용들을 다채롭게 준비했고 그들이 주도적 역할을 하도록 적극 장려했다. 그들은 C고등학교 소정현이나 F고등학교 나혜주처럼 학교라는 공간을 새롭게 인식했고, 자신들을 그러한 일을 주도할 수 있는 주체로 지각했다.

고등학교에 대한 이미지가 조금 깨진 것도 있었어요. 단순히 공부만 하면 되는 곳인 줄 알았는데 내가 목소리를 낼 수 있는 그런 공간도 있고, 학생들이 모여서 힘을 만들 수 있는, 그렇게 할 수도 있다는 생각도 들었어요.(C고등학교, 서울 소재 대학 진학자 소정현 1차 면담 내용)

학생회활동 같은 경우는 학생회를 해본 사람한테는 되게 효능감이 있을 것 같은데 안 해본 친구들은 '학생회가 뭐 하는 거야'라고 할 수도 있을 것 같아요. 저는 학생회를 2년 동안 했기 때문에 제가 주체적이고, 주체로서 학교에 다닐 수 있다는 생각을 많이 했던 것 같고. 학생회활동. 네. 그랬고. 좀 흥미로웠던 것은, 학생회에서 학생회 담당 선생님이랑 갈등이라고 할까 그런 게 많았거든요. 그런데 저는 갈등이 있다는 것만으로도 신기한 거예요. 어떻게 보면 선생님의 의견과 학생들의 의견이 대등한 상태에서 충돌하고 있다는 거니까. 사실 대부분 학교에서는 학교에서 하달하면 학생들이 하는 형태이기 때문에 갈등이라는 게 있을 수 없잖아요. 그런데 '이렇게 갈등이 생기는 것만으로도 평등한 구조라서 생기는구나'라고 생각을 많이 했던 것 같아요.(F고등학교, 서울 소재 대학 진학자 나혜주 1차 면담 내용)

참여자들이 주체로서 역할을 하는 데는 책임도 수반되었다. 그들이 주도하여 스스로 체험활동을 기획하고 실행하는 과정에는 이미 만들어져 주어지는 활동에 참여하는 것보다 많은 시간과 노력이 요구되고 어려움도 따랐다. 학생들은 그런 과정에서 생각하고 판단하는 힘을 길렀고, 사람들의 입장을 고루 헤아려 문제를 해결하는 태도를 배웠다. A고등학교 이정민과 장석호도 주어진 문제를 해결하기 위해 방법들을 찾고 구성원 간 갈등을 해소해 가면서 적지 않은 내적 변화를 경험했다.

체험활동, 저는 준비하는 과정이 되게 좋았던 것 같아요. 서로서로 의견 맞추는 게 한두 명도 아니고 많으면 7~8명 되는데 의견 맞추는 게 힘들었고, 그 힘든 중에도 모두가 만족할 수 있는 방안을 어떻게 하면 찾을 수 있을까 하는 생각도 할 수 있었고, 거기서 '어떤 곳을 다녀왔다'보다는 '어떤 곳을 다녀오기 위해 준비했던 과정들'이 더 많이 기억에 남고, 그 과정에서 얻은 게 더 많았던 것 같아요.(A고등학교, 서울 소재 대학 진학자 이정민 1차 면담 내용)

연구자　동아리나 봉사활동이나 학생회나 축제나 아까 ○○체험, 이런 것들 중에서 제일 보람 있다고 기억하는 건 뭐예요? 물론 두루 관심 가졌을 수도 있어요.

장석호　저는 체육대회랑 수학여행 그리고 ○○체험인 것 같아요. 체육대회는 다 같이 하는 것이기도 하고, 우승했을 때 성취감이 있잖아요. 그리고 수학여행이나 ○○체험도 저희가 다 계획해서 하나부터 열까지─밥 뭐 먹을지 그다음에 경비 계산하면서─ 하는 것 때문에 이게 가장 활성화되어 있다고 생각하고.

연구자　우리가 비용도 계산하고, 행선지와 숙박지도 정하면서 뭘 느끼게 돼요? 계획을 세우고 실제로 해보면서.

장석호　우선 목적지, 처음에 목적지, 아니 언제 갈지부터 해서 목적지를 정하면서 계속 조율해야 되잖아요. 약간 안 맞는 것에 대해 조율하면서 계속 뭐라고 해야 하지?

연구자　모든 선택이 최상으로만, 우리 계획대로만 될 수 없어?

장석호　네. 그런 식으로 하면서 서로 타협도 하면서 하는 것도 있고, 그다음 원래 기존(방식)은 한 곳을 누가 딱 정해 주잖아요, 선생님이나. 그런데 그런 게 아니라 저희가 가고 싶었던 데나 그런 것을 저희가 스스로.

(A고등학교, 충주 소재 대학 진학자 장석호 1차 면담 내용)

참여자들은 자신들이 수동적인 역할을 하는 학습에 비하여 주체가 되는 활동에서 더 큰 인지적·심리적 변화를 경험했다. E고등학교 신경아는 학생회가 주최하는 행사에서 학급 대표로 참여한 경험을 통해 학급에서 자신의 위상과 역할에 대한 지각, 소속감, 상황 주도에 대한 자신감을 가졌다.

| 신경아 | 저희가 귀신의 집을 했다고 했잖아요. 그런데 같은 경험이지만 좀 더 살을 붙여 보면, 이때 같은 반 전체가 포스터를 하나 완성해야 하는 일이 있었고, 정말 귀신의 집을 꾸미는 경험이 있었는데요. 저는 그때까지 반에서 약간 평범한 애, 이렇게 있었거든요. 그런데 제가 디자인 쪽으로 진학하고 싶어 한다는 이야기가 퍼져서 제가 약간 회장 같은 느낌이 되어서, 말하는 대로 애들이 다 따라 주었단 말이에요. 그래서 그때 말도 해본 적 없는 친구들이랑 기구 같은 것을 빌리러 다니고 늦게까지 남아서 배치하고, 그런 경험이 저의 자소서에 들어갈 만큼 중요했어요. |

| 연구자 | 아. 네. 그럼 그때 경험하고 난 다음에 또 하는 과정에서 어떤 느낌이나 생각이 들었나요? |

| 신경아 | '이런 무리의 주체가 될 수도 있구나'라고 생각했어요. 이런 경험은 정말 친한 친구, 소수의 친구들끼리만 할 수 있는 것인 줄 알았어요. 회장 된 느낌. |

| 연구자 | 회장 된 느낌. 뭔가 주도적으로? |

| 신경아 | 그리고, 네. 제 말을, 제가 어떤 의견을 (제시)해도 그게 된 적이 없었는데, 그게 받아들여진다는 느낌이 어딘가에 소속된 것 같고 좋았어요. |

(E고등학교, 용인 소재 대학 진학자 신경아 1차 면담 내용)

참여자들의 자기 주도성은 학교가 계획하여 제시하는 프로그램을 수용하기만 하는 수동적 학습자에서 스스로 경험을 구성하고 실천하는 능동적 학습자로서 변화된 역할을 맡도록 했다. 그뿐만 아니라 학생들의 그러한 활동은 학교에서의 교육 경험을 보다 생동감 넘치고 다양하게 살아 숨쉬는 것으로 변모시켰다. F고등학교 나혜주는 학교 주최의 독서캠프에서 발견한 홍미와 관계성을 바탕으로 자율동아리를 만들어 운영하는 발전된 모습을 보여주었다.

> 동아리활동은 처음 만들게 된 게 1학년에서 2학년으로 넘어가는 겨울방학 때였는데, 학교 국어 선생님이 겨울방학 때 애들 할 것 없고 심심하니까 독서캠프 같은 것을 만들어서, 그때 학교 며칠 나갔는지 정확히 기억은 안 나는데 한 일주일 정도 나가 가지고 책 5권 정도 읽고 같이 토론하고 했어요. 그래서 저도 심심하고 그러니까 책이나 읽자 해 가지고 방학 때 학교에 갔는데, 그때 그것을 들으러 온 다른 반 애들이랑 친해진 거죠. 그래 가지고 '야 이것 너무 재미있다' 하니까 '이거 캠프로 끝내지 말고 학기 중에도 하자' 해 가지고 '동아리 만들자' 해서 만들게 된 거예요, 동아리를. 그때 이름 뭐 할지 해서 책과 콩나무로 하자 해 가지고 '책콩'이라고 부르고, 그때 독서캠프 열어주셨던 선생님이 지도 선생님 해주시기로 해 가지고 저희끼리 커리큘럼도 다 짜고, 단순히 책 읽고 끝— 이게 아니라 행사 같은 행사 기획도 되게 많이 했고.(F고등학교, 서울 소재 대학 진학자 나혜주 1차 면담 내용)

일부 참여자는 위와 같은 활동이 학교에서 지속적으로 일어나게 하려면 학교가 학생들의 주도성에 기반한 시도들을 수용하는 데 그치지 않고 학생들에게 스스로 교육 경험을 구성해 가도록 장려하고 유도하는 역할을 해야 한다고 제안했다. 학교의 그러한 역할이야말로 혁신적 교육을 실천하는 학교가 내세울 수 있는 가치와 맥이 닿을 것이라고 보았다.

연구자 그럼 질문을 바꾸어 볼게요. 황인하 양 같은 학생들이 있다면, 기획력도 있고, 창의력도 있고 활동이 뛰어난 학생이 있다면, 혁신학교라면 무엇을 해야, 해줘야 할 것 같아요?

황인하 음. 저는 오히려 그런 학생들이 팀을 짰으면 좋겠어요. 팀을 짜서—그 학생들끼리 모여 팀을 짜든, 그 학생들 대표가 여러 팀을 만들든 해서 뭔가를 기획하고, 성과를 낼 수 있든 못 하든 그런 기회가 마련되면 좋겠어요. 학교에서 지원을 빵빵하게 해줘서. 혁신학교로서 활동을 만들어 놓고, 저희가 가는 거잖아요. 그런데 그게 아니라 반대로 우리가 활동을 기획하고 만들 테니까 지원해 달라, 약간 이런 느낌으로. 왜냐하면 고등학교를 10억을 줘도 안 가고 싶은 이유는 해야 될 게 엄청 많아서예요. 준비해야 될 것도 많아요. 시간도 없고 돈도 없는데, 그러면 저 둘 중의 하나라도 지원이 들어오면 좀 덜 해요. 그래서 음, 그런 부분에 조금 더 기회를 주면 좋겠어요. 사실 전 그 기회의 덕을 본 사람들 중 한 명이긴 하거든요.

연구자 그렇죠.

황인하 제가 3학년 때 자율동아리를 만들었는데, 그 동아리에서 발효주를 만들어 발효주 실험을 한 적이 있어요. 매실주와 청포도주, 막걸리를 직접 담그고 만들었단 말이에요. 그것마다 이스트나 이런 것을 다 다르게 해서 실험을 했는데, 저희가 기획서 만들고, 예산·결과서 다 만들어 학교에서 지원을 받았어요. 그런데 이 부분에 대해 다른 학생도 손쉽게 할 수 있게 좀 널리 말해 줬으면 좋겠어요.

연구자 그러니까 이런 게 좀 광범위하게 일어나야 한다는 거죠? 어느 학생이든 할 수 있게.

황인하 　그리고 이게 실행이 안 될 것 같다든가, 허무맹랑하다든가, 뭐 이게 굳이 필요할까 하는 생각이 들면 지원 안 해줄 가능성이 많잖아요. 그런데 이게 학생들이 관심 있는 분야고, 이 부분에 대해 학생들이 해보고 뭔가 나중에 큰 발판이 될 수 있는 거라고 생각하기 때문에, 학교에도 정말 위험하거나 이런 것 아니면 좀 멀리 내다보고서 지원해 주시면 어떨까 생각합니다.

(G고등학교, 충주 소재 대학 진학자 황인하 1차 면담 내용)

공적인 삶의 연습

참여자들은 혁신고등학교라는 사회에서 교과 이론과 실제를 공부하고 다른 한편으로는 사회 내에서 더불어 배우며 살아가는 방식을 익혔다. 그들은 누구에게나 중요한 일을 합리적 절차를 통하여 결정하고, 대표자를 정하여 그러한 일을 맡기는 공적 영역의 삶을 학교 내에서 경험했다. 그런 경험은 학생회활동으로 대표되었지만 작은 학습 모임, 학급, 학년, 학교 등 다양한 층위에서 광범위하게 일어났다. 학교 운영을 포함하여 삶의 중요한 원리로 민주적 가치를 실천하고자 추구한 혁신학교 맥락에서는 자연스러운 현상이었다.

임원회의가 있었어요. 둘 다 참석하는데, 저는 그런 공적이고 사회적인 분위기를 고등학교 때부터 느끼는 게 가장 좋았거든요. 서로 존댓말 쓰기도 하고, 서로 책임이라든가 그런 감당해야 될 부분, 그런 것들이 있었고, 또 학생회 같은 경우는 하다가 징계 먹으면 잘리기도 하고, 그래 가지고 각자 책임감 같은 게 강한 자리여서 그런 것에서 사회적인 부분들을 많이 느꼈고요. 그래서 실제로는 서로 다 친구들이긴 한데 그 회의 자리에서만큼은 '누구 부장님' 이러면서 공적으로 서로를 대하는 연습이랄까, 그런 어른 같은 태도 있잖아요. 그런 것을 연습하기도 했어요.(F고등학교, 서울 소재 대학 진학자 나혜주 1차 면담 내용)

그런 경험에는 남과 더불어 살면서 특정 과업을 공동 수행하는 과정에서 직면하는 문제들을 어떻게 다루고 해결해야 하는가와 같은 사회적 차원의 의사결정이 내재해 있었다. H고등학교 유하민과 E고등학교 강선민은 학생회와 학급 구성원들을 대리하여 조직의 목표를 달성해야 하는 위치에서 다면적으로 사고하고 자신들의 행위를 계속 변화시켜야 하는 상황과 직면했다.

유하민 많이 배우기도 했지만 마음고생이 심했던 것 같아요. 뭔가 갈등을 조율하고, 그것을 수용해서 반영하고—여러 가지 의견을 반영하는 게 쉽지 않잖아요? 그리고 그때는 그런 생각이 좀 있었던 것 같아요. 모두한테 미움받고 싶지 않다, 모두에게 지지받는 사람이 되고 싶다고 생각해서 최대한 뭘 할 때 반대 의견을 안 만들고 싶어 했어요. 그런데 그런 것도 필요한 것 같아요.

연구자 결단이 필요하다?

유하민 네. 미움받고 반대 의견이 있더라도 가야 하는 일은 가도록 해야 한다.

(H고등학교, 춘천 소재 대학 진학자 유하민 1차 면담 내용)

연구자 그래서 반장, 부반장 하면서 많이 달라졌어요?

강선민 새로운 사람한테 말 거는 것도 어렵지 않게 할 수 있게 되었고, 성격도 많이 바뀐 것 같아요. 원래 뭔가 나서서 하고 앞에 나가서 뭘 하고—이런 거

꺼리는 편인데, 많이 나아진 것 같아요.

연구자   남을 설득하려면 내가 바뀌지 않으면 안 되는 거죠? 일하면서 갈등도 있었

겠어요?

강선민   그렇죠. 모든 애들을 만족시킬 수는 없으니까. 보통 그런 것 할 때, 체육대

회랑 축제 준비할 때 제일 힘든데, 참여 안 하는 친구들이 있어요, 하기 싫

어하는 친구들이. 그런 애들까지도 선생님은 다 같이 참여하게 해라 하시

고, 학생은 하기 싫다고 하고.

(중략)

강선민   그래도 이제 한 번만 해달라고. 그런데 그렇게 예전에는 사정할 일이 없었

는데. 말 안 듣는 친구들이 몇 명 가다가 있는데, 그래도 아니면 '네가 이거

안 할 거면 이거라도 해라' 하면 들어줘요.

연구자   그때 답답했겠어요?

강선민   네. 답답하고 왜 안 하는지 모르겠고 그렇게 어려운 일이 아닌데 그 친구

한테는 어려운 일일 수도 있으니까.

(E고등학교, 서울 소재 대학 진학자 강선민 1차 면담 내용)

참여자들은 학교의 구성원이자 더 큰 사회의 구성원으로서 사회적 이슈
에 대해 어떻게 판단하고 참여할 것인지 고민하기도 했다. E고등학교 김하
준은 역사 교과서 국정화 문제에 대한 학생들의 의사 표출을 제지하는 학
교와의 갈등 상황을 시민적 덕성 측면에서 해결하고자 했다.

좀 구체적으로 그런 게 있었어요. 사례를 예로 들자면, 그 한창 역사 교과

서 국정화(문제)가 있었을 때 그렇게 뜻이 맞는 친구들끼리 모여서 학교 내

에 역사 교과서 국정화를 반대하는 대자보를 붙이고 서명을 받는 활동을

했는데 학교 쪽에서 이것─학교장 허가가 없는 게시물은 부착이 안 된다, 이런 식으로 말씀하셔서 저희가 교장 선생님이랑 면담까지 하고, 경기도교육청에서 학생 인권 옹호관까지 오셨거든요. 저희가 그때 교육청에도 연락하고, 뭐 그런 식으로 하는 활동들이 있었어요.(E고등학교, 비진학자 김하준 1차 면담 내용)

활동 결과로서의 성장과 성과

비교과 영역을 구성하는 자율활동, 동아리활동, 봉사활동, 진로활동 등은 각 교과를 통해 해소되기 어려운 학생들의 다양한 요구를 수용하는 장치로서 기능했다. 그런 활동들을 통해 학생들의 학교 생활 경험이 풍부해지고 다양한 측면에서 그들의 성장에 긍정적으로 작용했다. 다른 한편으로 학생들의 비교과활동 참여 이력은 대입 전형 과정에서 유용하게 활용될 수 있는 자원이었다.

참여자들은 자신들이 고등학교에서 비교과활동에 참여하면서 내적으로 성장하고 변화되었다고 확신했다. A고등학교 이정민은 봉사활동을 하면서 책을 친숙하게 여기게 되었고 그것이 군 생활에까지 이어져 책을 많이 읽게 되었다. B고등학교 주민하는 비교과활동 중 토론대회에 반복 참여하면서 주제 중심으로 자료를 찾고 조직하는 방법을 터득했으며 효과적 언어 전달 기술도 습득했다.

이정민   저는 도서관 봉사활동 했던 걸 자기소개서에 쓴 것 같아요. (중략)

이정민   그 경험이 있으니까 군대에서도 그거 비슷한 걸 했거든요.

연구자   군대에서 뭘 하신 거예요?

이정민	조그마한 도서관이 있는데, 예전에는 시간이 없어서 책을 안 읽었지만 이런 핑곗거리가 없으니까 거기서 책을 많이 읽을 수 있었어요. 군대 안에서, 거기 안에 있으면서, 그게 연결돼서.
연구자	도서관 이용 경험과 봉사한 경험이 남보다 도서관에 더 친숙해지는 배경이 됐네요. 도서실 아니면 자료실 이용을 남들보다는 더 열심히 했다는 거죠?
이정민	그것도, 군대 가서도 책을 많이 읽고 나왔어요.

(A고등학교, 서울 소재 대학 진학자 이정민 1차 면담 내용)

주민하	네, 그렇죠. 보통 내신보다도 비교과가 거의 같이 50퍼센트 비중으로 생각되었어요. 원래는 내신만 챙길 생각이었는데 가니까 정말 다양한 프로그램과 활동이 있었습니다. 토론대회를 위해 논문을 뒤졌고, 이때부터 선생님들께서 논문사이트 보는 것을 알려 주셨어요. 보고서 쓸 때 각주 다는 법, 출처 표기법, 목차 작성 등 다 알려 주셔서, 대학교 와서도 많은 도움이 되었어요. 토론대회는 1·2·3학년 때 모두 나갔고, 그 경험을 대입 자기소개서 쓸 때 가장 먼저 적었어요.
연구자	대학 진학을 염두에 두고 그런 대회를 나갔을까요?
주민하	완벽하게 그렇게 염두에 두고 나간 건 아니었습니다. 말하기를 좋아하지만, 형식적이고 정해진 틀에 따라 발표하는 것은 자신이 있었어요. 그런데 토론 같은 경우에는 생각지도 못한 부분에 대해 허를 찌르는 말을 해야 할 때가 많잖아요. 확실하게 바로 탁 내뱉어야 되는— 뭐라 해야 되지, 융통성이라든지.
연구자	순발력?
주민하	그렇죠. 순발력을 발휘해야 하는, 그런 말이 필요하잖아요. 저는 그런 말이 부족하다고 생각해서 토론을 준비했던 건데, 당연히 1학년 때는 바로

예선 탈락했어요. 그런데 2, 3학년 돼서는 본선, 결선—이렇게 올라가는 경험을 하다 보니, 논문도 말하는 것도 실력이 많이 늘었구나 해서 보니까 3년 동안 점점 성장했구나 (싶었죠), 그렇게 해서 (자기소개서) 1번을 썼던 것 같아요, 네, 그래서.

(B고등학교, 안양 소재 특수대학 진학자 주민하 1차 면담 내용)

참여자들의 비교과활동 경험은 대학 진학자들의 입시 성과를 내는 데도 유용하게 쓰였다. 비교과활동 이력은 학교 생활기록부를 채울 수 있는 중요한 자료가 되었고, 학생부종합전형으로 입시를 준비할 때 자기소개서의 근거로도 활용되었다. 참여자들은 비교과활동 실적이 대입 전형에 도움이 되리라 기대했고, 그중 일부는 C고등학교 소정현이 이해한 바와 같이 애초에 진학과 진로를 염두에 두고 관련 활동을 맞추어 활용했다. G고등학교의 황인하는 진로 결정을 위한 준비를 겸하여 3년간 동아리활동과 봉사활동을 열심히 했다.

동아리활동이 그렇지 않을까 싶어요. 애초에 동아리활동도 잘 되어 있을 뿐만 아니라, 사실 동아리활동도 스펙 쌓기 위해 하는 활동 중 하나이기 때문에 특히 자기가 원했던 진로가 있으면 1학년 때부터 그 진로를 향한, 관련된 동아리활동을 꾸준히 하게 되죠. '나는 이 진로에 대해 1학년 때부터 꾸준히 이런 활동을 했다' 이런 걸 보여주기 위해 동아리활동을—입시와 관련되게—하는 경우가 많았는데, 학교에서도 학생들 생활기록부에 한두 줄이라도 더 기록해서 풍부하게 해주려고 동아리활동을 활발히 하도록 했던 것 같아요.(C고등학교, 서울 소재 대학 진학자 소정현 1차 면담 내용)

황인하 네. 저는 동아리도 일부러 1, 2, 3학년 때 다 다르게 했고, 자율동아리도 2학년 때 하나, 3학년 때 하나 만들었고, 그런 식으로 한 것 같아요. 독서를 조금 많이 했고, 헌혈을 많이 해서 상도 받았죠. 원래 수의학과를 진학을 생각하고 있어서, 거의 생기부가 생명이랑 수의 쪽인데, 그래서 동물구조관리협회에서 3년 동안 봉사하고 그랬어요. 개인적으로요.

연구자 오, 동물보호협회 3년간은 쉽지 않은 것 같은데요. 어떤 계기로 그렇게 하게 되었나요?

황인하 제가 동물을 엄청나게 좋아해서, 원래 그쪽 봉사에 관심이 있기도 했고, 수의학과 가고 싶었으니까 이 정도는 해야겠다는 생각도 했고, 동물구조관리협회를 가면 정말 많은 유기견, 구조견들이 갇혀 있단 말이에요. 자원봉사자가 와서 걔들한테 밥도 주고, 물도 주고 청소도 하고—이런 것 당연한데, 봉사자들이 와야 걔네들을 데리고 산책을 시켜 줄 수 있단 말이에요. 그렇게 좀 해주고 싶고, 산책을 시켜 주고, 사람을 엄청 좋아해서 놀아주고 싶은 마음이 컸어요. 그래서 (봉사활동) 하면서 동물자유연대랑 세계자율기금, WWF에 후원도 하고 그랬죠.

(G고등학교, 충주 소재 대학 진학자 황인하 1차 면담 내용)

일부 참여자들은 자신들의 비교과활동 참여가 입시를 위한 '스펙 관리' 차원에서 이루어지기보다는 학교교육을 충실히 이수하고자 한 노력의 일부였고 그것이 결과적으로 입시에도 유리하게 활용되었다고 했다. 일차적으로 관심이 있고 재미를 느껴 활동에 참여했고, 그 결과 입학 전형에 활용할 만한 다채로운 경험이 되었다는 것이다. 그리고 그렇게 채워진 비교과활동 내역이 자신들의 관심사나 학습활동 이력을 보여주는 요소로 입학 전형에 긍정적으로 작용했다고 보았다.

유하민　선생님들은 절대 그런 말 안 하셨어요. 왜냐하면 H고 분위기 자체가 입시를….

연구자　입시를 안내하는 분위기는 아니기 때문에?

유하민　네. 입시가 아니라 학교교육에 중심을 둬야 한다. 그것은 외재적 동기잖아요? 정말 네가 원해서 해야 한다고 말씀하시지도 않았지만 그런 분위기였어요. 근데 선배들이 대학 가는 걸 보면 그런 활동을 한 게 영향을 미친 것 같은 거예요. 그래서 그건 선배들 사례를 따로 말해 주지 않아도 우리가 짐작할 수 있었던 부분이라….

(H고등학교, 춘천 소재 대학 진학자 유하민 1차 면담 내용)

연구자　비교과활동 실적이 대입 전형과 연결될 수 있기 때문에 특별히 신경 쓴 부분이 있었는지요?

신경아　솔직히 처음에는 '아, 이거 하면 자소서에 도움이 되겠다' 하고 들어갔는데, 나중에는 재미없으면 안 하게 되었고요. 재미있고 유익하다고 생각하는 것만 했어요. 그런데 나중에 보니까 '자소서 쓸 때 이게 도움이 되더라' 하는 것(들을) 했어요.

(E고등학교, 용인 소재 대학 진학자 신경아 1차 면담 내용)

활동 당시에는 그런 걸 잘 못 느꼈는데, 원서 쓸 때 되니까 저도 제 생기부를 보면서 '내가 이런 활동을 했던 게 이렇게 써먹을 수가 있네' 이렇게 느꼈어요. 왜냐하면 1학년 때는 진짜 아무것도 모르고 그냥 천진난만하게 지냈고, 2학년 때부터 대학에 가야 한다는 부담감이 느껴져서 준비하고 이랬던 거니까. 3학년 때 되어서 확실히 확 와 닿았던 것 같아요.(D고등학교, 춘천 소재 대학 진학자 이국화 1차 면담 내용)

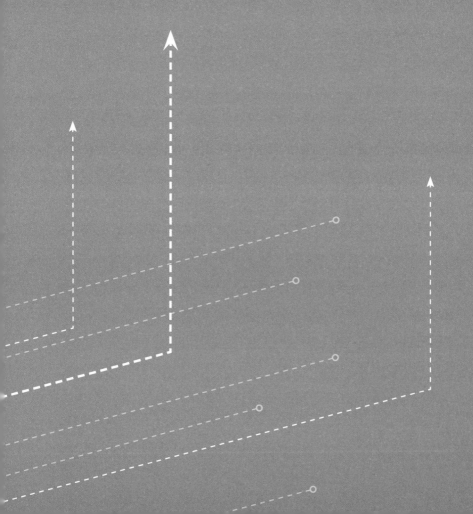

제**3**장

진로,
세상을 향한 여정

이 장에서는 참여자들이 혁신고등학교에서 어떻게 진로 계획을 세우고 각자의 목표 지점에 도달하고자 준비했는지, 그리고 진로 설정과 이행 과정을 돌아보며 어떤 성찰을 했는지 알아보았다.

참여자들이 자신들의 진로를 구체화한 방식은 네 가지로 관찰되었다. 첫째, 교육과정에 포함된 특정 교과에 대한 적성을 발견하고 계속 발전시키거나 개인적 관심사를 진로와 연결하여 구체화했다. 둘째, 학교에서 하는 교과 수업과 체험활동에 참여하며 진로를 다듬어 갔다. 셋째, 주로 담임교사와 상담을 통해 진로에 대한 자신들의 구상을 지지받으면서 확신을 다졌다. 넷째, 대학 진학을 선택하지 않은 학생들은 직업교육 참여 여부를 스스로 판단했고, 직업교육에 대한 지원이 이루어지지 않는 분야에 대해서는 각자 길을 개척했다.

참여자들은 학교에서 제공하는 다양한 교과 수업 활동과 창의적 체험활동을 중심으로 진로에 대비하여 자신들 고유의 이야기를 구성해 갔다. 교과 수업시간에 이루어진 토의·토론, 글쓰기, 모둠활동과 발표 등은 대학에 진학하고자 하는 학생들에게는 자신들의 다양한 역량을 보여주는 자원이 되었다. 일반고등학교에서 교육과정 운영의 종착점은 대학 진학 준비에 맞추어져 있었으므로 비진학 예정자들과 서울 외 지역 대학 지원자들이 상대적으로 소외되었다.

참여자들은 혁신고등학교에서 진로를 준비하고 추구했던 과정을 돌아보면서 학생들에게 진로 탐색의 기회가 보장되어야 하고, 독특한 경험을 제공하는 혁신학교 및 그 교육과정의 가치가 교내에서 공유되어야 한다고 보았다. 그리고 고등학교에서 다양하게 공부한 모든 학생의 총체적 삶이 수용될 수 있도록 대학 입시 전형이 다양화될 필요가 있고, 대학 비진학자들도 학교에서 보호하고 안내할 수 있는 여지(餘地)가 충분히 마련되어야 한다고 보았다.

진로에 대해
어떻게 생각했는가?

혁신고등학교에서 참여자들이 진로를 바라보고 접근한 방식으로는 시기에 닥쳐 생각하거나, 대학 진학보다 자기 삶의 가치와 형편을 우선시하거나, 또는 대학 진학을 당위적으로 간주하는 모습이 포착되었다.

시기에 닥쳐 생각

다수의 참여자들은 진로에 대해 오랜 시간 구체적으로 고민하기보다는 막연히 생각하거나 진로 결정 시기에 임박하여 자신의 미래 경로를 생각하고 결정했다.

F고등학교 하운재는 학교에서 강조한 공동체적 생활에 큰 애착과 만족을 느꼈지만, 대학과 입시에 관해서는 구체적으로 고민하지 못한 채로 3학년을 맞아 무력감과 당혹감에 직면했다. 그는 '대학 입시 전형은 학생들이 고등학교에서 배운 가치나 행위 방식을 보여주기보다는 대학들이 자체 설정한 요건을 충족시키는지 학생들을 검사하는 방식으로 이루어졌다'고 돌아보았다.

저는 고민을 거의 안 했었어요. 어쨌든 내가 부모님의 표현을 빌리면 이 사회에 쓰임이 있는, 쓰임이 되고 싶다는 정도의 생각이 있었는데, 과연 진로가 어떻게 될지도 몰랐고, 대학 입시도 크게 관심이 없었으니까 그냥 '아, 사회가 이렇고, 여기서 무슨 역할을 하고 싶다' 정도였지, 내가 무슨 대학교 어느 어느 과를 가서 뭐를 배워서 뭐가 되겠다고는 크게 고민을 (그때까지는) 안 해 봤어요.(F고등학교, 오산 소재 대학 진학자 하운재 2차 면담 내용)

C고등학교 김우람은 1학년 때는 진로에 대해 거의 인식하지 못했고, 2학년 때부터 선생님들의 권유를 받고 고민하기 시작했다.

1학년 때는 별생각 없이 다니다가 2학년부터 담임선생님이나 주변 선생님이 이제 조금씩 생각해 보라 해서 2, 3학년 동안은 계속 고민했어요.(C고등학교, 천안 소재 대학 진학자 김우람 2차 면담 내용)

C고등학교 나민희는 국제 금융 관련업을 하는 부친을 지켜보면서 그런 직업을 선망했지만, 부모는 그의 진로나 직업에 대하여 원하는 것을 하라고 할 뿐 구체적 권유는 하지 않았다. 그는 '꿈에 대해서는 큰 뭐가 없었고 고민도 없었던 상태로' 막연히 관련 학업을 할 수 있기를 원했지만, 내신성적으로 볼 때 원하는 대학을 선택할 여지가 줄어들자 진학 계획을 접었다.

어려서부터 하고 싶었던 것이 있어서 진로는 큰 고민을 하지 않았습니다. 진학은 어느 학교나 과에 대해 어떤 것이 제게 잘 맞을까 정도만 고민하고, 다른 친구들에 비해 고민은 조금 덜 한 것 같아요. 크게 부담은 없는 편이어서 큰 고민은 없었어요.(C고등학교, 비진학자 나민희 2차 면담 내용)

D고등학교 이국화도 진로에 대한 구체적인 고민 없이 학교 생활을 하다

가 대학 전형 일정이 가까워지는 것을 느끼면서 본격적으로 고심했다.

> 진로에 대한 고민은, 그러니까 꿈에 대한 고민은 별로 안 했고, 고등학교를
> 어디를 갈까를 일단 중점적으로 생각했어요. 대학교까지는 생각을 못 하
> 고, 고등학교 올라와서 대학 진학을 더 고민하게 되었어요.(D고등학교, 춘천
> 소재 대학 진학자 이국화 2차 면담 내용)

E고등학교 신경아는 2학년 후반에 입시에 대한 불안감을 느껴 학원을
찾게 되었고, 학원에서 자신의 성적으로 진학이 가능한 학과와 취업 전망
에 대해 알아보았다.

> 고2 때까지만 해도 진로 걱정 하나도 안 하고 있었고요. 그래서 입시 학원
> 도 남 이야기라고 생각해서 안 갔던 것이고, 2학년 후반 때 약간 불안감이
> 들어서 3학년 올라갔을 때 입시 학원 다니다가 이건 아닌 것 같아서 그만
> 뒀거든요. 취업이 잘 되는 과라든가 적성에 맞는 과도 생각해 보긴 했는데,
> 그보다는 합격 가능성이나 취업이 잘 되는가를 중심으로 (살펴)봤던 것 같
> 아요.(E고등학교, 용인 소재 대학 진학자 신경아 2차 면담 내용)

H고등학교 이현수는 대안교육 특성화고등학교에서 수업과 자율활동 등
을 충실히 했지만, 진로에 대한 고민은 3학년이 되어서야 시작한 경우였다.
그는 학교 생활 자체에는 매우 만족했지만, 대학을 중심으로 자신의 진로
를 택해야 하는 개인적 과제에 맞닥뜨려서는 막막해했다.

> 1, 2학년 때 학교 생활을 열심히 하다가 3학년 때 입시와 마주쳤습니다. 기

본적으로 학교 생활에 충실했다고 생각합니다. 좋아하는 학습 경험을 만들어 갔어요. 그러다가 갑자기 대학에 가야 할 것 같은 분위기에 접어들었습니다.(H고등학교, 비진학자 이현수 2차 면담 내용)

삶의 가치와 형편을 생각

학교에서 본격적으로 진로를 결정하는 시기 이전부터 삶의 가치나 방향을 정하고 있던 학생들은 진로 및 진학에 대하여 상세한 조건을 맞추는 데 진력했다. 반면 가정 형편 등의 사정으로 비진학을 결정한 학생들은 일반 고등학교에서 연계할 수 있는 직업교육 위탁과정을 택하거나 졸업 후 삶을 구상하는 데 주력했다.

A고등학교 장석호는 고등학교 이전부터 전통 건축에 관심을 가졌고 고등학교에 다니면서 그 분야로 대학을 가야겠다는 마음을 굳혔다. 그는 자신의 조건으로 어느 지역에 있는 대학에서 공부할 수 있을지 알아보는 데 많은 시간을 썼다.

연구자 진로나 진학에 대해 고등학교 때 어느 정도 고민했나요?

장석호 네. 우선 옛날부터 건축학과에 계속 꿈과 생각이 있었습니다. 이후 한옥이라는 것을 접하게 되어 전통 건축을 하면 어떨까 해서 여러 학교를 알아봤는데, 한국전통문화대학교라는 곳에 전통 건축학과가 있었습니다. 지금 다니는 대학교의 교수님이 전통 한옥을 한다는 것을 듣고 부모님 부담 덜어드리기 위해 국립대에 거의 다 넣었습니다.

(A고등학교, 충주 소재 대학 진학자 장석호 2차 면담 내용)

F고등학교 나혜주는 기자가 되겠다는 꿈을 오랫동안 확고하게 유지했지만, 입시가 다가올수록 반드시 대학에 가야 하는지 고심했다. 자신의 진로로 기자와 사회운동가 중 무엇을 선택할지 결단해야 했다.

진로에 대해서는 별로 고민이 없었는데, 아까 말씀드렸듯이 어렸을 때부터 기자가 되고 싶었고, 그 꿈이 명확하다고 생각됐기 때문에, 그렇기 때문에 별로 고민이 없었는데, 진학에 대해서는 조금 고민했어요. 대학을 가야 되나? 이 생각. 정치에 관심이 많고 사회에 관심이 많으니까, 그래서 운동가와 정규직 사이에 있는 교집합의 영역으로 할 수 있는 게 기자라고 생각했어요.(F고등학교, 서울 소재 대학 진학자 나혜주 2차 면담 내용)

F고등학교 박정선은 어느 대학을 갈 것인가보다 앞으로 무엇을 하며 살까를 더 고민했다. 대학에서 보낼 시간과 자신이 좋아하는 직업에 요구되는 능력을 비교해 보면서 학력(學歷)보다는 실력에 더 가치를 두었다.

대학이라는 게 어떤 분야에 뜻이 있고 해서 더 배우고 싶으면 간다고 생각하지, 그냥 무슨 간판 따러 (가는 경우도) 있잖아요, 그렇게는 시간 낭비하고 싶지 않았거든요. 제가 가(려)는 게 바리스타 쪽인데, 바리스타 쪽은 대학보다는 실력이나 자격증, 이런 게 더 중요시되는 것이라, 기본적으로 하고 싶은 게 바리스타라 더 그렇게 생각했던 것 같아요. 진학보다는 진로.(F고등학교, 비진학자 박정선 2차 면담 내용)

H고등학교 유하민은 '지금 살아가는 현재의 순간에 충실하라'는 가치를 중요시했고 그만큼 미래 진학을 위해 현재를 양보하기보다는 학교 생활에

서 찾을 수 있는 '공부다운 공부'의 즐거움을 누리고자 했다. 그리고 그렇게 하다 보면 자연스럽게 진로를 개척할 수 있다고 생각했다.

> 진로에 대한 고민을 좀 한 것 같은데. 아, 첫 질문을 받았을 때는 그렇게 고민하지 않았다고 생각했어요. 왜냐하면, 그때 '카르페 디엠'이다 해 가지고 현재에 집중하려고 해서 현재 제가 가진 과제라든지, 그때 해야 할 수업에 더 집중하려고 해서, 뭔가 미래에 대한 고민보다는 앞에 놓인 일을…. 꼭 진학이 아니라 진로일 수 있다. 그러니까 그런 생각을 했던 것 같아요.(H고등학교, 춘천 소재 대학 진학자 유하민 2차 면담 내용)

A고등학교 박한솔은 1학년부터 직업교육 위탁과정에 관심을 가지고 2학년 후반에 진학보다는 취업으로 방향을 택했다. 그는 A고등학교에 진학하기 전에 지역 내 공업고등학교에 진학하려 했으나 내신성적이 낮아 일반고등학교로 우회했고, 결국 직업적 경로로 들어섰다.

박한솔　네. 1학년 중후반부터요. 담임선생님이 말씀해 주셨거든요. 우리 학교는 3학년 되면 위탁시스템이 있다. 너희가 굳이 대학을 안 가도 된다, 취업하게끔 학교에서 도와준다, 그러니까 어느 길로 갈지 잘 생각해 보라고 하셔서.

연구자　자신이 선택하라는?

박한솔　네. 그래서 1학년 때는 생각을 조금 많이 하게 되었고, 2학년이 되어서는 3학년을 준비해야 하니까 2학년 수업 과정을 같이 하면서 담임선생님하고 상담도 했는데, 저는 2학년 때는 거의 취업의 길로 확정 지었죠.

연구자　한쪽을 결정해도 다른 한쪽에 대한 생각이 있는 것 아니에요?

박한솔　저는 확고했어요. 집안 사정상 제가 대학교 가면 등록금이 너무나 부담되어 학자금 대출이라는 것도 생각해 봤지만 그것도 나중에 대학 졸업하고 사회 나가면 갚아야 할 빚이 생기기 때문에, 대학 졸업하고 바로 취업이 된다는 보장이 확실하게 없어서 그냥 애초에 취업을 선택하게 되었죠. 대학은 깔끔하게 그냥 포기, 그러니까 정리한 상태였어요, 저는.

(A고등학교, 비진학자 박한솔 2차 면담 내용)

B고등학교 최기연은 학교에서 뒷받침해 주기 어려운 영화에 대한 관심을 키우면서 가정 형편을 생각하여 취업을 우선 고려하면서도 대학 진학에 대한 희망을 실현시켜 보려고 했다. 그러나 3학년 후반에 부친이 직장에서 면직되면서 대입 지원 과정을 끝까지 마무리하지 못하고 현실적 선택을 했다.

최기연 네. 그때는 그렇게 하자고 했는데 2학년 되고 학업이 재미가 없어지고―저번 주에는 말씀 안 드린 것 같은데―그때 개성 있는 영화들을 많이 보기 시작했어요. 초창기 영화라든지 프랑스 영화, 러시아 영화 이런 것 볼 때, 그때 다져지기 시작했던 것 같아요. 그러면서 학업에도 소홀하게 되고 그때부터 가세도 좀 많이 기울기 시작하고 그러니까 현장에 가자, 바로 대학이 아닌 현장을 가자고 생각했죠. 그리고 제가 2학년 때 틀이 갖춰졌다고 했잖아요. 그러니까 또 대학에 욕심이 생기더라고요. 그래 가지고 저번에 말씀드린 것처럼 바싹 공부도 했었는데 결국 수능 몇 주 전에 아버지가 회사에서 잘 못 되셔서 결국 대학을….

연구자 원치 않으셨는데 면직되신 거였네요?

최기연 네. 그래 가지고 가세가 기울어서 일을, 일을 바로 그냥 하게 된 거죠.

(B고등학교, 비진학자 최기연 2차 면담 내용)

대학은 당연히 가는 곳

고등학교 이후 진로를 생각함에 대학 진학을 당연한 경로로 간주한 학생들은 일찍부터 진학을 염두에 두고 필요한 준비를 했다. 그들은 대학 진학을 목표로 삼고 있었으므로 진학 정보와 자신의 진학 가능성을 결정하는 내신성적을 관리하며 교내 활동에도 적극적으로 참여했다. A고등학교 이정민은 고등학교를 마치고 대학에 가는 것은 당연한 순서로 여겼고, 어느 분야로 갈 것인가는 2학년 후반부터 구체화했다. 그의 실질적 고민은 대학 진학 여부가 아니라 자기 실력으로 대학에 가서 학과의 과정을 무난히 이수할 수 있을까에 모아졌다.

연구자 진로 진학에 대해 어느 정도 고민하셨는지 여쭙고 싶습니다.

이정민 제 경우는, 부담은 다른 고등학교 친구들과 비슷했던 것 같아요. '안 되면 어떡하지?', '뭐, 될 수 있을까?' 다른 고등학교 간 친구들하고도 만날 기회가 학원이라든지 독서실이라든지 좀 있었으니까, 그래서 거기서 그 친구들을 만나면서 얘기를 많이 했던 것 같아요, 그 점에 대해.

연구자 만날 수 있는 친구들과 관계를 유지하면서 얘기해 본 거예요?

이정민 네, 서로 정보도 공유하고, 이렇게 했던 것 같아요.

연구자 그래서 진로 진학에 대한 고민은 남이 하는 정도의 통상적인 수준이었어요? 아니면 나는 조금 더 고민한 건가요?

이정민 약간 그런 것도 있었어요. 혁신고등학교가 그렇게 학업성취도가 좋지는 않잖아요. 그래서 과연 제가 이렇게 대학을 갔을 때 '수업을 잘 따라갈 수 있을까?' 하는 고민도 있었던 것 같아요.

연구자 그게 마음에 남아 있으니까 공부를 더 하게 됐어요?

이정민   그렇죠. 그게 있었죠. 저도 그게 필요하다고 느꼈고, 다른 친구들을 보면 다른 학교에 있는, 훨씬 더 열심히 하는 친구들도 봤고, 그러니까.

(A고등학교, 서울 소재 대학 진학자 이정민 2차 면담 내용)

B고등학교 주민하는 초등학교 때부터 진로를 교직으로 생각하여 교육대학 진학을 마음에 두었고, 고등학교 입학 후부터는 구체적으로 어느 교육대학에 진학할지 저울질했다.

초등학교 때부터 장차 뭘 해야겠다고 생각하고 있었던 편이어서 다른 친구들보다는 진로랑 진학 면에서 엄청나게 큰 고민을 하진 않았던 것 같아요. 그래도 생각보다 수월하게 학교를 정하는 건 조금 힘들긴 했지만, 진로는 확실하게 정해져 있었어요. 고등학교 때 내가 가고 싶은 교대가 어느 대학교—명칭이 뭐, 뭐, 뭐구나 더 확실하게 알게 되었고.(B고등학교, 안양 소재 특수대학 진학자 주민하 2차 면담 내용)

G고등학교 황인하는 처음부터 대학 진학을 결심하고 일반고등학교에 입학했다. 그는 입시를 준비하는 동안 진학 정보를 얻기 위해 다양한 학과에 진학한 선배들의 경험과 이야기를 듣고자 적극 노력했다.

진학은 해야겠다고 생각해서 인문계를 간 이상 무조건 진학을 하겠다고 생각하며 고등학교에 다녔고, 진로 데이 때는 선후배들 간의 교류—이런 식으로 해서 다양한 과 선배들이 오고, 저희가 희망하는 과 선배들 강의를 들으러 가거나….(G고등학교, 충주 소재 대학 진학자 황인하 2차 면담 내용)

G고등학교 김지은은 진로에 대해 구체적인 계획이 있지 않은 시점에서도 대학은 의당 가야 하는 곳으로 인식했고, 진로를 계획하는 데는 대중매체의 영향이 컸다.

김지은　대학교요? 대학 가는 건 당연하다고 생각했고 학과는 정하지 못했는데, 매체의 역할이 컸던 것 같아요.

연구자　매체요?

김지은　네 지금 경영학과 다니고 있는데, 드라마나 그런데 보면 CEO 분들이 멋있어 보이니까 막연하게 1학년 때부터 경영학과 가고 싶다 그랬던 것 같아요. 집안에서는 법학과를 갔으면 했는데 얘기하다 보니까 법학과를 안 나와도 법 관련 분야에 종사할 수 있으니까. 제가 가고 싶은 학과를 밀어주셨죠.

(G고등학교, 서울 소재 대학 진학자 김지은 2차 면담 내용)

진로 계획,
어떻게 수립하고 변경했는가?

학생들은 선호하는 교과나 직업이 명확하거나 삶의 방향에 대해 새로운 결단을 내리는 경우 진로 계획을 비교적 일찍 구체적으로 세웠다. 그들의 진로 계획은 여러 요인에 의해 수정되었으나 그 계획의 종착점이 어디인지 판가름하는 데 가장 중요하게 작용하는 요인은 성적이었다.

선호성과 결단에서 출발

자신들이 선호하는 교과나 직업이 명확하거나 삶의 방향에 대한 새로운 결단을 내린 학생들은 진로 계획을 비교적 구체적으로 세웠다. D고등학교 이국화는 수학 교과에 대한 높은 흥미를 과학 계열 교과에까지 확장시켰다. 수학과 과학에 대한 선호가 강하여 사회 계열 교과인 사회와 한국사에 대한 흥미는 반감되었고, 결국 이과 계열을 선택했다.

> 수학 배우는 게 재미있었고, 또 1학년 담임선생님이 수학 선생님이셨거든요. 여자분인데 선생님이 너무 좋아서 그런 면도 있었고, 과학 같은 것도 과

학적인 원리, 이런 건 재미있는데 사회나 한국사, 이런 쪽은 외우는 게 많
다 보니까, 그런 쪽에 제가 좀 약해서 이과를 선택했습니다.(D고등학교, 춘천
소재 대학 진학자 이국화 2차 면담 내용)

B고등학교 주민하는 희망하던 초등학교 교사를 목표로 진학 가능한 대
학을 1학년부터 마음에 정했으나, 2~3학년 때는 내신성적이 다소 낮아져
자신의 조건을 분석하고 지원 범위를 일반 대학의 학과까지 확대했다.

교사가 될 수 있는 학교가 몇 개가 있는지, 뭐가 있는지, 그걸 구체적으로
알아볼 수 있는 시기가 일단 1학년이었고. 그러고 나서 2, 3학년 때쯤—2
학년 때가, 그때 성적이 좀 내려갔다고 했잖아요. 그래서 그때 생기부를 보
면서 '아, 내가 일반 대학 일반 학과 어디를 넣어야 합격할 수 있을까?' 생
기부를 분석해 보면서 일반 학과도 설정해 놓긴 했고요.(B고등학교, 안양 소
재 특수대학 진학자 주민하 2차 면담 내용)

C고등학교 김우람은 신소재공학과 진학에 대한 희망을 유지하면서 내신
성적과 생활기록부를 분석하여 진학 가능성이 높은 대학을 탐색했다.

신소재공학과를 선택하게 되고 나서 크게 바뀌지는 않았던 것 같아요. 주
어진 환경에 학교 성적이랑 내신이랑 학생부를 종합해 가지고 갈 수 있는
데를 정한 것이지, 제 생각이 크게 바뀌진 않았던 것 같아요.(C고등학교, 천
안 소재 대학 진학자 김우람 2차 면담 내용)

F고등학교 하운재는 사람과 관계에 대한 관심을 유지하면서 대학의 사

회 계열 학과로 진학 계획을 세우게 되었고, G고등학교 황인하는 심리학, 뇌과학, 생명과학 분야에 대한 관심을 유지하다가 진로 또한 관련 영역으로 연결했다.

> 사회 계열에 계속 관심을 가진 이유 중 하나가 어쨌든 나의 관계, 사람, 나의 사람들—이런 공동체에 대한 관심이 있었다는 것이거든요. 그런데 그런 관심이 있었어도 (혁신고등학교로 지정되지 않은) 일반고에 갔다면, 그래서 계속 성적으로 경쟁했다면 그런 마인드가 끝까지 유지될 수 있었을까, 진학에까지.(F고등학교, 오산 소재 대학 진학자 하운재 2차 면담 내용)

> 심리학, 뇌과학, 생명 쪽에 관심이 있었는데 원래 동물을 좋아해서 수의학으로 갔다가 환경 쪽으로 오게 되었죠. 그런데 생명, 환경, 동물에 다 관심이 있어서 1학년 때도 수의학과를 준비했지만 세 가지 다 준비했거든요. 그래서 종합전형으로 결국 환경을 쓸 수 있었던 것이고.(G고등학교, 충주 소재 대학 진학자 황인하 2차 면담 내용)

E고등학교 신경아는 만화가에 대한 꿈이 있었고, 이를 바탕으로 만화학과와 애니메이션학과에 대한 구체적인 진로 계획을 세웠다.

> 어렸을 때부터 만화가가 되고 싶었는데요. 만화학과가 그렇게 없는지 준비하면서 처음 알았어요. 그중에서도 보통 만화창작과는 별로 없고요. 애니메이션과가 엄청나게 많은데, 정말 유명한 데가 전문대인 ○○대 말고는 그냥 □□예대, 거긴 전문대이고, 다른 학교도 있는데 그 학교는 제가 넘보기 어려운 실기를 보았어요.(E고등학교, 용인 소재 대학 진학자 신경아 2차

면담 내용)

H고등학교 유하민은 대학 입시에서는 교육 분야 학과들을 지원했지만, 그 지점에 이르는 동안에는 정의로운 사회를 만드는 데 관여하는 사회운동가를 마음에 두고 진로를 고민했다.

> MBTI 검사 해봐도 '정의로운 사회운동가', 이쪽이 나왔거든요. 그래서 사람들하고 만나고, 새로운 방향을 설계해 보려는 제 성향에 맞는 쪽으로 진로를 계속 (생각)했던 것 같아요. 그 안에서 바뀐 것 같아요. 그 영역 안에서.(H고등학교, 춘천 소재 대학 진학자 유하민 2차 면담 내용)

A고등학교 박한솔은 최종적으로는 직업교육 위탁과정을 택했지만, 대학 진학을 염두에 두었을 때는 여행과 영어를 좋아하여 여행가이드에 대한 진로 계획을 세웠다.

연구자 고등학교 동안 희망하셨던 게 무엇인지 자료를 보니까 여행가이드, 통역사였고, 동아리는 영화 감상을 쓰셨네요?

(중략)

박한솔 저도 애초에 취업을 목적으로 두었지만, 대학에 간다고 했을 때 그 길도 생각을 해봤어요. 안 해본 것은 아니에요. 여행하는 것도 좋아하고—유럽 쪽이나 이런 곳도 가보고 싶어서, 영어도 좋아하니까 영어를 배우고 여행가이드를 해보자, 가이드는 일정한 회사에 소속되어 있으니까 일정한 수입이 있고 보람도 느끼리라 생각해서.

연구자 좋아하는 일이기도 하고, 수입을 얻을 수도 있고요?

박한솔 네. 그래서 만약에 대학에 간다고 하면 꿈은 여행가이드랑 통역사였어요.

(A고등학교, 비진학자 박한솔 2차 면담 내용)

　E고등학교 김하준은 세월호 참사라는 사건 이후 사회의 주류가 되는 일에 대해 다시 생각하게 되었고, 그것이 진로 수립에 큰 영향을 주었다. 그는, 대학 진학은 사회의 주류에 편입하는 것이고 비주류에 속한 약자들을 도외시하는 사회 구조를 지속시키는 데 편승하는 거라고 이해했고, 그러한 가치를 반영하여 비진학을 결심했다.

> 세월호 참사 이후 많은 고민과 많은 활동을 하고, 많은 사람을 만나고, 많은 현장에 가서 그들이 어떻게 살고 있는지 보고 나니까 고민이 많이 되기 시작했어요. 어쨌든 대학에 간다는 건 내가 사회의 어떤 주류에 편입한다는 걸 의미하는데 그것이 과연 옳은 일인가에 대해 굉장히 많이 고민했고요. 뭐, 옳지 않은 일이냐 물으면 옳지 않다고 확실하게 단정지을 수는 없지만, 적어도 저 스스로는 사회의 그런 주류가 되고 싶지는 않았어요. 그래서 고민하다가 그렇다면 대학을 가는 것은 어쩌면 약한 사람들이 계속 약한 사람들로 남아있을 수밖에 없는 구조에 편승하는 일이 될 수도 있겠구나 하는 생각이 들었고, 그래서 대학을 가지 않기로 했습니다.(E고등학교, 비진학자 김하준 2차 면담 내용)

　G고등학교 고재우도 빨리 사회 경험을 하고 싶고, 돈을 벌어 자립하고 싶다는 강한 의지를 바탕으로 1학년부터 수입을 얻을 수 있는 진로 계획을 세웠다.

사회 경험을 빨리 하고 싶었어요. 집에서 이렇게 돈을 주시지만, 부모님께 손 안 벌리고 고등학교 1학년 때부터 제가 번 돈으로 남 눈치 안 보고 뭔가 하고 싶다는, 그런 욕구가 강했었어요. 고등학교 1학년 때부터 '내 돈을 벌어서 인생을 살아 보고 싶다, 어떤 것인지' 생각했어요. 부모님도 허락하셔서 그때부터 돈을 벌었죠.(G고등학교, 비진학자 고재우 2차 면담 내용)

성적에 따라 수정되는 종착점

학생들이 뚜렷이 선호하는 과목이나 직업이 있든 그렇지 않든 학교 성적은 그들의 진로 계획에 영향을 주었고, 특히 그들이 도달할 수 있는 최종 지점을 결정해 주었다. C고등학교 소정현은 교육대학 진학을 희망했지만, 자신의 성적으로는 어렵다고 판단되자 그간 고려하지 않았던 유아교육과까지 포함시켜 진학 대상 학과 범위를 수정했다.

연구자　유아교육과를 가신 거잖아요. 고등학교 3년 동안 타급 학교 선생님이 되기로 할 수도 있었을 것 같은데, 유아교육으로 정한 과정을 설명해 주세요.

소정현　네. 사실 좀 슬픈 내용이긴 하지만. 초등학교를 원해서 1학년 때부터 교대를 희망했는데, 그러다가 성적이, 교대가 너무 힘들더라고요. 내신으로는 힘들고 해서 마지막에—유아교육은 사실 시야에 없던 직업이기도 했어요. 그러다가 3학년 때 성적에 맞춰 교대랑 유아교육과 두 과를 지망했던 것 같아요, 그래서.

연구자　교대도 지원하고, 유아교육과도 지원하셨고요?

소정현　네. 그런데 교대는 안 돼서 유아교육과로.

(C고등학교, 서울 소재 대학 진학자 소정현 2차 면담 내용)

A고등학교 장석호와 C고등학교 나민희는 2학년까지 자신의 학교 성적을 분석하고, 성적에 맞춰 입학할 수 있는 학과를 탐색하는 방향으로 진로 계획을 수정했다.

장석호　1학년 때는 우선 어디 학교를 가고 싶다, 그런 생각을 했어요. 구체적이진 않아도 서울에 있는 대학교 가고 싶다 그러고.

연구자　분야는 건축으로요?

장석호　네. 그런데 2학년 되니까 내신도 나오게 되고 (가늠해) 볼 수 있잖아요. 그래서 해보니까 될락말락해서 마음먹고 더 열심히 해야겠다 했는데도 조금 오르긴 했는데, 그래도 약간 모자란 느낌이 있어서 그때부터 약간 눈을 낮추기 시작했어요. 아예.

연구자　현실적인 지점으로요?

장석호　네. 최종 내신이 1.9였는데, 서울에 있는 대학들은 학업 수준이 지방 대학들보다는 높을 것 같았고, 제가 서울에 있는 대학에 간다 하더라도 영어로 수업을 한다든지 하면 따라갈 자신이 없었어요. 그래서 눈을 조금 낮추게 되었고. 그래서 2학년 때 정해진 것 같아요.

(A고등학교, 충주 소재 대학 진학자 장석호 2차 면담 내용)

나민희　우선 1, 2학년 때는 크게 생각을 안 해서 기준이 좀 더 높은 대학을 생각했던 것 같아요. 그런데 3학년 올라가면서 원하는 만큼 성적이 안 받쳐 주니까 학교가 조금씩 낮아지기도 했고, 성적도 조금씩 낮아지기도 했고요. 그래서 1학년 때보다는 3학년 때 목표가 조금 더 낮아진 것 같아요.

연구자　좀 더 구체적으로 이야기하면, 1, 2학년 때는 내가 어디 정도 갈 수 있겠다 (했는데), 막상 3학년 돼 보니까 어떠셨어요?

나민희 1학년 때는 서울권은 아니어도 수도권은 갈 수 있지 않을까 했고 그런 목

표가 있었는데, 3학년 되니까 그게 쉽지 않더라고요. 그래서 수도권은 안

되더라도 집에서 멀리 안 가려, 통학도 힘들어지고 하니까 웬만하면 밑

에 지방은 안 가고 수도권까지는 아니더라도 경기권에서 갈 수 있는 만큼

조금씩 바뀌긴 했어요. 성적 때문에.

(C고등학교, 비진학자 나민희 2차 면담 내용)

진로를
어떻게 구체화했는가?

혁신고등학교에서 학생들이 자신의 진로를 구체화한 방식은 네 가지로 파악되었다. 첫째, 교육과정에 포함된 특정 교과에 대한 적성을 발견하고 그분야로 계속 발전시키거나 개인적 관심사를 촉매 삼아 이후 진로와 연결했다. 둘째, 학교에서 제공하는 교과 수업과 체험활동에 참여하면서 자신들의 진로를 가시적 상태로 다듬어 갔다. 셋째, 주로 담임교사와 상담을 통하여 자신들이 생각한 진로에 대해 지지를 받으며 확신을 키웠다. 넷째, 대학 진학을 선택하지 않은 학생들의 경우 학교에서 직업교육 과정을 안내해 주더라도 결정은 스스로 했고, 학교에서 도움을 받을 수 없는 분야는 각자 스스로 정보를 찾고 준비했다.

교과 적성과 관심사의 촉매 작용

학생들이 선호하는 교과나 그들이 키워 온 관심사는 고등학교에서 계열을 정하거나 대입 전형을 위한 분야를 구체화하는 데 일차적 촉매로 작용했다. A고등학교 이정민은 좋아하는 교과와 활동들에 대한 분석을 기초로 진로 희망 분야를 항공우주 영역으로 정했다.

> 제가 좋아하는 것들을 묶어 봤어요. 운동하는 거 좋아하고, 뭐 수학 좋아
> 하고, 또 성격도 활발한 성격이니까, 밤에 별 같은 거 보는 것도 좋아하니
> 까, 그런 걸 묶어서 생각한 게 항공우주 그쪽.(A고등학교, 서울 소재 대학 진학
> 자 이정민 2차 면담 내용)

E고등학교 강선민은 사회보다는 수학과 과학 교과에 더 흥미를 느끼며
성적도 좋다고 판단하여 자연 계열을 선택했다.

> 1학년 때는 사회 과목도 괜찮았는데 앞으로 해야 할 것 생각하니까 외울
> 것도 정말 많고, 좀 하는데 많이 어려움을 느껴서, 그래도 수학이나 과학
> 쪽이 더 재미있어서.(E고등학교, 서울 소재 대학 진학자 강선민 2차 면담 내용)

F고등학교 하운재는 사회와 사람들의 공동체적 삶에 깊은 관심이 있었
고 학교에서도 사회 계열의 교과 수업을 좋아했는데, 그는 자신의 그러한
특성을 고려하여 사회 계열 학과 진학에 대한 결심을 굳혀 갔다.

> 사회 계열 수업, ○○○ 선생님 수업이 가장 좋았어요. 본래 사회를 좋아
> 해서 일단 관심이 있었으니까 좋기도 했고 질문할 수 있는 환경이니까요.
> 수업하면서 제가 좋아하는 선생님이다 보니까 계속 질문할 수 있고, 그런
> 게 보장됐고, 그런 게 전체적으로 다 어우러져서 특히 사회 계열이 좋았어
> 요.(F고등학교, 오산 소재 대학 진학자 하운재 2차 면담 내용)

하운재　네. 제가 하고 싶은 관심사를 진로와 일치되는 방식으로 생각했던 것 같고, 실제로 그쪽으로 간 것 같아요.

연구자　결정하는 과정에서 내신성적이나 수능 성적, 이런 것들은 어느 정도로 챙겨야 한다고 부담을 느꼈어요?

하운재　고려 사항은 아니었어요. 마구 경쟁적인 대학을 선택하지도 않았고, 정시로 성적 경쟁해서 가는 쪽을 택하지 않았기 때문에, 그런 것이 선행되어야 입시가 가능하다는 식의 부담을 갖지도 않았고, 큰 선결 조건이나 고려 사항이 되진 않았어요.

(F고등학교, 오산 소재 대학 진학자 하운재 2차 면담 내용)

H고등학교 유하민은 국어 선생님들로부터 영향을 받아 노동의 가치와 노동자들의 현실적 처우에 관심을 키웠고, 민간단체나 교육계에서 일해 보겠다고 진로를 구체화했다.

> 국어 선생님들의 영향을 많이 받았는데, 해주신 말씀 중에 기억에 남는 게 '직업에는 귀천이 없고 일하는 사람이 주인'이라고 해서 노동하는 사람들의 가치에 대해 많이 생각했던 것 같아요. 그 사람들이 제대로 처우 받지 못하는 현실과 사회 이슈들 같은 것을 접하면서, NPO(민간비영리 단체)나 NGO(비정부기구)에서 일하고 싶다는 생각이 고등학교 1학년 때 들었고, 그 다음에는 교육계에 종사하고 싶다는 생각이 들었어요.(H고등학교, 춘천 소재 대학 진학자 유하민 2차 면담 내용)

교과 공부와 체험을 통한 가시화

학생들은 학교에서 제공한 교과와 진로탐색활동에 참여하면서 자신들의 진로를 구체적인 상태로 가시화했다. D고등학교 구하영은 자신의 고등학교가 과학중점학교로서 제공한 교과들을 접하면서 자연스럽게 진로 결정에 도움을 받았다.

> 연구자 재능이나 흥미 따라 갔다고 하는데, 학교가 준 영향이 있었어요?
>
> 구하영 나를 믿었다고 봐야 할 것 같아요. 물론 제가 선택하긴 한 건데 학교에서 제공하는 코스가 있잖아요. 그 코스를 따라가다 보니까 화학을 많이 배우게 돼서, 그건 학교의 영향이었다고 생각해요.
>
> 연구자 과학중점학교가 아니었다면 힘들었을까요?
>
> 구하영 선택하기에 갈피를 못 잡지 않았을까요.
>
> 연구자 과학중점학교가 과학 과목을 거의 다 배우는 거죠?
>
> 구하영 과학중점학교에서 과학중점반은 아니었는데, 저는 화학 I, II 말고 심화화학, 고급화학이라는 걸 배웠습니다. 과학중점학교라서 그 과목이 있었다면 학교의 영향인 거고, 다른 학교에도 이런 게 있었다면—그건 잘 모르겠지만 다른 학교에 없다고 들었어요.
>
> (D고등학교, 서울 소재 대학 진학자 구하영 2차 면담 내용)

G고등학교 김지은은 TV 드라마를 통해 막연히 멋있다고 생각하면서 가졌던 경영자에 대한 동경을 학교에서 마련해 준 진로탐색활동들에 참여하면서 대학의 경영학과 지원 계획으로 구체화했다.

진로탐색, 이런 거 많이 하잖아요? 저는 경영학과가 모든 학문을 포괄할 수 있는 학과라고 생각해서, 그때도 장래 희망이 CEO였잖아요? 막연했지만 내가 여기 가면 나중에 어떤 진로를 정해도 유용하고 쓸 만하지 않을까 생각해서 경영학과로 정하게 되었어요.(G고등학교, 서울 소재 대학 진학자 김지은 2차 면담 내용)

H고등학교 박아경은 2학년 때 학교에서 운영한 인턴십 프로그램에 참여하면서 자신의 적성에 대해 생각해 보고 진로도 더 상세하게 설정했다.

고2 때 인턴십 프로그램을 1년에 걸쳐서 해요. 전문대 엑스포나 설명회, 이런 것들도 다 인턴십 기간에 이수 시간을 채우기 위해 했던 활동들인데, 그런 활동 하면서 내가 좋아하는 일이 무엇인지, 진로를 어떻게 해야 할 것인지 차츰 생각해 보게 되고, 3학년 때쯤 그런 활동들을 정리하면서 조금씩 구체화되지 않았나 싶어요.(H고등학교, 서울 소재 대학 진학자 박아경 2차 면담 내용)

상담을 통한 지지와 확신

일부 학생들은 진로 상담을 통하여 자신들이 설정한 잠정적 진로에 대해 지지를 받으면서 해당 진로에 점차 확신을 가졌다. 상담자는 주로 학생들에 대한 정보가 가장 많고 학급의 학생 지도에 일차적 책임이 있는 담임교사였다. B고등학교 주민하는 초등학교 교사로 진로를 설정하고 있었고, 1~3학년 담임교사들로부터 교직을 목표로 준비하는 것이 적합해 보인다는 지지를 받으면서 교육대학 진학을 목표로 정했다.

학년 담임선생님께서도 '너는 교사를 꿈꿔 왔는데 그 직업이랑 네 능력이 잘 맞는다'고 하셔서 그때부터 그냥 쭉, 다른 선생님들도—2, 3학년 선생님도 마찬가지로 '아, 얘는 교사 할 수 있겠구나, 능력도 성격도 잘 맞겠구나' 하셔서, 합격(여부) 측면에서도 좀 더 진로가 확실하니까 더 그렇게 자세하게 말할 수 있었던 것 같아요.(B고등학교, 안양 소재 특수대학 진학자 주민하 2차 면담 내용)

F고등학교 나혜주는 기자가 되려는 꿈이 있었는데, 교사들로부터 해당 직업에 필요한 정보를 듣고 글쓰기 능력에 대한 긍정적 평가도 받으면서 3학년 전까지는 자신의 목적지에 대해 의심하지 않았다.

가족들도 도움을 많이 주셨고요. 선생님들도 제가 기자 되고 싶어 하는 거 아셨고, 도움을 많이 주셨죠. 진짜 꿈꾸는 게 요리사여서 요리를 배워야 하는 그런 게 아니라, 기자라는 건 전반적인 지식이 있어야 하고, 생각하는 능력, 글 쓰는 능력이 있어야 하는데, 그런 부분들이 F고등학교에서 가장 많이 키워진 것 같아요.(F고등학교, 서울 소재 대학 진학자 나혜주 2차 면담 내용)

비진학, 주체적 판단과 개척

학생들 중에는 대학 진학을 선택하지 않고 자신들의 판단과 노력으로 진로를 구체화하면서 직업에까지 접근하려는 경우도 있었다. 학교에서 직업교육 위탁과정을 안내한 경우에도 대상자가 일부 정보에 의존하여 참여를 결정했고, 학교에서 도움을 제공할 수 없는 분야에서는 개별 학생이 독자적으로 판단하고 길을 개척했다. A고등학교 박한솔은 가정 형편을 생각하여 2학년 말부터는 취업에 대한 생각을 굳히면서 어느 경로를 택하여 무엇을 배울 것인지 고심했다.

> 2학년 끝날 무렵부터 취업을 목적으로 (생각하고 있다고) 하니까 어머니께서도 '그럼 우선 그쪽으로 가라, 가서 배워라'라고 하셨고, 배우고 나서 취업하기로 마무리를 지었죠. 어느 직장을 택해서 쭉 다닐 것인지 아닌지는 확실하게 말씀드릴 수 없지만 미리 생각해 두면 조금 뭐랄까, 학생 입장에서 조금 편해요.(A고등학교, 비진학자 박한솔 2차 면담 내용)

D고등학교 김정윤은 방송 분야로 진출할 꿈을 키웠지만 동아리활동을 하면서 잠시 회의를 느꼈다. 방송 분야로 대학을 택하기에는 성적이 맞지 않았고 다른 분야로는 준비되어 있지 않아 수시 진학을 포기한 후 관심과 적성을 다시 검토하기로 했다.

김정윤 현실적인 것도 있고, 성적이 안 되는 것도 있었지만, 그때 영상동아리를 했는데 책임감 때문에 스트레스를 너무 많이 받아서 영상 쪽에 조금 멀어지고 다시 한번 더 생각하게 되고.

(중략)

연구자 대학 진학을 접기로 하기까지 과정은 어땠어요?

김정윤 일단 꿈이 조금 흐려졌잖아요. 이제 뭘 해야 할지 모르겠는데 일단 대학 진학 여부를 정해야 하는 상황이 됐어요. 고3이니까. 대학 진학을 해야 하는데 그때까지 점수로는 수시밖에 쓸 수 없었고 정시를 준비 안 했거든요. 그런데 수시로 보면—벌써 그게 흐려졌는데—쓸 수 있는 것은 방송 쪽밖에 없으니까 조금 당황스럽더라고요. 뭔가 다른 것도 해보고 싶었는데 당장 대학 가려면, 그래도 어느 정도 가려고 했던 선으로 해서 넣으려면 엉뚱한 지방에 있는 곳을…. 그런데 먼 곳에 가고 싶지 않았거든요. 지방에 있는 곳을 가든가, 과를 이렇게 지킬 수 없는데 그렇게 확고하지 않은 것 가지고 대학을 가는 것도 잘 모르겠는 거예요. 그래서 부모님이랑 언니한 테 이런저런 얘기를 했죠. 내 성적은 이렇고 갈 수 있는 곳은 이런데 제대로 할지 모르겠고, 이게 적성에 맞는지 잘 모르겠다 했더니 부모님이랑 언니도 '그럼 천천히 생각해 봐라'고 했습니다. 그래서 해외 어학연수 갔다와서 다시 생각해서 학원 다니고, 또 그게 저랑 맞는 것 같아서 이렇게 일하고 있는 거죠.

(D고등학교, 비진학자 김정윤 2차 면담 내용)

F고등학교 박정선은 대학 진학에는 관심이 적었으나 그의 부모는 경찰이 되기를 권유했고, 주변에서 다수가 대학을 가는 상황에서 혼자만 거슬러 가는 것은 아닌지 불안하기도 했다. 그러나 앞으로 무엇을 하고 살아야 할지에 초점을 두며 자신이 원하고 잘할 수 있는 바리스타를 택했다.

연구자 인문계 고등학교에서는 진학을 많이 생각하는데, 보통 학생들과는 다른 결정을 하신 건데요.

박정선 저는 대학이라는 게 어떤 한 분야에 뜻이 있고 해서 더 배우고 싶으면 간 다고 생각하지, 그냥 간판 따러 가는 것 있잖아요, 그렇게는 시간 낭비하고 싶지 않았거든요. 제가 가는 게 바리스타 쪽인데, 이쪽은 대학보다는 실력이나 자격증, 이런 게 더 중시되는 거라서, 기본적으로 하고 싶은 게 바리스타라 더 그렇게 생각했던 것 같아요. 진학보다는 진로.

연구자 어떤 계기가 있었나요? 바리스타 쪽에 관심을 갖게 된?

박정선 앞으로 뭐 하고 살지, 뭐가 나한테 잘 맞고 내가 관심이 있을지 쭉 생각해
본 적이 있어요, 길게. 기본적으로는 제가 커피를 좋아하고, 바리스타를 하
면 다른 사람들에게 음식이나 음료를 만들어 주면서 결국은 휴식을 제공
하는 것이 되니까 보람 있고, 커피 만들면서 예술적 취향도 살릴 수 있다는
점을 생각한 거죠.

(F고등학교, 비진학자 박정선 2차 면담 내용)

G고등학교 고재우는 요리에 관심을 가지고 공부한 시기가 있었고, 음악
학원을 다니면서 예술적 재능을 시험해 보기도 했다. 그러나 외관을 멋스
럽게 가꾸는 일을 좋아하는 자신에게 미용 분야가 직업으로 더 적합하다
고 판단하여 3학년 때부터는 수업 후 학원에 다니며 공부했다.

이건 내가 진짜 잘할 수 있겠다, 열심히 해볼 만한 가치가 있다. 그러니까
여러 진로를 많이 생각해 보고 겪어 봤지만, 뭔가 안 겪어 봐도 잘할 수 있
는 것 같은 거예요. 제일 관심 있게 할 수 있을 것 같고. 그래 가지고 미용이
라는 직업을 가질 거라고 떳떳하게 부모님께 말씀드리고 고3 때부터 그쪽
을 공부하기 시작했죠.(G고등학교, 비진학자 고재우 2차 면담 내용)

진로를 향해 갈 준비는
어떻게 했는가?

학교 안에서 참여자들은 각기 교과 수업 활동과 창의적 체험활동을 중심으로 진로를 향한 고유의 이야기를 구성했다. 특히 학생부종합전형을 통하여 대학에 진학하려는 참여자들에게 교과 수업에서 토의·토론, 글쓰기, 모둠활동과 발표 등은 개인의 역량으로 기록될 수 있는 자원이 되었다. 창의적 체험활동으로 마련된 프로그램들도 참여자들의 진로 이행 과정에서 중요하게 쓰일 수 있는 자료들을 제공했다. 다만, 학교교육과정 운영의 종착점이 대학 진학 준비에 맞추어져 있어 진학예정자에 대하여 비진학 예정자들이, 서울 소재 대학 지원자들에 대하여 서울 외 지역 대학 지원자들이 각각 소외되었다. 혁신고등학교에서 비진학 예정자들이 활용할 수 있는 자원은 매우 빈약했다. 대학 진학예정자들에게는 교과 수업 활동과 다양한 체험활동이 진로 준비와 이행에 중요하게 작용했으나 비진학 예정자들에게는 그 의미가 크지 않았다.

학교 밖에서는 일부 참여자들이 입시 학원에서 자신들이 필요로 하는 교과 강좌를 수강하거나 입시 전형에 대한 상담을 받으면서 불안을 해소하고 비교 우위에 서고자 했다. 그리고 진로를 구체화하기 위해 학내 프로그램에서 얻은 정보를 실마리로 하여 체험을 확장시켜 가거나 진로와 취업에 필요한 체험을 개인적으로 찾아 시도했다. 특히 취업을 준비하는 참여자들은 취업과 직업 선정에 필요한 체험활동을 대부분 개인적으로 해결했다.

교과 수업 활동에서 자원 획득

교과 수업 내용과 방법에 포함된 다양한 활동은 참여자들이 표현 능력을 기르거나 적성을 탐색하거나 대학 입학 전형을 준비하는 데 유용하게 쓰였다.

F고등학교 나혜주는 한 학기 동안 논문을 쓰는 수업에 참여하면서 자신이 글쓰기에 흥미와 재능이 있다는 것을 알았고, 초등학교 이후 꿈꾸어 온 기자 직업에 대한 생각을 구체화하여 신문기자가 되면 좋겠다는 확신을 굳혔다.

> 일반사회 과목을 듣는 거였는데, 그래서 그때 일반사회 과목을 안 듣고 그 수업을 들었거든요. 자기가 관심 있는 주제에 대한 논문, 소논문을 쓰는 수업이었는데, 그때 선생님이 저한테 논문 너무 잘 쓴다고 해서, 저는 제가 똑똑한 줄 알았어요. 그때 그래 가지고 대학 가면 인생 필 줄 알았는데(웃음), 그때 그거 쓰면서 제가 글쓰기에 조금 재능 있는 것도 알았고, 진짜 관심 있는 분야가 있으면 파고들고 공부하려는 의지가 있다는 걸 깨달아서 '아, 대학 가고 대학원 가도 되겠다'는 생각을 했어요. 그 수업 진짜 좋았어요. (중략) 한 학기 동안 논문 하나 쓰는 거고, 그때 했던 주제가, 그때 국어 시간이, 국어 선생님이 수행평가 겸 애들 좀 흥미 있게 하려고,—정확한 명칭이 기억이 안 나는데—어떤 사회적 이슈 중에 하나씩을 본인이 가져와서

수업 시작 전에 10분 정도 짧게 발표하는 게 있었어요. 저는 사회나 정치에 관심이 많으니까 되게 흥미로운 거예요. 그게 우리나라에서 잘 안 하는 정치교육이라고 할까요? 그런 것 중 하나라고 생각해서, F고의 어떤 프로젝트를 통한 정치교육의 현황과 가능성, 뭐 이런 거에 대해 했는데, 진짜 재미있었어요.(F고등학교, 서울 소재 대학 진학자 나혜주 2차 면담 내용)

B고등학교 윤미래는 교과 수업에서 토론과 발표를 자주 하면서 자기표현 능력이 향상되었고, 입학 전형에서도 자기소개서 작성과 면접 준비에 도움이 되었다고 보았다.

혁신고등학교가 아무래도 토론이나 발표 같은 게 많잖아요. 그래서 진로 준비에 유리하다고 한 것은 뭐가 있냐면, 학생부종합전형이 늘고 있(었)으니까 그 전형에는 확실히 자기를 표현하는 능력이 필요하거든요. 면접전형도 물론이고. 그런데 토론 같은 경우에는 논술 능력도 향상시킬 수 있는 부분이잖아요. 그래서 자신의 생각, 견해나 그런 것을 말할 때 확실히 뭘 말해야 하고 뭘 말하면 안 되는지 조금 더 알고—다른 애들보다 다른 학교보다 조금 더 알고 갔던 것 같아요. 토론을 하도 많이 해서 그게 자소서와 면접에도 많이 도움이 된 것 같아요.(B고등학교, 천안 소재 대학 진학자 윤미래 2차 면담 내용)

F고등학교 하운재는 조별 수업을 하면서 토론하고 발표하는 훈련을 거듭하게 되어 다른 사람과 함께 또는 다른 사람 앞에서 말하는 데 자신감이 생겼고, 그러한 변화가 수시 면접에서도 긍정적으로 작용했다고 보았다.

혁신학교가 조별 수업을 많이 하잖아요. 혁신학교에서 모든 학생이—저도 그렇고—말을 잘하는 건 아닐지 모르지만, 말을 함에 두려움은 없습니다. 그래서 면접만 해도, 제 경험에서 말씀드리면, 말하기를 무서워하지 않고 말하는 것에 거부감이 없는 것만으로도 입시(면접)에서만큼은 매우 큰 장점으로 작용했다고 생각해요.(F고등학교, 오산 소재 대학 진학자 하운재 2차 면담 내용)

H고등학교 유하민은 학교에서 사유와 영감을 불러일으키는 교과들을 접할 수 있었고, 수업에서 자기 생각을 말로 표현하고 글로 담는 기회를 많이 활용하여 지적으로 성장할 수 있었다고 생각했다.

근데 저희 학교에 비춰 보면 시간이 충분한 것 같아요. 일단 저희가 생각할 수 있는 시간이 많고, 다른 학교와 다르게 야자가 있는 것도 아니고, 매일매일 문제집만 봐야 하는 것도 아니라서 이렇게 책을 보면서나 수업을 하면서 영감을 받을 수 있는 것이 많고, 계속 생각하게 돼서 그런 점에서는 시간적으로 여유가 있지 않나 생각이 들었어요. (중략) 뭔가 글 쓰는 걸 많이 했던 것 같아요. 자기 생각을 표현하고 글로 담아내고, 그러다 보니까 생각이 정리되는 게 많았던 것 같아요. 생각이라는 것도 해야지 느는 것 같고, 그것도 훈련이라는 생각이 드는데, 그럴 기회가 수업 곳곳에 있었던 것 같아요.(H고등학교, 춘천 소재 대학 진학자 유하민 2차 면담 내용)

H고등학교 이현수는 2학년 때부터 자신이 원하는 교과를 선택하여 공부할 수 있었고, 인턴십에도 참여하여 자신의 관심과 적성을 탐색하며 개인 고유의 특성을 찾아보게 되었다고 돌아보았다.

2학년 때는 선택 교과 수업이 시작되었고, 학점제가 시작되었습니다. 인턴십이 시작되면서, 개인적인 시간이 시작되었습니다. 친구들이 각자 개성을 찾아가는 시기였다고 볼 수 있죠.(H고등학교, 비진학자 이현수 2차 면담 내용)

체험활동 중심 스토리 구성

참여자들은 다양한 체험을 바탕으로 자신들이 어떤 노력과 경험으로 목표와 관련된 성장을 했는지에 대한 스토리를 만들었고, 그것을 수시 입학 전형에도 활용했다.

E고등학교 강선민은 자치법정과 창업 관련 가게 운영 경험을 인상 깊게 기억했고, 그런 활동들이 자기소개서 작성이나 면접에 도움이 되었다고 보았다.

교과 성적만으로 대학 입시나 이런 걸 준비하는 게 아니고, 이런 활동들을 통해 자소서도 쓸 수 있고 면접 보는 데도 도움이 된 것 같아요. 학생들끼리 자치법정, 이런 것도 하고 어떤 창업 계획 같은 것도 있어서 대회도 열고, 무슨 가게 같은 것—펀펀가게라고 해 가지고 사람들이 거기서 뭘 팔기도 하고.(E고등학교, 서울 소재 대학 진학자 강선민 2차 면담 내용)

H고등학교 박아경은 학교에서 장기간에 걸쳐 연극을 만들어 공연했고 자유로운 소모임과 동아리활동도 활발하게 했는데, 그런 경험이 도전과 실패에 대한 두려움을 줄여 주었고 이후 진로를 폭넓게 탐색하는 데 중요하게 작용했다고 보았다.

혁신학교라서 경험할 수 있는 다양한 교내 프로그램—실제로 ○○이라는 프로그램을 1학년 때 하는데요. 연극을 한 학기 동안 준비해서 올리는 건데, 그 프로그램 이후 연극배우를 진로로 잡은 학생들이 생겼고요. 야간 자율학습 등이 없어서 자율적으로 활용할 수 있는 시간이 많다는 점, 학생들이 하고 싶은 게 있으면 교사와 학교가 최대한 배려해 주고 맞춰 주고 지원해 주려고 한다는 점, 학교 프로그램들을 겪어 오면서 도전과 실패에 대한 두려움이 적어져서 뭔가 시도해 보고자 하면 마음에 맞는 주변 학생들을 모아서 함께 시도해볼 수 있다는 점, 그런 점들이 좋았던 것 같아요.(H고등학교, 서울 소재 대학 진학자 박아경 2차 면담 내용)

B고등학교 윤미래는 학교 밖 전문가와 연결되는 기회를 통해 진로 결정에 도움이 되는 자료들을 유용하게 활용했다. 같은 학교의 최기연도 영화 분야에 관심을 키우며 스스로 정보를 찾아보는 데 익숙해졌지만, 방송 전문가 초청 강의를 접하고 값진 정보를 얻었다.

우리 학교가 상담이나 프로그램, 그런 게 많았어요. 전문가 초청해서 하는 것도 있고, 그것 말고도 교내 활동 같은 경우에도 직접 동아리를 만들 수 있으니까, 그 동아리가 여행동아리면 여행 가서 다른 사람들을 만나잖아요. 거기서도 전문가를 만날 수 있고, 그렇게 인연이 되면 또 그렇게 연결되어서 자료 제공(받는 일)이 많았던 것 같아요.(B고등학교, 천안 소재 대학 진학자 윤미래 2차 면담 내용)

학교에서 작정하고 그쪽 분야에서도 전문가라고 불리는 사람들을 부른 적이 있는데, 방송국에서 감독직을 하는 분이 와서 알려준 적이 있어요, 문

화나 미디어에 대해. 나름 도움이 된 것 같습니다.(B고등학교, 비진학자 최기연 2차 면담 내용)

F고등학교 나혜주는 외부 초청 강의로 노동법에 대한 강의와 소설가의 강의가 인상 깊었다고 했고, 다른 학생들도 그런 기회들을 통하여 진로를 생각하고 결정하는 데 도움을 받았을 것으로 보았다.

○○○ 교수님, ○○○대에서 노동법 강의하시는 분이었는데, 그분 강의도 기억이 남고, 소설가 분 강의도 기억에 남습니다. 그런 걸 신청하면 들을 수 있어서, 본인이 의지가 있으면 이렇게 들으면서 여러모로 탐색할 수 있었다고 생각합니다. 제 친구들을 보면, 그때 고등학교 때 꿈이 생긴 친구들도 있고, 아직도 고민하고 방황하는 친구들도 있지만, 어떤 방식으로든 영향을 받지 않았을까요?(F고등학교, 서울 소재 대학 진학자 나혜주 2차 면담 내용)

D고등학교 이국화는 다양한 과학 실험과 관련 활동을 펼쳤던 과학동아리 운영과 10여 명의 학생들이 함께 계획을 세워 실행한 기행 프로그램이 대학 입학을 위한 학생부종합전형의 좋은 자원이 되었다고 보았다.

과학 실험동아리에 들어갔는데, 실험하는 것 자체가 과학적인 내용만으로 하는 게 아니라 과학 분야에서도 다양한 것을 접목시켜서 했습니다. 그리고 과학동아리라 해서 되게 지루할 것 같았는데 그게 아니라 조별 실험도 하고—저희는 해부도 했거든요. 우리 학교는 이런 활동을 조금 많이 하는 편이라고 생각합니다. 그런데 이 활동이 학생이 주도하게 하는 단체 활동이어서, 그런 점에서는 학생부종합전형이 적합했다고 생각해요. 예를 들면

1학년 때 통합기행이라는 것을 가는데, 학생들이 자율적으로 10~12명 정도 꾸린 다음 주제를 정하는 거예요. 예를 들어 역사 쪽으로 주제를 잡고 싶으면 역사 관련된 장소를 방문해서 이러이런 것을 배우고 느끼고 오겠다는(내용의), 계획서를 가기 전에 제출해야 하거든요.(D고등학교, 춘천 소재 대학 진학자 이국화 2차 면담 내용)

A고등학교 장석호는 학교에서 실시한 기행 프로그램에 참여하여 자신이 관심 있던 직업뿐만 아니라 친구들이 선호하는 직업에 대해서도 체험할 수 있었던 점을 높게 평가했다. 그의 학교에서는 기행 프로그램을 주제가 있는 여행, 직업 체험 그리고 대학 학과 체험 중심으로 운영했다.

○○체험 같은 것을 대학의 학과(체험 중심) 분야로는 안 가기는 했는데, 그리고 제(가 원하는) 직업뿐만 아니라 다른 친구들 희망 직업도 있잖아요. 그래서 이것도 조율하다 보니까 안 가고 싶은 곳도, 가게 되더라고요.(A고등학교, 충주 소재 대학 진학자 장석호 2차 면담 내용)

G고등학교 황인하는 교과 공부와 성적을 유지하는 데 신경을 많이 썼지만 동아리활동에도 관심을 가지고 자신과 친구들의 공동 학습을 도모했고, 생활기록부의 실적도 관리하고자 했다.

황인하 2학년 때는 '자율동아리라는 것을 개설할 수 있대'라는 말을 듣고서 '그럼 개설해야겠다, 모여라! 하고 싶은 사람' 해서 좀 괜찮은 친구들 콕콕 짚어서 '같이 할래? 내가 잘할게, 내가 이끌어 줄게' 하면서 모았고, 3학년 때는 이과 친구들 중에 좀 잘하는 친구들 이렇게 뽑아 가지고.

연구자	'아이디어나 스케줄 내가 다 짤게' 이렇게 해 가지고요? 사실 그 친구들에
	게는 되게 도움이 되는 거죠?
(중략)	
황인하	제가 자율동아리를 만들었는데, 2학년 때 만든 것이 독서 토론동아리였
	고 3학년 때 것은 실험을 하는 생명과학동아리였습니다. 3학년 때 동아리
	가 조금 아쉬웠던 게, 저는 장기 프로젝트를 진행하고 싶었는데, 그러니까
	프로젝트는 진행했어요. 다 같이 하는 프로젝트를 진행하고 '방학 때 각
	자 프로젝트를 하자'가 된 거예요. 3학년 것은 1학기밖에 안 들어가니까.

(G고등학교, 충주 소재 대학 진학자 황인하 2차 면담 내용)

대학 진학 여부와 대학의 수준에 따른 소외

혁신고등학교에서 3년간 생활하는 동안 일부 학생들은 진로의 방향과 내용에 따라 소외를 경험했다. 진학예정자들이 다수인 교실에서 비진학 예정자들이 같은 경험을 공유하지 못했고, 진학예정자들 사이에서도 서울 소재 대학 진학예정자에 대하여 서울 외 지역 대학 진학예정자들이 그런 위치에 있었다.

혁신고등학교에서 대다수의 3학년 학생들은 대학 진학 여부를 확정하지 않은 상태에서도 수학능력시험을 보고 입학 원서 쓰는 것을 이상하게 여기지 않았다. 비진학자들 중에도 수학능력시험 공부를 하고 대학 입학 원서를 접수하여 면접에 참여한 경우도 있었다. 그러나 3학년 이전에 비진학을 결정한 학생들의 입장에서는 학교교육과정을 통해 진로를 준비하기에는 부족했다.

고등학교 교실에서 행해지는 일반 교과는 물론이고 진로 교과 수업에서도 학생들을 진학예정자로 우선 간주했다.

> 지금 생각해 보면 형평성 있게 되진 않았던 것 같아요. 진로 수업이 있는데
> 도 들어가면 당연히 '너희들은 진학하겠다'는 것을 염두에 두고 수업을 이
> 끄셨고, 대학 안 갈 사람이 있는지 또는 얼마나 되는지 물어보는 질문은
> 없었던 것 같아요. '당연히 너희들은 대학을 간다'는 전제하에 모든 것을
> 진행했던 것 같아요.(C고등학교, 서울 소재 대학 진학자 소정현 2차 면담 내용)

G고등학교에서 고재우는 결석이나 지각하지 않고 학교에서 정한 규율
은 모두 지키는 성실성을 보였지만 학년이 올라갈수록 교과 수업에 흥미를
잃어 교사들의 묵인하에 잠을 자거나 관심이 가는 책을 보았다.

> 선생님 혼자서, 몇 명을 포기한다기보다는 수업 듣는 애들, 걔네들을 중심
> 으로 가르치고 나머지 애들한테는 '너네 어차피 집중하기 어려우니까 너
> 네랑 관련된 진로에 관한 책을 보든가 조용히 해라. 피곤하면 잘 사람은
> 자. 그 대신 나중에 내 수업에 대해 원망하지 마라', 이런 식으로 말씀하셨
> 죠.(G고등학교, 비진학자 고재우 2차 면담 내용)

진학예정자들은, 수업을 듣지 않고 자는 학생들을 수차례 깨우는 교사
들이 있었고 3학년에 가면 취업 준비를 위하여 직업교육 위탁과정도 열어
주므로 학교에서 비진학 예정자들을 어느 정도는 배려했다고 인식했다.

장석호 우선 비진학자 친구들은 거의 대부분 자거든요. 교실에서. 처음에는 선생
님들이 깨우거나 했는데 선생님들도 힘드시니까 몇 번 깨우다 보면 지치셔

서 안 깨우고 그대로 수업하거나 그러시거든요. 그런데 이런 것에 대해서는 형평성이 조금 있다고 생각하는 게, 그래도 선생님들은 이 친구들이 같이 참여하게 노력은 하셨으니까요. 그리고 나중에 진학 안 하는 친구들을 위해 교육기관에 맡기기도 해서, 잠만 자는 친구들한테 뭘 조금 더 해줄 수 있을까 고민도 하시는 거니까.

연구자 직업교육 프로그램?

장석호 네. 그래서 학교 다니는 게 의미가 있게 만들어 주셨던 것 같아요.

연구자 대학 진학을 준비하는 입장에서 보면, 수업시간에 잠자는 친구들이 어떻게 느껴졌어요?

장석호 제 친구들이어서 그런 건지는 몰라도 걱정되기도 했고, '나중에 가서 뭐할까?' 그런 생각도 들고 그랬는데, 지금 보니까 다들 잘살고 있더라고요.

(A고등학교, 충주 소재 대학 진학자 장석호 2차 면담 내용)

학교에서 진학예정자들은 비진학 예정자들에 비해 다른 사람들을 걱정시키지 않고 이후에 무엇을 할 것인가도 한두 가지는 생각해 놓았으므로 제 할 일을 하는 학생들로 간주되었다. 그러나 E고등학교 신경아는 진학예정자들 사이에서도 유명 대학이나 인서울 대학 지원자들에 비해 그 외 지역 대학 진학자들은 교사들로부터 밀착된 지원을 받지 못했다고 지적했다.

신경아 제가 느끼기엔 비진학 예정자에게는 (학교에서) 아예 관심이 없었고요. 진학예정자 중에서도 상위 학교, 유명한 학교, 인서울 학교 친구들에게만 진로 선생님들이 진로(지도)를 해주셨고요. 제가 도움받은 것은 면접 보는 친구들 모아 가지고 한 번 예행연습, 그것밖에 없는 것 같아요.

연구자 그 예행연습은 어땠나요?

신경아	실전에서 도움이 안 됐어요.
연구자	어떤 점에서요?
신경아	실전이랑 너무 달랐어요. 질문도 그렇고. 네. 역시 질문하는 점이, 제가 준비한 것을 보고 말했을 때 선생님들은 '와, 대단하다'며 박수쳐 주셨는데, 실제 면접에서는 '얘 뭐지?' 하는 분위기였어요. 예상하지 못한 질문도 많았고요.

(E고등학교, 용인 소재 대학 진학자 신경아 2차 면담 내용)

입시 학원을 통한 불안 해소

학교에서 이루어지는 입시 지도에 불만족하거나 불안하다고 느낀 학생들은 입시 학원으로 가서 도움을 받았다. 다수 학생이 국어, 영어, 수학 등 주요 교과의 내용을 공부하기 위해 학원에 다녔고, 일부는 입시 전형에 대한 전문적 상담을 받기 위해 학원을 찾았다. A고등학교 이정민은 평소 학교에서 교사들에게 교과 공부에 대해 개별 또는 스터디그룹 형태로 추가 지도와 도움을 많이 요청했음에도 2학년 때까지 학원에 다니면서 필요한 강의를 듣고 '전문적' 입시 상담도 받았다.

> 학원에서 선생님들께 상담을 많이 했다고 해야 하나, 학교는 선생님 한 분이 커버해야 하는 아이들이 좀 많잖아요? 학원은 저희가 기본 자료를 드리면 그에 맞춰서 꼼꼼하게 전문적으로 (상담해 주셨습니다.) 학원 선생님들은 경험이 있으시잖아요.(A고등학교, 서울 소재 대학 진학자 이정민 2차 면담 내용)

D고등학교 구하영은 영어와 수학 수업을 잘 따라가기 위해 학원에 다녔고, 학원 수업에서는 학교에서와는 달리 모르는 것을 마음 편하게 질문할 수 있었다. 학원에서는 수강료를 지불하므로 학교에서와 달리 또래들의 시간이나 교사의 수업 계획을 방해할까 봐 눈치볼 필요가 없었고, 자신의 지식수준이 노출될까 봐 신경 쓸 필요도 없었다.

연구자	영어는 좀 다녔고 수학 같은 경우는 도움을 많이 받았다고 했는데, 학교 수업에 비해 어떤 면에서 도움을 받은 거예요?
구하영	제 마음가짐이 문제가 있었던 게, '학원은 제가 못하니까 다니는 것이다', 이래서 저는 지쳐도 별로 상관없고, 오히려 질문 더 많이 하고, '같은 시간을 더 효율적으로 쓴다'—이런 게 더 재미있었어요. (중략) 학교는 오히려 같은 걸 질문해도 '나는 뒤처지고 있다'는 느낌이 들고 해서 수학 시간이 계속 불안했고, 1학년 때 다른 친구들이랑 계속 비교한 것 같아요, 저 스스로. 학교에서는 계속 스트레스를 받고.
연구자	학원에서는 질문하는 게 스트레스 요인이 아니었던 거죠?
구하영	오히려 잘하고 있다는 생각을 했어요.
(중략)	
구하영	네. 학교에서는 제가 모르는 게 너무 많은데 저 혼자 다 질문할 수도 없고. 일대 다수인 거죠. 그리고 선생님께 계속 질문하면 제가 너무 모르는 게 많은 학생이라고 이미지화시키기 싫었어요. 선생님이 생각하는 진도에서도 많이 어긋날 거고, 수업이 늦게 끝나면 애들이 싫어하고,
연구자	방과후 보충수업도 있었잖아요?
구하영	네. 그건 저도 들었어요. 그때가 제일 스트레스가 심했어요.

(D고등학교, 서울 소재 대학 진학자 구하영 2차 면담 내용)

D고등학교 이국화는 자신의 진로와 관련하여 담임교사로부터 의견을 가장 많이 들었지만 동시에 학원 교사들에게서도 정보를 얻어, 판단 근거를 최대한 확보하고자 했다. 그리고 자기 친구로부터 전문 기관을 찾아가 입시 상담을 받은 사실을 접하고는 진로를 확고히 하지 못했을 때는 돈을 내고 체계적으로 상담받는 것도 좋다고 생각했다.

이국화	저는 제가 다닌 학원 선생님들께 도움을 많이 받았어요.
연구자	어떤 학원이었어요?
이국화	수학이랑 과학을 같이 하는 학원이었는데.
연구자	전문 학원. 수학, 과학 전문 학원?
이국화	네. 그런 학원이었는데, 과학 선생님이 학생들을 대학에 많이 보냈더라고요. 그래서 그런 쪽 관련해서도 설명을 많이 들었고, 또 어디어디 갔다더라는 말을 많이 들었죠. 수학 선생님도, 아, 그 과학 학원에 여자 실장님이 계셨거든요, 그 선생님이 간간이 왔다갔다하시면서 학생들이 준비 잘하고 있는지—대학 입시 관련해서 어떠어떠한 서류들이 필요하고 자소서는 어떻게 쓰고 있는지—이런 것도 많이 봐주셨어요.
(중략)	
연구자	혹시 주변에 돈을 지불하고 상담받는 친구들 본 적 있어요?
이국화	네. 한 친구는 학원이랑 담임선생님, 이런 쪽 말고 아예 전문적으로 입시 상담하는 곳을 찾아가서 자기 성적에 맞는 학교들이랑 관심 있는 학과라든가, 이런 것을 종합적으로 상담을 받았다고 한 것이 기억나요.

(D고등학교, 춘천 소재 대학 진학자 이국화 2차 면담 내용)

G고등학교 김지은은 학교에서 교사의 입시 지도가 내신성적 자료에 의

존하여 단편적으로 이루어진다고 판단하여 지역의 입시 전문 컨설팅 학원을 이용했으나 효과를 보지 못했다. 그는 다음 해 입시에서는 서울 학원가 소재 컨설팅 학원에서 체계적 지도를 받았고, 이후 서울 소재 대학에 합격한 다음 그 가치를 인정했다. 그는 동일한 생활기록부를 활용했지만 1차 때는 불합격하고 2차 때는 합격한 이유가 대학들의 입시 전형 방식과 입시생의 조건을 면밀히 분석하여 처방을 내려 준 컨설턴트의 전문성에 있다고 보았다.

김지은　3학년 때는 (지역에 있는) 컨설팅 학원에 갔어요. 1, 2학년 때 다닌 적은 없고, 중구난방으로 제가 하고 싶은 거 다 했으니까 정리가 안 된 느낌이어서 저를 딱 보니까 보이는 거예요. '뭘 많이 하긴 했는데 뭐가 없네' 하는 느낌.

연구자　맥이 안 잡히는 거죠?

김지은　예. 학원 선생님이 추천해 주신 대로 (원서를) 썼어요. 그런데 다 실패했어요. 재수 때는 서울 컨설팅 학원에 갔어요. 그랬더니 딱 해주시더라고요. 이 정도 쓰면, 어떻게 방향 잡아서 가면 될 것 같다. 자소서도 어떻게 쓸지 아이디어를 잡아 주고. 거긴 싸그리 모아 가지고 다….

연구자　정밀하게?

(중략)

김지은　일단 생기부를 보내요. 상담 전에 보내 놓으면 1, 2, 3학년 주요활동, 딱 딱 딱 3개 정도씩 뽑아 놓고 어떻게 그림을 그릴 건지, 제 생기부의 강점 약점 그런 걸 다 (지적)해주고, 대학도 다 뽑아 놓아요. 아니면 선호하는 대학이나 학과가 있나 물어보고, 그렇게 해 놓고. 가서 상담하면서 저한테 이야기를 이끌어 내요. 그러고 나서 자소서를 쓰고 그랬던 것 같아요.

(G고등학교, 서울 소재 대학 진학자 김지은 2차 면담 내용)

일부 학생들은 입시 학원을 이용하여 학교 성적 향상을 꾀하고 입학 전형에 대한 정보를 더 얻고자 했지만, 그러한 노력이 효과적이었는지에 의문을 제기했다. E고등학교 신경아는 2학년 때까지 주 3회 정도 학원에 다니면서 내신성적을 잘 받으려고 노력했지만, 3학년 때 스스로 공부해 본 결과 학원 수강이 학교 성적 향상에 큰 영향을 주지 못했다고 판단했다.

연구자 그럴 수 있겠네요. 그러면 사교육을 얼마나 활용했습니까?

신경아 음. 사교육. 학원비 많이 썼죠.

연구자 학원은 아까 말씀하신 내신 관련해서?

신경아 네. 내신에 많이 했고, 입시는 1년도 안 했고요. 사교육은 2년 가까이 계속 갔다가 중간에 끊고 3학년 때 안 한 것 생각하면 2년 정도. 그런데 사교육이 도움이 될까요?

연구자 무슨 뜻인가요?

신경아 공부, 돈 내고 자리에서 누군가 가르쳐 준다는 것은 괜찮은데, 그때 성적이랑 제가 EBS 보면서 혼자 했을 때랑 성적이 비슷해요. 결과적으로는 비슷했어요.

(E고등학교, 용인 소재 대학 진학자 신경아 2차 면담 내용)

스스로 찾아서 체험

참여자들은 진로를 구체화하기 위해 학교에서 제공하는 프로그램에서 얻은 정보를 출발점으로 하여 필요한 체험을 확장시켜 가거나, 진로와 취업에 필요한 체험활동을 개인적으로 시도했다. H고등학교 박아경은 학교에 개설되었던 기업가정신(앙트프레너십) 수업에서 소개된 외부 활동에 관심을 갖고 적극 체험했다.

> 특별한 교과 수업을 한번 들어보긴 했는데 그게 인턴십이라는, 아, 인턴십
> 이 아니다, 앙트프레너십이라는 수업이었어요. 그 수업 하면서 선생님께서
> 어떤 활동들, 외부 활동들을 소개해 주셔서 가보기도 하고 그랬던 것 같아
> 요.(H고등학교, 서울 소재 대학 진학자 박아경 2차 면담 내용)

C고등학교 나민희는 부친의 국제 금융 관련 사업에 자신도 참여하기를
원하여 평소 업무 내용을 유심히 파악하고 집에서 간단한 문서 정리 등을
도왔다. 수도권 소재 대학 진학 계획은 실현시키지 못했지만, 학교에서 외
부와 연결하여 운영한 진로 프로그램에서 부친 사업과 관련된 영역들을
염두에 두고 적극 활동했다.

> 연구자 　외부 인사나 기관과 연결된 진로 프로그램에서는 어떤 것을 했나요?
> 나민희 　경제 쪽도 가서 본 적 있고, 아빠가 하시는 일 중에 영어가 필요한 경우도
> 　　　　있어서 영어 관련된 것도 살펴보았어요. 제가 도울 수 있는 부분—컴퓨터
> 　　　　가 있으면 그쪽으로도 한 번씩 보고, 컴퓨터를 좀 더 잘 다루면 자료를 찾
> 　　　　거나 문서 정리할 때 편해서 그것도 본 적이 있고, 영어나 경제, 그쪽으로
> 　　　　봤던 것 같아요.
>
> 　　　　　　　　　　　　　　　　　　　(C고등학교, 비진학자 나민희 2차 면담 내용)

B고등학교 윤미래는 개인적인 봉사활동 외에 청소년 수련관 활동과 캠
페인 활동, 그리고 장애인 인식 개선 부스 운영 참여 등을 통하여 자신의
진로와 관련된 경험을 쌓았다.

개인적으로 가서 봉사도 몇 번씩 했거든요. 그런데 학생이 학교 밖 활동에서 할 수 있는 게 저번에도 말했듯이 청소년 수련관에서 뭔가 할 수 있고, 캠페인 활동을 참여할 수 있고…. 저는 학교 내에서 동아리도 한다, 뭐도 한다 해서 그런 시간이 부족했어요. 그래서 그렇게 막 참여는 안 했고, 개인적으로 가서 부스 운영이라든가, 장애인 인식 개선 부스 운영이라든가 하는 것을 조금 했던 것 같아요.(B고등학교, 천안 소재 대학 진학자 윤미래 2차 면담 내용)

C고등학교 김우람은 입학 전형을 준비하면서 관심 있는 대학의 학과를 방문하여 상담하면서 합격 가능성을 가늠해 보았고, 학업 과정에 대한 정보도 알아보았다.

대학의 과에 찾아가서 물어봤어요. 그때 교수님 한 분이랑 조교 한 분이 있었는데, 성적을 보여주면서 여기 합격할 수 있는지, 여기 와서 무얼 배우는지 등에 대한 상담 기간이 있더라고요. 고등학생들이 입시 기간에 와서 상담해도 된다는 공지를 보고 가서 물어봤어요. 실제로 제 내신성적으로 합격할 수 있는지, 학생부 자기소개서는 어떻게 써야 하는지, 입학했더라도 적성이 안 맞으면 재수나 반수를 해서 다른 학교에 가야 하는데 그것도 걱정되고, 그래서 먼저 가서 알아본 것 같아요.(C고등학교, 천안 소재 대학 진학자 김우람 2차 면담 내용)

A고등학교 장석호도 전통 건축에 대한 관심을 대학 진학으로 연결시키기 위해 마음에 두었던 대학의 학과 체험 행사에 찾아가 학과에서 무엇을 어떻게 공부하는지 알아보았다.

| 장석호 | ○○○○대학교에 학과체험을 하려고 갔는데, 거긴 한옥에서 공포(栱包) 만들기, 그런 게 있었거든요. |

| 연구자 | 공포라 하면? |

| 장석호 | 나무를 깎아서 처마 아래에 짜 맞추거나, 그러기 위해 만드는 긴 막대 같은 건데, 그러니까 '이 학과에 오면 이런 것을 하는구나'를 어느 정도 알 수 있었어요. |

| 연구자 | 감을 잡을 수 있었어요? |

| 장석호 | 네. |

| 연구자 | 그러면 그런 것들을 사전에 보고 듣고 체험하는 것을 굉장히 중요하게 여겼어요? |

| 장석호 | 네. 그런데 학교에서 이 정보를 얻어서 간 게 아니라 제가 알아봐서 간 것이거든요. |

| 연구자 | 혼자 갔어요? |

| 장석호 | 네. 다른 친구들도 다 혼자 왔더라고요. 거기서 하룻밤 자고 오고 그랬어요. |

(A고등학교, 충주 소재 대학 진학자 장석호 2차 면담 내용)

비진학 예정자들에게는 취업이나 직업 선택에 필요한 체험활동이 꼭 필요했지만, 학교 또는 위탁교육기관에서는 개인별 요구에 적합한 지원 과정을 마련하고 있지 못했다. A고등학교 박한솔은 직업교육 위탁과정에서 학습한 조경 실무를 방학 기간에 삼촌의 도움으로 체험했다.

우선 조경이 뭔지 알아야 해서 방학 때 저희 삼촌 일을 2, 3일 정도 따라간 적이 있어요. 지방에서 하셨거든요. 식물 종류를 알아야 해요. 어떤 돌을 사용할지도 알아야 하고. 도면 그릴 때 제일 중요한 게 간격이랑 규격 같은, 그런 걸 좀 더 염두에 두고 해야 하는데, 거기서 처음 배운 것은, 다른 교수님이 완성된 도면을 주신 것을 보고 그리는 거예요.(A고등학교, 비진학자 박한솔 2차 면담 내용)

E고등학교 김하준은 세월호 참사 이후 우리나라 교육시스템에 대한 문제의식을 가지고 3학년이 될 무렵 부모와 담임교사에게 비진학 의사를 알린 후 1년간 직업 선택과 사회 문제 해결을 위한 참여 방법을 스스로 탐색했다. 그는 시민단체에 가입하여 사회적 문제에 대하여 목소리를 내고자 평일 학교 수업을 마치고 서울을 오갔다.

김하준 대학에 안 가는 것을 계속 생각하고 말하고 그랬는데, 어떻게 해야 할지 잘 모르겠다고 하면 주변에서는 들어 주고, 같이 얘기하는 식이었는데요. 크게 도움이 되는 조언은 없었던 것 같아요.

(중략)

김하준 학교 밖, 오히려 저는 학교 밖 활동에 더 집중했던 것 같아요.

연구자 예를 들면?

김하준 그런, 거의 매일 학교 끝나자마자 서울로 직행하는 버스 타고 갔다가 막차 타고 내려오고 그랬거든요.

연구자 학기 중인데도요?

김하준 네, 시간 될 때마다 계속 (한 시민단체에 가서) 활동했고, 그러다 보니까 훨씬 더 집중했던 것 같아요.

(E고등학교, 비진학자 김하준 2차 면담 내용)

F고등학교 박정선은 바리스타 직업에 도전하기로 결심한 후 대학 진학까

지는 필요하지 않다고 판단했고, 관련 직업과 업무에 대한 정보를 카페에서 일하는 친구나 서적을 통해 간접적으로 얻었다.

> 이것저것 찾아보기도 하고, 주위에 고2 때부터 카페 다니면서 커피 하는 애들 얘기를 친구의 친구 통해 듣기도 하고, 그래서 전반적으로 봤을 때는 딱히 필요하지 않더라고요. 그리고 대학의 과를 조사하기도 했는데 이렇게 전문적으로 커피만 해주는 곳도 없고. 일단 커피 관련 책들 사서 좀 읽고요.(F고등학교, 비진학자 박정선 2차 면담 내용)

G고등학교 고재우는 일반고등학교 학생에게 기대되는 기본적인 학업을 하면서 하교 후에는 아르바이트를 하고, 미래 직업을 위하여 학원에 가서 미용을 공부하는 어려움을 소화했다.

> 왜냐하면, 고등학교 때 그렇게 돈 버는 애들이 많이 없었어요. 다른 애들은 모르겠는데 저희 반에는 없었어요. 주변에도 없었고. 근데 저는 어떻게 보면 일을 많이 했던 애니까, 선생님들도 힘들지 않냐고 하셨는데, 지각은 거의 안 했어요. 등교 시간이 8시 정각이면 8시 5분, 10분 이런 식으로 가끔씩만 지각하고, 웬만해서는 다른 학생들처럼 똑같이 등교하고, 지킬 건 다 지켰어요. 저도 그런 식으로 엇나가는 거는 싫어 가지고. 어떻게 보면 성적도 중요하지만, 생활기록부에 출석 그런 것도 중요하다고 하시니까. 학교는 안 빠지고, 그래도 제 일은 하되 본 직업은 학생이잖아요. 학교 가서 공부에 전념하진 않더라도 학생이라는 이유로 학교 가야 되는 건 맞는 거니까, 거기에 대해 지킬 수 있고 할 수 있는 건 다 했던 것 같아요.(G고등학교, 비진학자 고재우 2차 면담 내용)

진로를 향해 가는 길을
누가 안내했는가?

혁신고등학교에서 참여자들이 각기 진로를 결정하고 조건을 갖추어 관문을 통과하기까지의 여정을 가장 가까이서 지켜보면서 조력한 사람은 교사였고, 특히 3학년 담임교사가 가장 큰 역할을 했다. 교사들은 학생들에 대한 여러 정보를 다루고 복잡한 대입 전형을 활용하는 방법에 대한 실천적 지식이 있어, 학부모를 포함한 가족에 비해 높은 영향력을 행사했다. 다수의 참여자들은 학원 등으로부터 입시 정보를 받으면서도 진로에 대한 조언과 정보는 일차적으로 교사에게 의존했다. 반면 비진학을 결정한 참여자들은 학교와 가족으로부터 진학자들에 상응하는 수준의 조력을 받지 못했고, 스스로 진로에 대한 정보와 경험을 구해야 했다.

교사의 탄력적 입시 조력

대학 진학을 준비한 대다수의 참여자들은 기본적으로 일반적 입시 정보와 진학 희망 대학의 전형 방법을 포함한 구체적 정보를 담임교사를 통해 얻었다. A고등학교 이정민은 진학 희망 대학과 분야에 대해 장기간 고심하며 성적을 관리했으므로 3학년 때는 담임교사와 선택 범위를 조정하거나 좁히는 차원에서 의견을 나누었다.

> 어머니, 아버지는 이런 시스템을 잘 모르세요. 그래서 부모님께는 이거 알아봐 달라, 저걸 알아봐 달라 하진 않았고, 고3 때 상담을 많이 해요. 학생의 진로 계획이 구체적이고 명확하면 선생님도 '그래, 네가 그렇게 하면 좋을 것 같아' 하고 더 이상 터치 안 하시고, 필요한 애들만 찾아서 해주신 것 같아요.(A고등학교, 서울 소재 대학 진학자 이정민 2차 면담 내용)

C고등학교 소정현은 고등학교 때도 줄곧 초등학교 교사가 되어야겠다는 꿈을 간직했고, 최종 결정 시점에서는 유치원 교사까지 범위를 넓혀 대학과 학과를 지원했다. 교육대학 지원이 안전하지 않을 수 있다는 판단을 듣고 낙심하여 스튜어디스가 되는 경로를 물었을 때도 담임교사는 관련 정보를 일목요연하게 제시하여 교직에 대한 그의 의지를 환기시켰다.

> 어떤 대학을 가고 싶고, 어떤 직업을 갖고 싶고, 어떤 대학이 있는지 궁금하다고 말씀드렸을 때 선생님은 항상 관련 리스트를 뽑아 주시거나 아니면 입시 책을 가져와서 같이 찾아보고 해주셨기 때문에 대학교나 진로 선택에서 방향을 잃거나 하진 않았던 것 같아요.(C고등학교, 서울 소재 대학 진학자 소정현 2차 면담 내용)

E고등학교 강선민은 수학 교과를 좋아하고 성적도 잘 받는 편이어서 중학교 때부터 수학 교사가 되겠다고 생각했고, 그 희망을 고등학교 때도 유지했다. 그러나 수학을 좋아하는 만큼 다른 사람을 가르치는 일도 가치 있

게 여기는지 점검해야 했고, 담임교사로부터 수학적 능력과 기술이 중요하게 활용되는 직업들을 소개받은 후 다시 진로를 면밀히 설계했다.

> 담임선생님께서는 제가 어떤 진로를 원하고 있는지, 성적이 어떻게 되는지 현실적인 충고들을 많이 해주셨어요. 그래서 이것 하고 싶으면 성적은 어느 정도 나와야 하고, 아니면 어떤 것을 좋아하면 이런 길 말고도 다른 길이 있다고 알려 주셨어요. 처음에 수학을 좋아한다면서 교사는 하기 싫다고 했을 때 담임선생님께서 은행원이나 통계를 바탕으로 한 직업들도 있다는 식으로 많이 알려 주시기도 했어요.(E고등학교, 서울 소재 대학 진학자 강선민 2차 면담 내용)

A고등학교 장석호는 지원 대학을 결정하여 지원서를 작성해 내고 대학별 전형 과정에서 무엇을 어떻게 준비해야 하는지를 담임교사로부터 상세하게 안내받았다.

> 담임선생님은 우선 면접 관련해서 구체적으로 이런 것을 넣어야 된다 아니면 빼야 된다는 것을 알려 주셨습니다. 구체적으로 뭘 준비해야 한다—이런 건 거의 담임선생님이랑 많이 했죠. 그다음, 프로그램 같은 것을 이용해서 (원하는) 학교에 되는지 안 되는지 하는 것까지 다 알려 주셨어요. 여름방학 때는 학교에서 하는 모의 면접 프로그램에도 선생님이 들어가셔서 연습을 도와주셨어요. 원서 쓸 때도 '약간 더 높은 대학교를 쓰지 왜 안 쓰냐', '이러이러한 사립대들도 갈 수 있는데 왜 국립만 선택하느냐', '국립대 중에서도 더 높은 데를 써보지 왜 약간 낮은 데만 선택하냐'—그런 것까지 말씀해 주셨어요. 제가 옛날부터 생각한 학교는 지원은 했지만 면접에는

가지도 못했고, 지금 제가 다니는 대학도 선생님이 추천해 주셔서 가게 된 거고요. 면접 갈 때, 전날 학교 빠지면서 가는 거잖아요. 그래서 그런 걱정 하지 말고 잘해라, 그런 식으로 격려도 많이 해주셨어요.(A고등학교, 충주 소재 대학 진학자 장석호 2차 면담 내용)

F고등학교 하운재는 개교 2년째 된 혁신고등학교에 입학하여 공부와 생활 과정을 새롭고 즐겁게 받아들이다가 3학년이 되어서야 '우리도 입시 해야 되는구나' 하고 당혹감에 직면했다. 교사들은, 입시 준비를 충분히 하지 못하고 3학년에 와 있는 학생들이 불리해지지 않도록 정보를 상세하게 가르쳐 주고 정성 어린 조언을 해주었다.

입시에서도 교사 추천서 써 주고 대학교 알아볼 때, F고가 저희가 2회이다 보니까 공부에 관심 있는 친구뿐 아니라 그렇지 않은 친구도 많았기 때문에 공부에 관심 없는 친구들이 대학 가고 싶다는 얘기를 하게 되면 그런 친구는 무슨 전형이 있고 뭘 해야 하는지 잘 모르잖아요. 그런데 학생이 귀찮아할 정도로 빨리 와서 보라고 하셨는데, 수업에서도 그렇고 입시 준비에서도 그렇고, 저희가 힘들어질 정도로 그렇게….(F고등학교, 오산 소재 대학 진학자 하운재 2차 면담 내용)

일단 상담받은 게 저 혼자니까 제 얘기만 해드리면, 저한테는 하나라도 더 챙겨 주려고 하시고, 더 알아봐 주시고, 또 이것도 하자, 저것도 하자, 저것도 넣을 수 있다, 이것 왜 빼먹냐. 그러면서 진짜 열의 있게 가르쳐 주셨습니다. 우스갯소리긴 한데, 선생님이 저 대신 대입 하는 게 아닌가 싶을 정도로, 거의 그렇게 열심히 해주셨어요.(F고등학교, 오산 소재 대학 진학자 하운

　H고등학교 유하민은 대학 진학보다는 공부다운 공부 자체를 추구하여 대안교육 특성화고등학교에 입학했지만 3학년이 되어서는 진로 결정에 대한 압박감을 느꼈다. 그는 사회운동가를 매력 있게 보았지만 사회를 바꾸는 힘이 교육을 통해서도 형성될 수 있다는 관점에서 교육 분야를 공부하기로 했다. 전공 분야가 결정되자 담임교사와 팀장교사는 그와 함께 진학 예정 대학 선택, 지원서와 서류 작성, 면접 등의 절차에 따른 준비를 도와주었다.

　　　교사 선생님들은 뭔가 (대)학교에 대해 많이 알려 주셨어요. 교육학을 하려면 사범대를 가야 하고, 사범대는 이러이러한 학교들이 있고, 그렇게 말씀해 주셨어요. 다 경험이 많은 분들이시고, 고3만 4~5년 맡으신 선생님이 팀장 선생님을 맡기도 했고 해서, 추천서나 자소서, 면접 같은 부분에서 도움을 많이 받은 것 같은데요.(H고등학교, 춘천 소재 대학 진학자 유하민 2차 면담 내용)

　B고등학교 주민하는 초등학교 교사가 되기를 희망했고 교과 공부도 잘하는 편이었으나 2학년 여름방학 때부터 이성 친구를 사귀면서 내신성적이 낮아져 대학을 선택할 시점에는 교육대학만 지원하는 데 위험이 따랐다. 담임교사는 그의 상황을 이해해 주고 지원 범위를 일반 대학에까지 넓히고자 하는 그의 변화된 소신을 지지해 주었다.

　　　선생님들께서 저희 부모님처럼 제가 생각한 것을 믿고 지지해 주셨어요. 3학년 선생님께서는 '네가 원래 교대를 꿈꿨는데 교대를 두 군데밖에 안

넣으면 좀 그렇지 않냐'고 말씀해 주셨거든요. 그런데 당시 제가 생각하기에도 인터넷 카페 '수만휘'(수능 만점 시험지를 휘날리자) 같은 것을 보면 다른 사람들의 스펙이라고 하죠, 뭐, 이 사람들의 생기부가 어떻고 그런 게 간략하게 쓰여 있는데, 제가 비교했을 때는 '성적도 나보다 높고 활동도 나보다 많은데 교대에서도 이 사람들을 뽑지 날 뽑을까' 하고 생각했어요. 그래서 그때는 교대는 가능성이 없었기 때문에 많이 넣는다고 합격할 수 있는 건 아니겠다 해서 일반대학교 진학을 결정했고 선생님께서도 '그래, 어쨌든 네가 결정한 거니까 이렇게 해라' 해서 제가 원하는 대로 지원했어요.(B고등학교, 안양 소재 특수대학 진학자 주민하 2차 면담 내용)

비진학 결정에 대한 지지 혹은 응시

비진학을 결정한 참여자들은 대부분 그 지점에 이르는 과정에서 일차적 갈등을 겪었다. 혁신고등학교로 지정되었다 하더라도 일반고등학교라는 공간에서는 그 안에 들어와 있는 학생들은 일단 대학 진학예정자로 간주되었기 때문이다. 일부 비진학 예정자들은 교사나 부모로부터 진로 결정과 관련된 조언과 동의를 받았으나 그 수준이 진학자들에 비해 미흡했고, 교사와의 관계가 원만하지 않은 경우 스스로 결정할 수밖에 없었다.

H고등학교 이현수는 자연현장실습 등 체험 중심 교육이 특징인 대안교육 특성화고등학교에서도 교사들이 학생들의 대학 진학에 우호적이라는 데 문제의식을 갖고 간담회를 시도했다.

우리 학년은 선생님들과 갈등도 있었습니다. 어떤 점에서 권위적인 분들도 계셨어요. 예를 들면, 대학 진학에 대해 어떤 친구들은 당연하게 생각하지 않는데 선생님들은 당연하게 여기셨죠. 그것에 대해 불편하게 보는 학생들도 있었어요. 그래서 교사와 학생 간 간담회를 했습니다. 전체 학생들과 선생님들이 모여 대화를 나누었습니다. 선생님들이 잘 들어 주셨습니다.(H고등학교, 비진학자 이현수 2차 면담 내용)

C고등학교 나민희는 부친의 금융 관련 사업에 관심을 가지고 관련 학과 진학을 바랐으나 수도권 소재 대학 진학 성적을 맞추기 어려워 비진학 의사를 부모에게 전했다. 그는 당시에는 자신의 의사를 선뜻 수용해 준 부모의 태도에 안도감을 느꼈으나 사회에 진출한 후에는 진학에 대해 더 진지하게 생각해 보거나 권유를 받아 볼 수도 있었을 것이라며 아쉬워했다.

부모님의 영향이 컸던 것 같아요. 제가 거기서 (대학) 간다는 얘기를 안 하기도 했지만, 부모님이 단도직입적으로 가지 말라고 하시는 편이고 (저는) 거기에 따르는 편이라 다른 의견은 부모님에게 말씀드리지 않은 것 같아요. 그것을 담임선생님에게 말씀드리고 상담했는데 담임선생님도 크게 반대는 없으셨고 그냥 '원하는 대로 해라, 부모님 말씀이니까' 하고 딱히 반대는 없으셔서 저도 '네' 하고 바로 포기했던 것 같아요.(C고등학교, 비진학자 나민희 2차 면담 내용)

F고등학교 박정선은 담임교사가 진학을 강권하지 않고 바리스타로 일해 보고 싶다는 자신의 계획을 존중하여 관련 정보를 알아보고 조언해 준 일을 응원으로 여겨 고맙게 수용했다.

담임선생님이 그래도 응원해 주시는 편이었어요. '그래도 대학 가야 하지 않겠니'라는 말씀은 안 하시고 이러이러한 자격증을 따면 좋을 것 같다, 이쪽 가더라도 필요하니까 언어는 공부하는 게 좋겠다, 이런 식으로 조언해 주셨어요. 나름 찾아보면서 말씀해 주셨어요, 제가 바리스타 쪽으로 간다고 하니까요. 도움이 되었던 것 같아요, 감사하기도 하고.(F고등학교, 비진학자 박정선 2차 면담 내용)

G고등학교 고재우는 미용 분야를 진로로 결정했을 때 해당 분야에 대한 진로 지도 경험이 없던 담임교사가 자신을 돕기 위해 노력하는 모습을 지켜보며 든든함을 느꼈다. 담임교사는 고재우가 진학하지 않을 수도 있었지만 일차적으로는 대입에 필요한 정보를 찾아 핵심적 요건을 분석해 주고, 이미 미용 분야로 진학한 학생의 대입 전형 사례도 제시해 주었다.

연구자   미용에 관심 있다고 했을 때 선생님이 적절히 도와 주셨어요?

고재우   네. 많이 도와 주셨죠. 고3 때 미용을 시작했잖아요. 처음에 3학년 담임선생님께서 다른 애들에 비해 저를 많이 안 불렀어요. 왜냐하면 선생님이 예체능 계열 중에서 미용 쪽 애를 받은 적이 없었던 거예요.

연구자   미용 분야로 진학하거나 진출한 제자가 없었어요?

고재우   네. 제가 처음이다 보니까 선생님도 자료가 없는 거예요, 마땅히. 근데 선생님이 '아직은, 미용, 미용…' 이런 식으로 말씀하시다가 '어떻게든 너에게 도움이 될 수 있는 자료를 찾아볼게. 그때 다시 이야기해 보자'고 하셨는데, 진짜 다 찾아 주셨어요.

연구자   선생님이 처음엔 준비가 안 되어 있었지만, 이후 찾아 주셨어요?

고재우   그렇죠. 선생님이 할 수 있는 한 많이 찾아 주셨죠. 미용 대학 인서울 내신 등급, 이런 것도 다 뽑아 주시고. 면접 몇 프로, 실기 몇 프로, 이런 거 다 나와 있는 것도 주시고. '재우야, 다른 선생님이 졸업시킨 애 중에 미용 쪽으로 나온 여학생이 있다는데 그 학생이 이런 말을 했고 그 선생님은 이렇게 했대'—그런 것까지.

(G고등학교, 비진학자 고재우 2차 면담 내용)

E고등학교 김하준은 사회 문제에 관심을 집중하여 자발적 비진학을 결정한 후 학교 수업을 소홀히 하고 일상의 문제들에 비판적 태도를 갖게 되어 담임교사와는 원만히 소통하기 어려웠다. 그는 비진학 예정자로 알려진 이후 자신의 진로에 대해 어떤 문제도 교사와 상의할 수 없었다.

김하준 담임선생님도 제가 대학을 안 가서 더…. 대학 안 가는 것까지는 '그래, 네 맘대로 해라' 그랬는데, 제가 대학을 안 가(기로 하)면서 하는 행동들이 면학 분위기를 저해한다고 생각하신 거죠. 그래서 좀 갈등이 있었고, 또 제가 그런 교외 활동들을 하면서 아니다 싶은 부분에 대해 선생님께 말씀드렸거든요. 그런 부분에 대해 교사의 권위에 도전한다고 생각하는 게 좀 많았던 것 같아요. 그런 걸로 갈등이 좀 있었던 것 같아요.

연구자 대학에 안 간다고 했을 때 그냥 알아서 하라고 하셨어요?

김하준 아니요. 저를 계속 설득하시다가 우리 엄마처럼 포기하신 거죠.

연구자 예. 특별히 면학 분위기를 해칠 만한 행동을 했다고 느껴지는 게 있었나요? 아니면 선생님의 선입견이었을까요?

김하준 기성적인 관점에서 보면 면학 분위기를 저해한다고 생각할 수는 있을 것 같아요. 저 혼자 수업 안 듣고 책 보고 아니면 그냥 엎드려 자거나 했으니까. 그런 관점에서 보면 저해한다고 생각될 수도 있겠는데. 사실 그거 말고 제가 할 수 있는 행동들이 없어서….

연구자	그럼 입시 또는 진로 상담 과정에서 선생님은 어떤 태도를 보이셨는지?
김하준	대학에 안 간다고 확실하게 말씀드린 순간부터는 진로에 대해 딱히 얘기 나누는 게 없었어요.
연구자	그래요?
김하준	네. 그냥, 저는 대학에 안 가니까, 다른 애들한테 집중하고.

(E고등학교, 비진학자 김하준 2차 면담 내용)

진로 이행의 맥락은
어떠했는가?

참여자들이 진로를 선택하고 그에 필요한 조건이나 자질을 갖추어 가거나 공식적 검증을 통과하는 여정의 노면에는 혁신고등학교 수업과 활동에 대한 만족과 불안, 수시 전형 편중, 가정환경의 굴레, 주관적 최선에 대한 회의가 섞여 있었다.

혁신고등학교에서 전개한 수업과 활동의 특성 자체에 대해서는 진학예정자와 비진학 예정자들 모두 대체로 긍정적으로 평가했다. 그러나 입시 상황으로 옮겨 가면 그러한 특성이 입시 전형에 유리하게 활용될 수 있다는 것을 인정하면서도 학교에서 자신들의 입시 준비에 온 힘을 쏟지 않는다는 점을 불안해했다. 그런 반응은 경쟁과 불안(조용환 외, 2009), 그리고 혁신고등학교의 본질적 가치와 현실적 가치가 상충하는 전인 성장과 입시교육(유경훈, 2014)의 갈등 상황과 맥이 닿아 있었다.

진학예정자들은 대부분 입시에서 수시 전형을 택하여 내신성적, 학업 태도, 인성, 잠재력 등을 함께 평가하는 학생부종합전형에서 매 학기 학교 생활을 충실히 한 모습이 반영되기를 원했다.

일부 참여자들의 경우 진로를 향해 가는 길에서 부모의 세계관을 포함한 가정환경이 그들의 행보를 얽매는 틀이 되기도 했고, 학교교육과정과 학교 밖 활동에 최선을 다했지만 그 가치를 인정받지 못하여 회의하거나 길을 잃기도 했다.

혁신고등학교 수업과 활동에 대한 만족과 불안

혁신고등학교에서 교육과정을 차별성 있게 운영하고자 한 시도는 참여자들의 진로 이행에 긍정적으로 활용된 측면이 더 많았다. 참여자들은 자신들의 진로 계획에 따라 학생 참여를 장려하는 교과 수업과 다양한 창의적 체험활동 운영에 대해 다소 다른 관점을 보여주었다. 대학 진학자 대부분이 수시 학생부종합전형을 활용했지만, 그 지점에 도달하기 전까지 일부 참여자들은 학교에서 주변의 다른 고등학교들처럼 입시에 초점을 맞추어 교과와 창의적 체험활동을 운영하지 않는다는 데 불안을 느꼈다.

C고등학교 소정현은 학교의 다양한 활동을 통해 협동심과 리더십을 길렀고, 그러한 경험을 부각하여 자신을 소개하는 데 도움을 받았다고 평가했다. 그러나 그는 혁신고등학교에서도 입시 성공의 관건이 성적이었다고 판단하여 학생들의 진로를 유리하게 열어주는 데는 강점을 지니지 못했다고 보았다.

> 자소서 쓰면서 '나는 학교에서 이런 경험을 하고, 저런 경험을 했습니다'라고 썼을 때 혁신학교였기 때문에 모둠활동, 이런 걸 하면서 협동심도 길렀고, 리더십도 길렀고—이런 좋은 단어들을 쓸 수 있는 메리트는 항상 있었어요. (중략) 정말 학교 생활은 즐겁긴 했는데 입시를 바라보면 혁신학교라서 입시가 쉬웠다, 이런 것도 전혀 아니고, 혁신학교라서 진로교육이 잘 되

었다, 이런 것도 전혀 아닌 것 같아요. '당장 입시는 내일모레 코앞에 있는데 이렇게 학생들끼리 뭐 한다고 해서 내 입시가 좋아질까?'라는 생각은 좀 들었어요. (중략) 혁신학교라고 해서 입시가 크게 달라지진 않았던 것 같아요. 결국, 어떤 학교처럼 (문제는) 성적이었던 것 같아요.(C고등학교, 서울 소재 대학 진학자 소정현 2차 면담 내용)

C고등학교 김우람도 학교에서 체험을 폭넓게 제공함으로써 학생들의 진로 선택의 범위를 넓혀 주었지만, 다른 한편으로는 '공부하는 애들'에게는 공부에 집중하지 못하고 시간을 낭비하는 문제를 초래한 면이 있었다고 보았다.

김우람　체험 기회가 많다 보니까 긍정적인 작용이 많았던 것 같아요, 애들한테는. 학교에서 승마체험이 있다고 하면 승마에 관심 있던 사람들은 그걸 체험하게 되면 적성이나 소질이 더 뚜렷해질 수도 있고, 아예 관심 없었던 사람은 체험으로 인해 관심이 생길 수도 있으니까. 혁신학교가 체험을 많이 시키는 학교다 보니까 그런 면에서 진로 결정에는 좋은 것 같아요.

(중략)

연구자　그런 활동의 부작용이나 학생들의 거부감, 그런 건 없었나요?

김우람　그런 게 공부하는 애들한테는 방해가 될 수도 있어요. 다 참여해야 하니까. 자기는 공부해야 하는데 이쪽엔 관심이 없고, 그런데 이걸 다 해야 한다고 하니까 자기 시간을 낭비하게 되잖아요. 싫은 걸 하게 되고 또 많은 활동을 하는 것이 노는 분위기가 형성될 수도 있는 것 같아요. 공부에 집중하게 하지 못하니까 그런 부작용은 있는 것 같아요.

(C고등학교, 천안 소재 대학 진학자 김우람 2차 면담 내용)

H고등학교 유하민은 자기 학교가 대안교육 특성화학교로서 학생 지도 및 교육과정 운영에서는 높은 자율성을 발휘했지만, 학생들의 진로 이행에서는 일반고등학교와 같이 '대학'으로 합류할 수밖에 없는 한계가 있었다고 보았다.

> 유하민　일단 H고는 학생 수가 적잖아요. 선생님의 관심이 많았던 게 좋았던 것 같아요. 계속 상담하고, 그걸 질문해 주고 하는 사람이 있으니까 계속 생각해 볼 시간이 있었고, (중략) 물론 스트레스는 됐겠지만, 시간상 자유롭게 생각할 수 있었던 부분도 좋았던 것 같아요. 한 가지 길만 있다고 생각하는 게 아니라 '이 분야에서 이런 식으로도 해볼 수 있다, 한국 대학만이 아니라 외국에도 있고, 정규교육만이 아니라 대안대학이라든지 그런 분야도 있고, 도제식 교육도 가능하다' 그렇게.

> 연구자　H고에서 이수한 교과와 수업, 수업 방식, 그리고 영감 같은 것들이 진로를 개척하고 진학하는 데 유리한 면이 있었어요?

> 유하민　글쓰기로 자기 생각을 표현하는 활동이 많았는데, 표현하는 능력이 길러지는 것 말고도 자기 생각이 정리되는 효과가 있었어요. 그래서 도움이 된 거고, 사실 고3 때 상담할 때는 도제식 교육이라든지 대안대학이라든지 그렇게 간 친구들도 있지만 거기서도 선택지는 많이 없어서 절망한 친구들도 있었던 것 같아요. '결국엔 대학이구나'라는 생각에요.

> (H고등학교, 춘천 소재 대학 진학자 유하민 2차 면담 내용)

일부 참여자들은 혁신고등학교 수업과 활동의 양가적 특성을 인정하면서도 학교 수업과 체험활동에서 익힌 것들이 대학 입시 전형에 유리하게 작용했다는 측면 또한 사실로 인정해야 한다고 강조했다. E고등학교 신경아는 혁신고등학교에서 차별성 있는 경험을 했고 그것에 자부심도 있었으므로, 그런 측면이 입시 전형을 위한 자기소개서에도 드러났을 것으로 믿었다.

신경아 혁신고등학교라는 것에 자부심이 있었던 것 같아요. '남들보다 내가 좀 더 창의적이다, 나는 다른 경험을 했다'는 것이 혁신고등학교라는 말 자체에서도 약간 느껴지고요. 자소서 쓰면서도 느꼈고요. 그래서 이것에 대한 자부심이 있어요. 보통의 고등학교 아니고 혁신고등학교 나온 사람이라는 점요.

연구자 조금 구체적으로 설명해 주시면요? 어떤 종류의 자부심인지?

신경아 아, 다른 고등학교 학생들은, 저는 모르지만요, 일반고등학교라서 내신을 위해 공부만 했을 텐데, 우리 학교는 내가 참여할 수 있는 활동이 많아서, 자소서에 쓴 것 보면 남들과는 좀 더 다를 것이다, 내가 느낀 바가 명확히 나타나 있다는 자부심요.

(E고등학교, 용인 소재 대학 진학자 신경아 2차 면담 내용)

F고등학교 나혜주는 유수 대학의 입학 전형 면접에서 월등하고 독특한 수행을 보였다고 확신했는데, 그것은 자신이 공부하고 생활하면서 체화한 혁신고등학교의 '그러함'이 입증된 것이었다고 해석했다.

○○대에 붙었는데 안 갔고 그 후 교수님들을 만날 기회가 있었어요. 그때 그 교수님들이 저에게 혁신학교 학생이라서 꽤 기대했고, 너무 잘해 가지고 학교 오기를 엄청 고대하고 있었다고 하시더라고요. 그래서 '내가 혁신학교 학생인 게 티가 났고, 되게 독특했고, 드러났구나' 하는 것을 많이 느꼈죠. 아, 정말 혁신학교, 영향이 되게 많았던 것 같아요.(F고등학교, 서울 소

재 대학 진학자 나혜주 2차 면담 내용)

B고등학교 주민하는 혁신고등학교에서 교과 공부뿐만 아니라 다양한 활동을 했고, 생활기록부의 관련 기록은 입시 전형 면접에서는 '말할 거리'를, 자기소개서 작성에서는 '쓸 거리'를 풍부하게 해준 원천이었다고 보았다.

> 활동이 다른 일반고등학교 학생들에 비해 훨씬 많다는 생각이 들어요. 그래서 생활기록부를 봐도 내용 면에서나 질적인 면에서나 차이가 있기도 하고, 제가 느끼기에도 '아, 내가 학교에서 공부만 한 게 아니라 다양한 활동을 했구나', 이렇게 느끼기 때문에 그게 자기소개서 쓸 때나 면접 준비할 때나 말할 거리들이 굉장히 많고 쓸 거리도 되게 많았고. 진로 면에서도— 진로는 어쨌든 정해져 있었으니까—그렇게 일반고 학생들이랑 차이가 있었어요.(B고등학교, 안양 소재 특수대학 진학자 주민하 2차 면담 내용)

대학 비진학자들에게도 혁신고등학교의 교과 수업과 활동은 기억할 만하고 긍정적인 것으로 각인된 면이 있었다. A고등학교 박한솔은 가정 형편이 좋지 않아 3학년 때 직업교육 위탁과정에 들어가면서 학교의 일상적 상황에서 분리되었지만, 교육과정에 학생들의 요구가 반영되었고 즐거운 활동이 많았다고 회상했다.

박한솔 되게 재미있었어요. 왜냐하면, 뭐랄까. 추억이 되게 많았던 것 같아요. 학교 분위기도 즐거웠고 또 여러 가지—진학 과정이라든지 이런 것 다 떠나서, 우선 학생들을 위해 많이 맞춰 주셔서 여러 가지 체험 프로그램도 재미있었고. 거리가 멀어서 조금 힘든 것 빼고 나머지는 다른 학교 못지않게 정말 최고였어요.

(중략)

연구자　학생 개인의 강점을 살려 교육해 준 부분도 있을까요?

박한솔　네. 대표적으로 저희 2학년 때 담임선생님과 했던 것 중에 다른 학교에서 전혀 할 수 없는 합창대회를 나가게 되었는데, 거기서 다들 노래 연습하면서 조금씩 실력이 늘었어요. 약 두 달 정도 연습해서 2등인가 해서 상 받은 걸로 기억이 나요.

(A고등학교, 비진학자 박한솔 2차 면담 내용)

E고등학교 김하준은 대학은 비진학을 결정했지만 학생의 자율성과 참여를 존중하는 풍토에서 생활했으므로 스스로 가치를 충분히 탐색하고 독자적인 진로를 설계할 수 있었다고 보았다.

연구자　이런 진로를 선택하고 온 데 혁신고등학교라는 배경이 작용했다고 보시는 지요?

김하준　처음부터 대학 가야겠다고 생각하고 있었던 1학년 때 수능에 집중하는 일반학교에 갔으면 그 분위기에 압도돼서 그냥 대학 가는 쪽으로 마음먹고 진학했을 거라고 생각해요. 근데 E고등학교는 혁신학교이기도 했고, 그만큼 학생들의 자율적인 참여와 이런 것들을 많이 보장해 주는 학교였기 때문에 제가 (다양하게) 생각하고 고민할 기회가 많았거든요. 제가 다닌 고등학교가 혁신학교였다는 점은 그 부분에서 가치관 형성이나 진로에 많은 영향을 미친 것 같아요.

(E고등학교, 비진학자 김하준 2차 면담 내용)

수시 전형 편중

　혁신고등학교에서 일부 교과 내용과 방법 면에서 융통성을 주고 창의적 체험활동을 풍부하게 제공하는 등, 교육과정 운영에 변화를 준 시도는 참여자들의 대학 입시에서 수시 전형 선호를 넘어 편중으로 귀결되었다. 대학 진학자 대부분이 내신성적, 학업 태도, 인성, 잠재력 등을 함께 평가하는 학생부종합전형을 활용했고, 학교교육과정에 따라 매 학기 학교 생활을 충실히 한 자신들의 모습이 중요하게 평가되기를 바랐다.

　A고등학교 이정민은 학교에서 절대 다수의 학생들이 결과적으로 수시 전형을 활용하는 상황에서도 수시 합격을 확신하기 어려운데다 최저학력 기준이 설정된 전형에 지원할 가능성도 있었으므로 수능시험까지 대비했다.

> 수시 비율이 절대적으로 많았던 것 같아요. 내신은 좋은데 모의고사 성적이 거기에 맞춰서 안 나오니까 스트레스 많이 받더라고요. 그래서 혹시 나중에 내가 하려는 걸 발목 잡을 것 같다는 생각이 많이 들어서.(A고등학교, 서울 소재 대학 진학자 이정민 2차 면담 내용)

　G고등학교 김지은은 교사들이 수시 전형 중심으로 입시 지도를 하는 상황에서 자신이 정시까지 갈 개연성도 생각했지만, 수시에서 성공할 수 있다는 기대가 더 컸다.

> 솔직히 말씀드리면 선생님들도 정시보다는 수시를 많이 미시니까. 환경 자체도 그렇다고 생각해요. 애들이 다 입다물고 수능 공부만 하는 것도 아니고, 준비한다 해도 거의 2학년 말, 3학년 초부터 정시까지 갈 수도 있다

고 보고 준비하니까. 그런데 수시에 지원해서 붙는 것도 있으니까. 그래서 수시가 그래도⋯.(G고등학교, 서울 소재 대학 진학자 김지은 2차 면담 내용)

A고등학교 장석호는 학교에서 문화·예술·체육, 자치, 인문사회, 외국어, 진로 탐색, 자연과학 등의 분야에 걸쳐 교과와 연계한 체험 프로그램과 행사를 열어 주고 학생들의 활동 기록을 누적 관리해 주어 수시 전형에 유리했다고 보았다.

우리 학교는 다른 학교보다 자체적으로 하는 것도 많고, 학교에서 이끌어 가는 것도 많고, 프로그램 같은 것을. 그래서 다른 학교보다 유리하다고 생각해요. 저희가 약간 노력 안 해도 학교에서 일부 해주는 게 있으니까.(A고등학교, 충주 소재 대학 진학자 장석호 2차 면담 내용)

E고등학교 강선민은 대입 수시 전형, 특히 학생부종합전형에서는 내신 성적에 치중되지 않고 혁신학교에서 수행한 다양한 활동들을 중요한 요소로 내세울 수 있었으므로 해당 전형이 학생들 사이에서 선호되었다고 판단했다.

연구자 혁신고등학교 학생들에게 더 유리한 대입 전형이 있다고 보세요? 수시 지원이 많다고 하던데요, 정시보다 수시가 훨씬 유리해요?

강선민 네. 아무래도 활동이 많다 보니까 생활기록부를 토대로 대학 가는 경우가 많고, 아무래도 성적이 조금 부족한 친구들은 생활기록부로 원서를 집어넣어야 하는데, 그 부분에서는 다양한 활동을—공부는 못 하더라도—활동이 굉장히 많은 친구들도 있거든요. 그런 부분에서는 수시가 좀 많이 도움이 되지 않을까, 생활기록부종합전형을 많이들 쓰니까.

　H고등학교 유하민은 혁신고등학교 학생의 입장에서는 수시 전형이 학교 생활의 특성을 좀더 드러낼 수 있는 여지가 있으며, 입학사정관 제도가 도입된 초기에는 일부 고등학교의 특색 있는 실천이 수시 전형에서 주목받았으나 실천의 확산에 따라 보편적 방법이 되었다고 보았다.

연구자	혁신고등학교 학생 또는 H고등학교 학생에게 조금 더 유리한 대학 입시 전형은 무엇이라고 보세요?
유하민	수시와 정시 중에서라고 하면 수시라고 할 수 있을 것 같아요. 특히 입사관, 사정관 제도가, 요즘은 잘 모르겠지만, 8~9년 전에 입사관이 새로 생겼을 때는, 그전에 일반학교에서는 그런 활동을 전혀 생각하고 있지 못했는데 H학교에서는 평소에 하던 거니까, 그걸 자소서에 잘 반영해서 각자 원하는 대학에 갔다고 들은 바가 있어요. 근데 요즘은 다 같이 준비하는 추세다 보니까 효과적으로 지표로 나오는 것 같진 않지만, 그래도 정시보다는 낫지 않을까요.

　H고등학교 박아경도 학교에서 수업 방식의 일환으로 글쓰기를 강조했고 다양한 프로젝트도 했으므로 학생부종합전형을 활용할 수 있는 수시 전형이 유리했다고 판단했다.

　수시가 일반 학생들보다 조금 더 유리한 것 같은데요. 예를 들어 우리 학교 학생들은 고1 때부터 과제로 글을 엄청 많이 써요. 그래서 논술에 조금 더 유리할 수 있다고 보고요. 또 여러 프로젝트를 하기 때문에 학생부종합전형에서 다양한 경험을 바탕으로 자소서를 좀 풍부하게 쓸 수 있지 않나 싶어요.(H고등학교, 서울 소재 대학 진학자 박아경 2차 면담 내용)

가정환경의 굴레

참여자들이 각자 설정한 진로를 향해 나아가거나 진로를 찾는 과정에서 부모의 세계관을 포함한 가정환경은 그들의 행보를 얽맬 수 있는 영향력을 지닌 요인으로 작용했다. 다수의 부모들은 참여자들의 의지와 선택을 존중했고, 자신들의 의사를 전달할 필요가 있을 때는 보통 한두 번 권유했다. 그러나 일부 부모들은 참여자들의 학업과 입시 과정을 자신들의 기준으로 통제했고, 일부 학생들은 가정의 경제적 형편에 막혀 희망을 접거나 우회로로 들어섰다.

G고등학교 황인하는 학생 수가 적은 이과를 택하여 공부하면서 '내신 따기가 너무 힘들어 피가 마르고 체력이 떨어져 링거를 맞고 다니는' 정도의 심신 쇠약을 경험했다. 1학년 때 1점 중반이었던 내신성적이 2학년 때는 2점 중반이 되면서 그는 이과 공부가 자신을 위한 선택이었는지 의심했다. 그럼에도 부모는 그가 휴학하거나 학업을 잠시 내려놓는 것도 허용하지 않았다.

2학년 겨울에 부모님께 '아, 나 안 되겠다, 이러다 죽을 것 같다'고 한번 쉬고 가겠다고, 한 달이든 일주일이든 좀 쉬어야겠다고 했는데 반대하셨어요. 이 중요한 시기에 어떻게 쉬냐, 안 된다고. 결국 계속 싸우면서 투쟁했지만 울며 겨자 먹기로 쉬지는 못했고, 이틀 쉬었나…. 그러고서 공부하고 3학년 때 정말 돌이키지 못할 정도로 멘탈이 부서져서 많이 힘들었어요.(G고등학교, 충주 소재 대학 진학자 황인하 2차 면담 내용)

A고등학교 박한솔은 즐겁게 학교 생활을 했고 대학에 진학하고 싶기도 했지만, 어머니 혼자 자신과 여동생을 부양해 온 가정 형편을 직시하고 직업교육 위탁과정에 들어가기로 했다.

위탁학교에 가서 기술을 배우고, 그 기술을 배우고 나서 그쪽으로 길을 트자는 방향이었고요. 그런데 막상 졸업하고 나니까 이 길이 저하고는 안 맞는 거예요. 집에서도 어머니와 상의했을 때 흔쾌히 수락하신 게, 우선 아까도 말씀드렸다시피 집안 형편이 여의치 않으니까 그래 그렇게 해라. 우리 집이 이제 (상황이) 다 나쁜 건 아닌데 다른 집에 비해 조금 없이 살다 보니까 이것저것 많이 갈팡질팡했던 것 같아요. 그 환경에 맞춰야 한다고 보니까.(A고등학교, 비진학자 박한솔 2차 면담 내용)

B고등학교 최기연도 가정의 경제 형편이 급속히 어려워져 영화학과 입시 전형을 일부 거치기도 했으나 결국 포기하고, 곧바로 군복무를 마치고 취업하여 가정 경제를 책임지기로 했다.

학업에도 소홀하게 되고, 그때부터 가세도 좀 많이 기울기 시작하고, 그러니까 현장에 가자, 대학이 아닌 현장을 가자고 생각했죠. 제가 2학년 때 틀이 갖춰졌다고 했잖아요. 그러니까 또 대학에 욕심이 생기더라고요. 저번에 말씀드린 것처럼 바짝 공부도 하고 했는데, 수능 몇 주 전에 아버지가 회사에서 원치 않게 나오시면서 결국 대학을⋯. 그때 빚 제가 갚고 있습니다. 그래서 제가 말씀드린 현장을 가겠다고 하는 것도, 계획이 틀어져서 취직하게 되었고요. 지금은 큰 회사에 다니면서 어느 정도 승진해서 빚 갚는 게 목표죠.(B고등학교, 비진학자 최기연 2차 면담 내용)

주관적 최선에 대한 회의

일부 학생들은 학교교육과정이나 자발적으로 찾은 학교 밖 활동에 열의를 가지고 최선을 다했지만, 그 가치를 의미 있게 인정받지 못하거나 처음부터 그럴 만한 가치가 있는 일이었는지 회의하며 길을 잃었다. D고등학교 김정윤은 교과 수업과 학교 생활을 성실히 했음에도 대학 선택 시점에서 자신의 자질이 평판이 낮은 대학들만 지원 가능한 것으로 평가되는 데 큰 상실감을 느꼈고, 그것을 진정시키는 데 많은 시간을 들였다.

고3 때 선생님이랑 상담했는데, 선생님이 말씀해 주시는, 그러니까 자소서로 가야 하니까, 수시로는 방송 쪽을 가야 했잖아요. 학교 생활 되게 열심히 하고 열심히 살았다고 생각하는데 선생님이 제 기대보다 너무 낮은 그런 걸 보여주시고. 제가 가고 싶었던 과에 대해 좀 흐릿해졌지만. (중략) 선생님이 딱 얘기하시는 게, 제가 생각했던 것보다 너무 미치지 못하는 거예요. 그때 딱 충격이었어요, 되게.(D고등학교, 비진학자 김정윤 2차 면담 내용)

E고등학교 김하준은 고3 때 대학 비진학을 결정하고 정당과 시민단체에 가입하여 활동했지만, 시민단체에서 외부로 표방하는 바와 내부 조직 운영 실제 간에 불일치가 있다는 것을 발견하고 자신의 가치와 견주어 보며 갈

등했다.

정당에도 가입하고, 그 정당 사람들이 많이 활동하는 단체에서도 활동했는데, 당시 제가 활동한 단체에 높은 직급에 앉아 있는 사람들이 그 정당에서 지시받고 움직이는 일들이 있었죠. 그런데 그 지시가 굉장히 부당하거나 좀 강압적인 것들이 많았어요. 그래서 이 단체가 (공식적으로) 말하는 어떤 행동들과 위에서 하는 행동들이 너무 많이 달라서 좀 뭐라 해야 할까요. 정떨어졌던 것들이 있었고요. 또, 제가 정말 마음을 주고 아끼던 단체였는데, 계속 이 단체에서 전업 활동가로 일한다면 저렇게 되지 않으리라는 보장이 없다는 생각이 있었고.(E고등학교, 비진학자 김하준 2차 면담 내용)

진로 이행 여정을 돌아보며
어떤 요구가 생겼는가?

참여자들은 자신들이 진로를 설정하고 추구한 여정을 돌아보면서 개인에 대한 이해 및 진로 탐색의 기회 보장, 혁신학교와 교육과정의 가치 공유, 혁신학교의 총체적 삶을 수용하는 입시 전형 마련, 비진학자를 위한 여지(餘地) 확보 등이 필요하다고 했다. 그들은 우선 고등학교 단계에서 개별 학생이 자신의 흥미와 적성에 대해 알아보고 다양한 진로와 직업에 대해서도 탐색할 수 있는 시간과 기회를 충분히 보장해야 한다고 보았다. 그리고 혁신학교의 다양한 교과 수업 방식과 체험활동이 자신들의 성장에 중요했고 진로 계획 및 이행에도 유용했으나, 혁신학교의 가치와 교육과정의 정체성이 구성원들 간에 충분히 공유되지 못했다고 지적했다. 대학 입시에서는 혁신학교 학생들의 삶을 총체적으로 반영하는 전형이 마련될 필요가 있고, 비진학자들에게는 그들에게 맞는 수업과 체험활동을 제공하고 사회 진출 구조를 개편하는 등의 여지가 마련되어야 한다고 보았다.

개인 및 진로 탐색의 기회 보장

참여자들은 학생들이 진로 설정과 이행에 앞서 각자 무엇에 관심과 흥미와 적성이 있는지 알아보고 다양한 진로와 직업에 대해서도 정보에 기반하여 탐색할 기회를 충분히 보장받아야 한다고 보았다. B고등학교 주민하는 고등학교에서 이루어지는 수동적이고 형식적인 진로교육이 능동적인 진로 체험으로 바뀌어야 학생들에게 실질적 효과가 있을 것이라고 지적했다.

> 진로교육이 뭔가 떠먹여 주는 것 같은 느낌이에요. '이렇게 많이 있어. 여기서 골라 봐' 이렇게 하잖아요. 그런데 형식적으로 진로교육, 이러는 게 아니라, 활동 면에서 직업을 체험할 수 있게 하는 것이 더 중요한 것 같아요.(B고등학교, 안양 소재 특수대학 진학자 주민하 2차 면담 내용)

D고등학교 구하영은 다수의 학생들이 진로 및 적성을 잘 알지 못한 상태로 학교 생활을 하므로 학교에서는 다양한 진로 프로그램을 마련해 주어야 하고, 학생들은 그런 기회를 폭넓게 활용하면서 진로를 탐색해야 한다고 보았다.

> 후배들이 있다면 그냥 많이 알아봐라. 많이 들어라. 왜냐하면, 자기한테 맞는 게 뭔지 모르는 사람이 훨씬 많을 테니까 뭐라도 듣고 귀가 확 트이는 게 있을 수 있으니까. 자기가 좋아하는 것으로 전공 선택하는 애들은 사실 별로 안 되는 것 같아요. 학교에서 열어 주는, 강사 초청해서, 작가님 오셔서 하는 게 있었는데, 그런 걸 하나도 안 했어요. 관심이 없었어요, 작가님이 얼마나 대단한 작가님인지 모르고, 이래서 그런 건 하나도…. 그리고 그

렇게 초청해 주시는 건 거의 문과를 위한 쪽이었어요. 그런 다른 프로그램이 많이 마련되었다면 저도 참여하지 않았을까 싶어요.(D고등학교, 서울 소재 대학 진학자 구하영 2차 면담 내용)

C고등학교 김우람은 진학자의 경우 지원 대학의 학과에 대해 피상적으로 아는 상태를 넘어 어떤 내용과 방식으로 교육하는지도 충분히 알아야 학업 과정에서 그와 관련된 준비를 할 수 있다고 지적했다.

아쉬웠던 점은 제가 (학)과에 대한 정보가 너무 없었어요. 대학이라는 게 가서 4년을 지내야 하잖아요. 고등학교 시절보다 더 많은 시간인데, 그게 또 과에 따라 많이 달라지잖아요. 어떤 과는 실습 위주일 수도 있고 어떤 데는 어떤 과목이 중요할 수도 있는데, 그런 정보가 너무 부족하고 선생님들도 그런 정보를 직접 알려 주시지는 않고, '여기 가면 어디 취업한다'는 정도. 가서 뭘 배우는지 모르니까 정보가 너무 부족해서 과를 쓸 때 아쉬웠어요. 정보가 많아야 하고 체험도 해야 하고, 뭔가 자기 가치관을 확립해야 될 것 같아요. 그래야 성공적으로 할 수 있다고 생각해요.(C고등학교, 천안 소재 대학 진학자 김우람 2차 면담 내용)

E고등학교 신경아는 학생들이 고등학교를 마치고 일정 기간 어떤 일을 하거나 어떻게 살 것인지 알아보도록 허용하는 외국의 제도를 소개하면서, 고등학교에서 급히 진로를 결정하여 대학에 직행하게 하는 관행이 개선되어야 한다고 보았다.

덴마크에서는 고등학교 졸업하면 다들 모두 1년을 쉰대요. 그런 인식이 있대요. 그 1년 동안 여행을 떠난다든지, 자기만의 시간을 갖고 진로에 대해 고민한다던데, 그 책을 읽고 '아, 우리나라도 이랬으면 좋겠다'고 생각했어요. 왜냐하면, 딱히 나를 이렇게 돌아볼 수 있는 넉넉한 시간을 주지 않잖아요. 그걸 (고등)학교를 다니면서 해야 한다는 것 자체가 너무 압박하는 것 같아요.(E고등학교, 용인 소재 대학 진학자 신경아 2차 면담 내용)

D고등학교 김정윤은 고등학교 과정에서 대학 진학에 맞추어 개인의 '꿈'을 정하도록 하는 것은 무리한 방식이라고 여겼고, 개인이 자신의 성향과 선호 분야를 파악할 수 있게 하는 일이 선행되어야 한다고 보았다.

주변 환경이나 지인들의 영향, 부모님의 영향으로 빨리 생각해서 '난 이게 맞는 것 같다', '재미있어 보인다', 그러면 할 수 있는데, 딱히 그런 것 없이 그냥 만만하게 살아온 학생들한테 '빨리 꿈 정해'—이런 느낌으로 진학하라고 하는 게 맞는지, 솔직히 준비할 필요 없을 것 같아요. 자기가 어떤 사람인지만 알아 놓고. 뭘 하고 싶은지, 자기 성향, 뭔가에 집중했을 때 어떤 특징이 있고, 무얼 좋아하고 싫어하는지, 그런 걸 미리 알아 두고—고등학교 때 그 정도만 알아 두면 충분하다고 생각해요.(D고등학교, 비진학자 김정윤 2차 면담 내용)

G고등학교 고재우는 학생들이 일찍부터 다양한 경험을 하면서 진로를 찾아갈 기회를 갖는 것이 중요하고, 가능하면 직접 경험하는 것이 필요하다고 보았다.

경험을 넓게 하는 게 제일 중요한 것 같아요. 제가 바리스타, 커피 만드는 일을 하고 싶다고 해도 안 하고 후회하는 것보다… '이거 내가 할 수 있을까? 그냥 다른 거 한번 생각해 보자'—이것보단 일단 해보자며 몸으로 직접 겪어 봤는데 '이건 나랑 안 맞는 것 같아, 다른 진로를 생각해 보자'—이게 낫잖아요. 하고 후회하는 게. 그러니까 그런 식으로 사회 경험을 많이 쌓아가는 거죠. (돈 벌기 위해) 일을 먼저 하는, 그것보다는 자기 진로를 일단 찾는 게 중요한 것 같아요. 더 일찍 찾으면 좋죠.(G고등학교, 비진학자 고재우 2차 면담 내용)

H고등학교 이현수도 학생들에게 정형화된 진로나 진학의 틀을 제시하기보다는 그들이 어릴 때부터 스스로 자신들의 흥미와 적성을 알아보고 선택하는 능력을 쌓을 수 있는 환경을 조성해 주어야 한다고 지적했다. 그가 생각하는 혁신학교는 학생들이 주도성을 발휘하여 학교 생활을 스스로 구성해 가도록 기회를 보장하는 곳이었다.

우리나라는 진로나 진학은 정형화된 틀이 있다고 생각하는데, 대학 졸업하면 취업하고, 그런 패턴에서 학생들의 선택 기회가 사라지죠. 타인의 의도와 목표의식이 주입됩니다. 학생들의 자기 선택권을 늘려야 합니다. 어릴 때부터 자기가 좋아하는 것이 무엇인지 탐색해 보는 환경이 중요하다고 생각해요. 삶의 순간순간 결정을 내릴 때 그런 환경이 바탕에 있어야 합니다. 경쟁적이고 수동적인 환경에서 더불어 사는 의미, 자기 주도적인 무엇인가(를) 고민해야 합니다. 결국, 혁신학교를 모델만을 위해서는 아니고 학생들이 만들어 갈 기회를 주어야 합니다.(H고등학교, 비진학자 이현수 2차 면담 내용)

혁신학교와 교육과정의 가치 및 정체성 공유

참여자들 대부분은 혁신학교에서의 다양한 교과 수업 방식과 체험활동이 자신들의 성장에 좋은 토양이 되었다는 데 동의했다. 그들은 그런 경험이 성장의 계기를 만들어 주었고 진로를 계획하고 그것을 향해 노력하는 과정에도 유용했다고 보았다. 반면 당시 혁신학교가 지향하는 가치와 목표, 그리고 교육과정의 정체성이 학교 구성원들 간에 충분히 공유되지 못한 채 실천에 주력한 면이 있었다고 했다.

F고등학교 나혜주는 혁신고등학교에서 공부하고 생활하는 과정을 평소 긍정적으로 생각했고, 입시 전형 과정에서는 혁신학교에서의 생활기록이 공부 잘하는 다른 지원자들 사이에서 자신의 차별적 강점을 보여주는 증거가 되었다며 자부심을 보였다.

> 진로 진학에서 일단 저는 혁신고등학교가 콤플렉스가 아니라, 저의 어떤 스페셜리티라고 생각했어요. 다른 지원자들이랑 구분되는 독특한 경험이라고 생각해서, 오히려 그걸 많이 살리고 싶었고, 그게 자소서나 면접에서도 잘 살아났다고 생각하는 게, 그러니까 제가 썼던 대학들을 가려면 내신, 공부 잘해야 하는 건 너무 당연한 거니까. 뭔가 이런 구분되는 지점이 학교 생활 어떻게 했고, 어떤 가치관을 갖고 있고…(F고등학교, 서울 소재 대학 진학자 나혜주 2차 면담 내용)

B고등학교 윤미래는 자기 학교에서는 수업과 연계한 토론 기회와 글쓰기 대회 등이 풍부하게 제공되었으므로 학생들이 그런 기회를 잘 활용하면 논술 실력이 향상되고 논술이 포함된 입시 전형도 충실히 준비할 수 있

을 것으로 보았다.

> 저희 학교가 토론, 그런 것도 많았고, 자기 생각을 표현할 수 있는 글쓰기
> 대회도 많았어요. 전체 학생들에게 논문, 산문 쓰게 하고, 몇 명 뽑아 2차
> 대회를 열어서, 또 그 위에 올라가면 상장 주고, 그런 게 많았는데, 그런 경
> 우에는 논술 실력이 확실히 느니까, 그런 걸 잘 활용해서 논술 학원도 다녀
> 보고, 그런 대회도 많이 참여해 보고 하면 논술 전형에도 (큰 도움이 되면서)
> 괜찮을 것 같아요.(B고등학교, 천안 소재 대학 진학자 윤미래 2차 면담 내용)

C고등학교 김우람은 학교에서 학생들에게 다양한 활동을 제공하여 수
시 전형에 활용할 수 있는 기록을 만들어 주고, 예체능 분야 대학 진학 희
망자들은 별도의 학급에서 준비시키는 등, 교과 성적 외의 측면을 집중적
으로 지원했다고 보았다.

> 혁신학교니까 활동을 많이 하잖아요. 그게 다 생기부에 들어가니까 종합
> 이나 수시에서는 유리한 것 같아요. 예체능 애들도 유리할 것 같아요. 수업
> 시간에 예체능 애들은 따로 빼 줘서 특화반 같은 데서 준비시키고 그랬거
> 든요. 그런 걸 보면 교과 위주보다는 종합적으로 신경 써주는 면에서 진로
> 에서 유리할 수 있겠다는 생각을 했어요.(C고등학교, 천안 소재 대학 진학자 김
> 우람 2차 면담 내용)

참여자들은 혁신고등학교가 일반고등학교와는 차별성 있는 교육과정을
운영하여 고등학교 교육의 관행을 개선한다는 목적을 추구했음에도 혁신
학교의 지향과 교육과정의 특성을 학생들과 충분히 공유하지 못했다고 반

성했다. 그것은 참여자들의 학교가 혁신학교 도입 초기에 지정된 고등학교들이었다는 배경을 감안할 경우 어느 정도 이해될 수도 있으나, 고등학교 교육을 지속적으로 혁신할 필요가 있다는 요구 측면에서 보면 재고의 여지가 크다.

G고등학교 황인하는, 혁신고등학교 재학 당시 자기 학교가 주변 고등학교들에 비해 어떤 점이 다르고 혁신된 교육과정은 어떤 차별성이 있는지 알지 못했고, 교사들 간에도 혁신교육의 가치와 목표를 이해시키려는 노력에 차이가 있었다고 돌아보았다.

> 우리 학교가 혁신학교라는 것을 인지하지 못하는 친구들도 많았고, 게다가 다른 학교 친구들이랑 만나서 '너희 학교는 무슨 커리큘럼으로 어떻게 진행해?' 이런 식으로 말하는 게 아니니까 서로 차이점을 모른단 말이에요. 그리고 담임선생님마다 이런 정보를 주시는 선생님이 계시고, 안 알려주시는 선생님이 계시고 이래서 교우관계가 좀 넓은 친구들은 다른 반에서 얘기를 듣기도 하고, 그런 것에 어두운 친구들은 나중에도 몰랐다는 경우도 많았습니다. 선생님들도 이런 것에 대한 홍보를 적극적으로 해주셨으면 좋겠어요.(G고등학교, 충주 소재 대학 진학자 황인하 2차 면담 내용)

D고등학교 김정윤도 당시 학교에서 학생들이 교과 수업시간에 왜 토론과 발표를 많이 해야 하는지 이해하지 못한 채 활동에 참여했다는 점을 되짚어보았다. 그는 혁신학교가 추구하는 변화를 실현하기 위해서는 기술적 실천에 앞서 먼저 학교 구성원들이 혁신학교의 가치와 정체성을 공유해야 한다고 보았다.

학교에 들어갈 때 혁신학교가 뭔지 정확히 몰랐어요. 그런데 최근에 조금 알아보고. 저희가 학교에 다닐 때는 뭔가를 해도 '아, 이게 혁신학교여서 하는 거야' 이런 설명 없이 그냥 토론 많이 하고 발표 많이 하고 그랬지, 지나서 생각해 보니까 '이게 혁신학교여서 그랬구나' 그런 걸 딱히 강조하지 않아서.(D고등학교, 비진학자 김정윤 2차 면담 내용)

혁신학교 학생의 총체적 삶을 수용하는 입시 전형 마련

참여자들은 대학 입시 측면에서는 혁신학교 학생의 삶을 총체적으로 반영하는 전형이 마련되어야 한다고 요구했다. 그들은 혁신고등학교에서 아무리 차별화된 교육을 경험하더라도 결국 '성적'에 의해 승패가 좌우되는 입시 대열에 합류할 수밖에 없다면 학생들은 불안해할 것이고, 혁신학교 교육의 실제는 입시 '스펙'으로 변형될 거라고 예견했다. 참여자들은 현행 대학 입시 체제에서는 혁신고등학교 학생들이 수시 전형을 활용하는 편이 다소 유리하다고 보았는데, 그 이유를 학생 중심 수업 방식과 다양한 체험 활동에서 찾았다. 더 구체적으로는 학생들이 변화된 과정에 대한 기록을 중심으로 평가받을 수 있는 학생부종합전형이 가장 적합하다고 보았다. 수시 학생부종합전형으로 상징되는 참여자들의 요구는, 혁신을 지향하는 학교에서 교육받은 내용과 방식대로 개인의 자질과 준비도를 판별하여 다음 단계의 교육을 추구할 수 있는 기회를 제공해야 한다는 것이었다. 그러한 요구는 특히 대안교육 특성화고등학교를 졸업한 참여자들에게서 강하게 나타났다.

G고등학교 김지은은 대입 전형에서 성적을 우선적인 기준으로 적용하기보다는 해당 대학 및 학과 특성에 더 적합한 지원자를 찾아 선발하는 노력

이 필요하다고 보았다.

> 정시도 어쨌든 똑같을 것 같거든요. 그런데 대학 입장에서 수시·정시 해서 뽑을 거라면 정시 친구들을 비하하고 그러는 건 아닌데, 그 친구들은 성적 나오면 솔직히 내 꿈을 찾아서 가는 게 아니라 네임 밸류 높은 학교에 가려고 하잖아요. 각 대학에서도 그 대학이 내세우는 특성에 맞고 학과에서도 성공할 수 있는 학생들을 뽑기 원한다면 수시를 잘 활용해야 한다고 생각하고요, 정시를 늘린다 해도 그만큼 서울 친구들이 더 많이 뽑힐 것 같아요. 교육열도 높고, 학원가도 많이 조성되어 있고 하니까.(G고등학교, 서울 소재 대학 진학자 김지은 2차 면담 내용)

F고등학교 하운재는 성적을 기준으로 선발하는 정시 전형은 대학 학업에 적합한 지원자의 제반 특성을 알아보기 어려운 점이 있다고 판단했고, 특히 혁신학교에서 교육받은 학생은 그 방식에 입각하여 입시 전형을 치를 수 있어야 한다고 단언했다.

> 정시의 장점도 있긴 하겠지만 정시라는 제도가 올바르지 않다고 생각하기 때문에, 과연 고등학교에서 배운 것에 대한 평가를 성적순으로 나열한다고 해서 대학교에서 배우는 것과 큰 연관이 있을까. 물론 상관관계는 좀 있겠지만, 그게 입시에서 평가의 절대적인 영역이어서는 안 된다고 생각하기 때문에. 오히려 수시가 더 옳다고 보기 때문에 수시를 해야 한다고 생각합니다. 제가 생각하는 이상적인 교육 방향은, 혁신학교의 방향 자체가 다양한 것을 체험하게 해주고 말을 많이 하게 해주고, 그런 것이 대학을 위해서가 아니라 시민으로서의 방식이기 때문에, 이것을 최종적으로 혁신

학교의 교육 방식으로 가서 수시로 다양하게 학생들을 평가해야지, 수시와 정시 중에서 수시가 유리하다, 정시가 불리하다—이렇게 표현하는 건 조금 안 맞다고 생각해요.(F고등학교, 오산 소재 대학 진학자 하운재 2차 면담 내용)

비진학자를 위한 여지 확보

일부 참여자들이 최종적으로 비진학을 선택한 배경이나 동기는 각기 달랐다. 대학에 진학하려 했지만 성적이 맞지 않았거나, 사회적 상황을 지켜본 후 세계관이 바뀌어 진학 의지를 접었거나, 또는 가정 형편이나 개인적 관심에서 취업을 결정하기도 했다. 개인적 가치관에 따라 자발적으로 비진학을 선택한 학생들에게도 학교는 그들에게 적합한 교과 수업과 체험활동을 제공할 준비가 되어 있지 않았다. 참여자들은 대학 진학을 우선시하는 사회적 인식에 변화가 필요하고, 대학 진학 외에도 고등학교 졸업자들의 다양성을 수용할 수 있는 구조가 마련되어야 하며, 대학을 졸업하지 않아도 직업 선택과 사회생활에 장애가 없어야 한다는 데 공감했다.

A고등학교 박한솔은 대학 진학이 어려워 학교에서 연결해 준 직업교육 위탁과정에서 조경 분야를 수료했지만, 적성과 직업 안정성 면에서 문제가 있다고 느껴 수개월 후 그만두었다. 그는 1학년 때부터 스스로 진로에 대해 진지하게 생각하면서 체험활동들을 폭넓게 경험할 필요가 있었다고 보았다.

본인이 여러 가지 고민이 많으면 우리 학교 오셔도 돼요. 굳이 꼭 특성화고 갈 필요는 없을 것 같아요. 우리 학교에도 미대반이 있고, 체대반이 있고,

운동이 좋으면 체대반 가도 되고, 아니면 저처럼 위탁교육을 밟고 싶으면 위탁학교 쪽으로 빠져도 되죠. 저 같은 경우에는 아예 진로를 바꾼 상태여서 다시 하면 위탁학교는 안 갈 것 같아요. 차라리 인문계 쪽을 더 공부했다가 바로 준비해서 공무원 시험을 봤을 것 같아요. 고1 때부터 천천히 진로 생각하는 것도 중요하고요. 그리고 뭔가 여러 가지를, 그러니까 학교에서 하는 여러 가지를 다 체험해 봤으면 좋겠어요. 할 수 있는 것.(A고등학교, 비진학자 박한솔 2차 면담 내용)

E고등학교 김하준은 3학년이 되면서 스스로 비진학을 결정했지만 진학 예정자들 중심으로 관리되는 교실에서는 자신의 진로를 위해 할 수 있는 일이 거의 없었다. 그는 학교에서 자신처럼 비진학을 택한 학생들이 진로를 재설정하도록 별도의 과정이나 프로그램 등을 마련해 줄 수도 있었을 거라며 아쉬워했다.

3학년 때, 학교에서 시간 보내는 거 말고는 아무것도 할 수 있는 게 없어서, 그래서 대학 비진학 학생들을 대상으로 하는 프로그램이나 이런 것들 좀 마련해서, 길을 잡는 데 도움을 줄 수 있지 않았을까 하는 생각은 했어요.(E고등학교, 비진학자 김하준 2차 면담 내용)

F고등학교 박정선은 고등학교에서 현실적으로 학생들의 대학 진학을 우선시할 수밖에 없지만, 창의적 교육과정을 운영한다는 혁신학교의 취지에 비추어 보면 비진학 예정자들의 요구 파악이나 지도 대책 수립이 미흡했다고 보았다.

혁신학교라 해도 마지막은 인문계랑 똑같은 분위기거든요. 결국 대학 중시라는 말인데 이 부분은 저같이 다른 것을, 다른 길을 생각하는 사람한테는 그렇게 효과적이진 않았던 것 같아요. 어떻게 보면 인문계니까, 대학을 중요시하긴 하는 것이니까 이 점은 좀 아쉬워요. 혁신학교면 혁신학교의 그것을 계속 끝까지 따라갔으면 하는 점이 좀 있어요.(F고등학교, 비진학자 박정선 2차 면담 내용)

H고등학교 이현수는 우리 사회에 대학 입학 외에도 고등학교 졸업자의 다양한 특성을 수용할 수 있는 경로가 마련되어야 하고, 대학에 가지 않아도 직업 선택과 사회생활 영위에 불편이 없어야 비진학에 대한 우려의 시선이 달라질 거라고 제언했다.

학교에서 제공 가능한 진로 정보의 부족 측면으로 볼 수도 있지만, 어떻게 보면 우리 사회가 학생들의 열정과 동기를 고등학교 졸업 이후 수용할 수 있는 곳이 적다는 측면으로도 볼 수 있을 것 같습니다. 여전히 학부모님과 선생님들께서 비진학 학생들에게 대학을 권유하시는 부분들 혹은 비진학에 대한 사회적 인식 개선이 필요한 부분이고, 대학 진학이 필수가 되지 않아도 사회에서 직업 선택의 자유가 많이 주어져야 한다고 생각합니다. 많은 학교가 혁신교육을 시도하여 각 학교만의 혁신을 하게 되면 좋겠고, 학생들의 활동과 동기가 소외되지 않도록 사회 및 학교가 부단히 그 열정들을 현실적인 삶과 연결시켜 주는 역할을 하면 좋겠습니다.(H고등학교, 비진학자 이현수 2차 면담 내용)

제 4 장

살아가기,
현재와 연결된
혁신고등학교
삶의 성찰

이 장에서는 참여자들이 혁신고등학교를 졸업한 후 어떻게 생활하는지, 혁신고등학교에서 얻은 경험과 신념은 무엇인지, 그리고 혁신고등학교 생활 경험은 각자의 삶에 어떤 형태로 스며들었는지 알아보았다.

서울 소재 대학 진학자들은 학업을 계속하거나, 휴학하고 장래의 직업 분야에서 경험을 쌓고 있거나, 대학 졸업 후 직장생활을 하고 있었다. 대학에서 공부하고 있는 참여자들은 전공에 맞추어 진로를 연결해 갈지 아니면 다른 길을 찾을지 고민했다. 서울 외 지역 대학 진학자들도 전공 학업을 따라가기 위해 노력하거나 앞으로의 진로를 정하기 위해 고심했고, 학생회활동에 매진하거나 대안적 삶을 모색하고 있었다. 비진학자들은 직장생활을 하고 있거나, 시행착오를 겪으며 다른 길을 모색하거나, 다양한 경험을 쌓으면서 새로운 길을 탐색하고 있었다.

참여자들 다수는 고등학교 생활을 즐겁고 행복한 것으로 기억했고, 교사 및 친구들과 다양한 활동을 하면서 개인의 내적 성장 및 성숙을 이루었다고 생각했다. 일부는 고등학교에서 생활하는 동안 약화된 자존감을 회복하거나 진로 선택에서 우회로를 발견하는 등, 치유와 전환의 경험도 있었다고 했다. 참여자들은 고등학교에서 수업과 체험활동 등에 열의를 가지고 임했고, 삶의 가치에 대해 생각하며 직접적 경험을 통해 학습했던 자취를 소중하게 여겼다.

참여자들이 고등학교의 수업과 체험활동 및 인간관계를 통해 형성한 경험은 졸업후 그들의 직업 또는 일터와 대학생활에서 필요로 하는 사회적 기술로 녹아들었다. 대학 진학자들은 고등학교 교과 수업에서 활용했던 기술들에 한층 숙련된 모습을 보이거나 동료들의 학습을 도와주면서 공동체적 가치를 실천하는 동시에 자신들의 학습을 견고히 했다. 그들은 혁신고등학교에서 내면화한 가치를 일상생활과 학업 과정에서도 이어 가기 위해 생태적 세계관 및 더불어 사는 삶, 공익을 위한 실천, 역지사지의 정신, 가치 지향에 걸맞은 사회의 추구 등에 관심을 기울였다. 혁신고등학교에서 얻은 자신감을 대학 수업에서 발표·토론·글쓰기 능력으로 발휘했고, 자치회 참여 결정이나 아르바이트 면접 등에도 활용했다.

참여자들은 혁신고등학교의 존재 가치에 대해서는 입시 외 삶의 방향 제시, 관계 학습의 장, 주체성과 자율성 실험, 삶의 토대 구축, 변혁의 가치 실천 등의 관점을 보여주었다. 그리고 이후 혁신고등학교의 변화 방향에 대해서는 삶에 대한 폭넓은 이해와 접근, 주체적인 삶의 능력, 교육과정의 특색, 대안적 삶에 대한 정보, 공동체성의 가치 내에서 존중되는 자율성, 고른 기회와 지원, 구조 변화와 동반한 학교 혁신을 제시했다.

혁신고등학교의 생활에 이어지는
현재의 삶은 어떠한가?

서울 소재 대학에 진학한 참여자들은 학업을 계속하거나 휴학을 하고 장래 직업 분야에서 경험을 쌓고 있었고, 졸업 후 직장생활을 하는 경우도 있었다. 그들은 학과 공부를 하면서 전공에 맞는 진로로 이어갈 것인지 아니면 다른 길을 찾을 것인지를 고민했다. 서울 외 지역에서 대학에 다니는 참여자들도 전공 학업 수준을 유지하거나 장차 진로를 정하기 위해 고심했고, 학생회활동에 매진하거나 대안적 삶을 모색하고 있었다. 비진학자들은 직장생활을 하거나, 시행착오를 딛고 다른 길을 모색하거나, 또는 다양한 경험을 쌓으면서 나아갈 길을 탐색하고 있었다.

학업과 직업의 연결 가능성 타진

서울 소재 대학 진학자들은 대체로 열심히 학교 생활을 하면서 학업성적도 철저하게 관리하는 편이었다. 남자들은 군 제대 후 복학하여 학업을 계속하고 있었고, 여자들 중에는 이미 졸업하여 직장인이 된 경우도 있었다. 일부 참여자들은 휴학하고 희망 직장에서 인턴으로 일하거나, 장래 직업과 관련된 분야에서 공공기관의 프로젝트에 참여하기도 했다. 그들은 전공에 맞는 진로를 이어갈 것인지(A고등학교 이정민, B고등학교 주민하, D고등학교 구하영, E고등학교 강선민, H고등학교 박아경) 아니면 다른 길을 찾을 것인지(F고등학교 나혜주, G고등학교 김지은) 고민하고 있었다.

C고등학교 소정현은 대학에서 유아교육을 공부하고 교원 임용시험에 합격하여 공립초등학교 병설유치원에서 교사로 일한 지 몇 개월이 되었다. A고등학교 이정민은 기계공학과 2학년을 마치고 군복무를 한 후 제대하여 자신이 부족하다고 생각하는 교과 분야를 집중적으로 보완하면서 공부하고 있었다. B고등학교 주민하는 초등학교 교사가 되고자 했던 꿈을 이루기 위해 일반대학 국문학과에 다니다가 자퇴하고 다시 입시를 치러 입학한 교육대학 학생으로 공부와 아르바이트를 병행하고 있었다. D고등학교 구하영은 대학의 화공생물공학과에서 장학금을 받을 만큼 성적을 유지하면서 졸업 후 취업에 대비하여 어학 시험과 전공 분야 자격증 취득에 신경 쓰고 있었다. E고등학교 강선민은 전자전기공학을 공부하면서 기업에서 주최하는 공모전 출품을 준비하고 취업 정보도 모으고 있었다. H고등학교 박아경은 지식융합미디어학부에서 아트 및 테크놀로지를 전공하면서 공동체와 도시 재생에 대한 관심을 펼쳐 지역민에게 미디어교육을 하고, 마을 행사를 영상으로 기록하는 일에 관심을 쏟고 있었다.

F고등학교 나혜주는 국문학을 공부하면서 학보사에서 활동하며 편집장을 맡은 적도 있었으나 휴학하고 언론사 인턴생활을 했다. 그러나 인턴의 눈에 비친 기자직이 자신이 꿈꾸던 것과 다르다고 느껴 다른 일을 찾고 있었고, 특히 직장에 정착하기보다는 하고 싶은 일을 해야겠다는 결심을 굳혔다. G고등학교 김지은은 경영학을 전공하면서 학점을 잘 받기 위해 노력하고 있었고, 주변 친구들처럼 4학년이 되기 전에 휴학하고 자격증을 따거

나 어학연수를 하거나 또는 여행을 해볼 것인지를 고민했다.

학업 능력 관리와 진로 준비

서울 외 지역 대학 진학자들도 비슷한 고민을 안고 생활하면서 다채로운 삶의 경로와 모습을 보여주었다. 특히 이공계 학과 전공자들은 학업에서 뒤처지지 않아야 한다는 경계심을 가지고 공부했다. 그들은 전공 영역에서 교과별 학업 수준을 올리기 위해 안간힘을 썼고(A고등학교 장석호, E고등학교 신경아, G고등학교 황인하), 전공을 유지하는 가운데 진로를 고민했다(B고등학교 윤미래, C고등학교 김우람, H고등학교 유하민). 학생회활동에서 리더십을 발휘하기도 했고(D고등학교 이국화), 대안적 삶에 대한 고민 속에서 견문을 넓히고 취업을 생각했다(F고등학교 하운재).

A고등학교 장석호는 건축학과에 다니다가 군복무 후 복학했고, 선배들과 팀을 이루어 공모전을 준비하고 있었다. 그는 많은 시간을 학업에 할애하고 있었는데, 복학 후 수강하는 교과의 내용이 어렵고 학습량도 많아 큰 부담을 느끼고 있었다. E고등학교 신경아는 미디어디자인을 공부하면서 아르바이트도 병행했다. 그는 대학에 들어가면 하고 싶은 일을 할 수 있으리라 생각했지만 부모에게 받는 용돈으로는 이런저런 활동을 하는 데 턱없이 부족하여 우울해하기도 했다. 아르바이트를 하면 서양화나 동양화 수업에 필요한 재료를 사고 주변 사람에게 줄 선물도 살 수 있는 반면, 공부에 집중하지 못하면 'F가 너무 많이 나올 것 같고' 체력도 걱정되어 갈팡질팡했다. G고등학교 황인하는 환경보건과학을 전공하면서 융합치료를 부전공으로 이수하고 있었다. 그는 공공기관의 프로젝트나 공모전에 관심을 가지고 적극 응모했고, 연구그룹에 참여하여 견문을 넓혀 가고 있었으며,

생활비를 벌기 위하여 과외 지도도 했다.

B고등학교 윤미래는 전문대학을 다니다가 다시 입시를 치르고 4년제 대학에 입학하여 아동복지학을 공부하고 있었다. 그는 컴퓨터 관련 자격증을 따기 위해 공부하고 있었고, 물리치료와 미술치료 관련 자격증 취득도 생각하고 있었다. 그리고 사회복지관 봉사활동을 계속하면서 졸업 후 보육이나 복지 현장으로 갈지 아니면 대학원에 진학하여 공부할지 고민했다. C고등학교 김우람은 금속공학을 공부하고 있었는데, 가능한 한 넓은 인간관계를 맺고 영어와 컴퓨터 능력을 갖추는 데 신경을 썼다. 그는 '대학에 가면 직업이 뚜렷해지고 그럴 줄 알았는데 자기가 찾아보고 노력하지 않는 이상 누군가 답을 정해 주지는 않는다'고 판단하여 졸업 후 직업 선택의 기회를 늘리기 위해 교직과정도 이수하고 있었다. H고등학교 유하민은 교육학과 영어교육을 함께 공부하다가 3학년을 마친 후 어학연수와 인턴취업을 연계한 프로그램에 참여하여 1년간 미국에서 생활하고 돌아왔다. 그는 졸업 후 교원 임용시험을 볼지 대학원에 진학할지 고민하고 있었고, 대학원에 진학한다면 장학단체의 후원을 받아 미국에서 공부하기를 바랐다.

D고등학교 이국화는 산림경영학을 공부하고 있었는데, 학과 학생들의 높은 학업 수준과 취업 실적 등에 자부심이 컸다. 그는 3학년이 되어 단과대학 학생회 부학생회장을 맡으면서 학업 외의 분야에서 더 자긍심을 느꼈고, 공부에 쏟는 시간이 줄어든 만큼 학생회 선배들로부터 '족보'와 수업 자료를 구하여 만회하고자 했다.

F고등학교 하운재는 사회학을 공부하다가 군복무를 하고 유럽을 여행하면서 3년간 휴학을 했다. 그는 복학 후에도 이전처럼 도시 재생, 도시 건축, 도시 설계 등에 대한 관심을 유지하고 있었지만, 동기와 1년 후배들까지 졸업 후 취업한 상황이어서 비로소 자신의 취업에 대해 고민하기 시작했다.

직업에의 정착과 또 다른 탐색

　대학에 진학하지 않은 혁신고등학교 졸업생들도 다양한 삶을 꾸리고 있었다. 다수는 원하는 분야에서 나름대로 직업을 구하여 일하고 있었고(B고등학교 최기연, C고등학교 나민희, D고등학교 김정윤, F고등학교 박정선, G고등학교 고재우), 시행착오 끝에 다른 길을 모색하며 준비하는 경우도 있었다(A고등학교 박한솔). 또 자기 소신에 따라 대학 입학을 유보한 졸업생들은 다양한 경험을 쌓으면서 어떤 길을 선택할지 계속 탐색하고 있었다(E고등학교 김하준, H고등학교 이현수).

　B고등학교 최기연은 고등학교 졸업 후 바로 군에 입대하여 복무를 마친 후 서울에 있는 영화 장비 회사에 들어가 장비 관리 업무를 하면서 가정 경제를 책임지고 있었다. 장거리 통근에 밤늦게까지 근무할 때도 많지만 자신이 좋아하는 일을 하고 있다는 데서 현재 삶의 경로에 안도하고 있었고, 언젠가는 자신의 영화를 만들 수 있으리라 믿고 있었다. C고등학교 나민희는 바리스타가 되기 위해 카페에서 일하며 커피 만드는 방법을 배우고 있었는데, 영어 공부도 계속할 생각을 갖고 있었다. D고등학교 김정윤은 회사원이 되어 웹사이트 만드는 일을 하고 있었는데, 자기 업무 분야에서 계속 실력과 전문성을 쌓아갈 수 있기를 바랐다. F고등학교 박정선은 카페 매니저를 겸하는 바리스타로 일하고 있었다. 그는 맛있는 커피를 만들어 손님들에게 최선의 서비스를 하기 위해 노력하고 있었고, 바리스타 대회에 나가 이름을 알리고 훗날 자신의 카페를 운영하고 싶다는 포부를 키우고 있었다. 카페에 찾아오는 외국인 손님도 어느 정도 있어 그는 영어 공부의 필요성을 느끼고 실제 공부에 일정 시간을 할애하고 있었다. G고등학교 고재우는 전문학교 졸업 후 바로 군복무를 하였고 현재는 헤어 부문 자격증 과정에 들어가기 위해 아르바이트를 하고 있었다. 그는 고등학교 3

학년 때부터 미용학원을 다녔고 전문학교에 다닐 때는 미용대회에서 입상도 했으나, 메이크업 분야 자격증만으로는 취업이 쉽지 않을 거라고 판단하여 다시 공부를 하기로 결심했다.

A고등학교 박한솔은 직업교육 위탁과정에서 조경을 배웠으나 조경 분야에서 일하는 것을 포기하고 편의점에서 매니저로 아르바이트를 하고 있었다. 여행가이드를 하고 싶고 좋아하는 영어 공부도 하고 싶지만 동생이 취업을 앞두고 있고 어머니는 질병으로 일을 하기 어려워져 교정직 공무원 시험을 보려고 마음먹고 있었다. 그는 고등학교 3학년 때 급하게 직업교육 위탁과정에 가기로 결정한 것을 자못 후회했다.

E고등학교 김하준은 스페인의 대안대학교 1년 과정을 다니다 돌아와 종합 놀이공원에서 아르바이트를 하고 있었다. 그는 학벌주의에 대한 문제의식에서 국내 대학 비진학을 결정했지만 스페인에서 공부를 계속할까 생각하기도 했고, 안정적 직장을 찾아야겠다는 현실적 요구도 느끼고 있었다. H고등학교 이현수는 다양한 사람들을 만나 사고를 확장하고 싶다는 생각에 미네르바대학 입학을 준비했으나 뜻대로 되지 않았고, 그럼에도 막연한 불안감을 해소하려는 목적에서 대학에 진학하지는 않겠다고 마음을 굳혔다. 그는 같은 고등학교를 졸업한 친구들과 서울에서 집을 구하여 1년간 공동생활을 하는 동안 국제적 숙박플랫폼 회사 고객센터에 취업하여 책임감 있게 일하는 방식을 익혔고 그것을 매우 뜻깊게 생각했다. 그러나 정기적 수입을 얻는 것보다는 지적으로 성장하고 싶다는 요구가 더 강해지는 것을 느껴 군복무 후에는 대학에 진학할 수도 있을거라고 생각하고 있었다.

혁신고등학교에서
무엇을 경험하고 얻었는가?

참여자들 다수는 고등학교 생활을 즐겁고 행복한 기간으로 회상했다. 교사 및 친구들과 다양한 활동을 통하여 왕성하게 소통하고 상호작용하면서 친밀감을 느끼고 개인의 내적 성장 및 성숙을 이루었다고 했다. 그들의 혁신고등학교 생활에는 약화된 자존감을 회복하거나 진로 선택에서 우회로를 발견하는 등, 치유와 전환의 경험도 있었다. 참여자들은 혁신고등학교의 교과 수업과 체험활동 등에 열정적으로 임했고, 생활의 제 과정에서 삶의 가치에 대해 생각하고 직접적인 경험을 통하여 학습했다.

즐거움과 행복

대학 진학 여부와 관계없이 참여자들 다수는 고등학교 생활에서 인상 깊게 기억되는 것으로 좋은 관계를 통한 즐거움, 행복, 친밀감 등을 꼽았다.

A고등학교 박한솔은 고등학교에서 좋은 친구들을 만났다는 점을 만족스러워했는데, 그의 학급 친구들은 단합을 잘했고 누구도 소외시키지 않으며 허물없이 어울렸다.

좋은 친구 만나서 좋은 시간이었다고 생각해요. 어른들 말씀하시는 것 중에 공감했던 게, '초·중·고 다 다녀도 졸업하고 만나는 친구는 고등학교 친구뿐이다.' 예전에는 그 말이 별로 신뢰가 안 갔거든요. 물론 사람마다 달라서 초등학교 때 친구 만나고 중학교 때 친구 만나는 친구들도 있겠지만 저는 고등학교 때 친구들 만났던 게 가장 크고 좀 특별했던 것 같아요. (중략) 일단 단합. 예전에는 반 친구들과 어울려서 뭘 하는 것을 싫어했거든요. 그게 조금 귀찮고 싫고 했는데, 고2 때 대표적으로 말씀드리면 되게 재미있었어요. 그러니까 누구 하나 소외되는 것도 없었고 다 같이…(A고등학교, 비진학자 박한솔 3차 면담 내용)

B고등학교 최기연은 경제적 형편이 어려워 고등학교 생활에 제약이 많았고 '별종'으로 불린 만큼 다른 사람들과 교류의 폭은 넓지 않았지만 고등학교 생활을 행복하게 기억했다. 그에게는 영화에 몰두하여 스스로 공부하고 예술 분야에서 재능을 키우던 '독특한' 친구들과 교류하는 일이 가장 큰 즐거움이었다.

행복했죠. 아무 걱정 안 하고 내가 좋아하는 일 하고, 좋아하는 것을 보고, 그게 다였던 것 같아요. 싫어 봤자 짜증나 봤자 그것도 한순간이고, 뭔가 깊게 생각해도 되는, 그런 때였죠. 고등학교 때는. (중략) 관계도 잘 만들려고 했죠. 아, 저같이 독특하다는 말을 듣는 친구들이랑 친하게 지냈습니다. 분야도 다 독특한 친구들이었어요.(B고등학교, 비진학자 최기연 3차 면담 내용)

D고등학교 김정윤은 친구들과 친하게 지내려고 노력하는 과정에서 모든 사람이 자신을 좋아하긴 어렵다는 점을 깨달았다. 그는 친구들을 위해

놀이나 게임 형태의 다양한 활동을 창의적으로 주도하여 추억할 일을 많이 만들었다.

> 친구들이랑 가끔 싸우기도 하고, 사회성을 갖추게 된 것 같기도 하고, 누군가가 고등학교 때 느꼈던 것 중에, 저는 그전에 몰랐어요. 누가 나를 싫어할 수도 있다는 것을 잘 몰랐는데 그때 그런 것도 알았죠. 그게 큰 깨달음이었어요. '아, 누가 나를 싫어할 수도 있구나.' 그런 것, 느낌. (중략) 아, 애들 시험 끝나고 정시 준비나 뭐 다른 것 준비해야 할 게 있는데 안 하는 애들이 보이거나 어느 때는 '오늘 쟤들 기분이라도 좀 풀어주고 싶다' 하는 생각이 들면 데리고 나가서 런닝맨 기획해 가지고 런닝맨 하라고. (중략) 반에서 마니또 게임을 갑자기 해보자 해서, 그 게임을 추진하면 애들이 다 '이게 뭐지?' 했고, 좋은 추억 만들어 주려고 열심히 했죠. 그때 생각해 보면 되게 어이없었다고 하는데 지나고 나니 좋았다고. (D고등학교, 비진학자 김정윤 3차 면담 내용)

G고등학교 김지은은 고등학교 생활을 통하여 교사들과 교류하는 과정에서 다른 사람을 격려하고 배려하는 태도를 인상 깊게 보았고, 그 덕분에 자신도 편안함과 자유로움을 느꼈다.

> 네. 이렇게 공부 안 한다고 크게, 뭐 물론 하라고는 하시는데 '왜 안 해?' 그런 건 아니고, '그래서 너는 뭘 하고 싶은데?' 이런 느낌인 거고, 공부하는 친구들한테도 '너 진짜 이것밖에 안 돼?'라기보다는 좀 더 격려하는, 이런 느낌. '이렇게 하면 좀 더 잘 될 거 같은데?' 이런 느낌. 그리고 하고 싶은 거 지원해 주고, 그래서 자유로웠던 것 같아요. (G고등학교, 서울 소재 대학 진

학자 김지은 3차 면담 내용)

A고등학교 장석호는 학교 생활이 그다지 힘들지 않았고 재미있게 공부했으며, 좋은 선생님과 친구들이 많았던 만큼 기억에 남는 일도 많았다. 그는 특히 학교 차원에서 학생들에게 공부보다 인성을 중시하는 철학을 강조했기 때문에 나쁜 행동을 했던 학생들 중에도 생각과 행동을 고치고 다시 공부하는 경우가 생겼다고 보았다.

연구자   고등학교 생활 전반을 돌아볼 때 대략 느낌이 어때요? 만족스러웠어요? 힘들었어요?

장석호   많이 힘들진 않았어요. 지금이 더 힘들지. 공부할 때도 재미있게 했고.

연구자   고등학교 생활 다시 할 수 있다면 할 거예요?

장석호   네. 할 것 같아요. 친구들도 엄청 많았고, 잊지 못할 추억이 있어요.

연구자   선생님들도 좋았고요?

장석호   네. 친구들도, 선생님들도, 주변의 모든 게 좋았어요.

연구자   학생들 공부시키고 경험 쌓게 하는 데 다른 학교에 비해 조금 다른, 독특한 면이 있었다면 그게 무엇이었을까요?

장석호   '사람은 공부 잘해도 인간이 되어야 한다'고 하신 교장선생님. 인성을 많이 강조하셨고, 이것을 선생님들도 받아들여 가지고, 인사 잘하는—그러니까 인성이라고 하면, 사람 살면서 할 도리 있잖아요. 그런 것을, 도덕 같은 것을 많이 중요시한 것 같아요. 공부보다도. 그래서 그런 영향이 많지 않았나. 그리고 저희 학교에 약간 질 나쁜 친구들이 오기도 했는데, 교화하고 칭찬도 많이 해주시고 하면서.

연구자   학생들이 많이 바뀐다는 느낌이 있었어요?

| 장석호 | 네. 그리고 (수업시간에) 자는 친구들도 한두 명씩 있었지만 공부하는 친구도 생기고 그러면서 자신감을 돋아 주는, 그런 밑거름이 되는—이런 슬로건이 있었던 것 같아요. '인성, 인성을 잘해야 된다.' |

(A고등학교, 충주 소재 대학 진학자 장석호 3차 면담 내용)

사람들과의 소통과 성장

참여자들이 혁신고등학교 생활에서 얻은 중요한 경험 한 가지는 교사 및 친구들과 다양한 활동을 중심으로 활발하게 소통하면서 친밀감을 느꼈고 그것이 각자의 내적 성숙과 연결되었다는 것이다.

A고등학교 박한솔은 혁신고등학교에서 생활하는 동안 교사들이 열정을 가지고 학생들과의 소통이 일어나는 수업을 만들어 가는 모습을 지켜보았고, 그에 감동하여 자신의 학업 태도와 사유 또한 성숙하게 변화되었다고 했다.

> 후회되는 것도 많고 뿌듯한 것도 많지만, 저라는 사람을 한 살 한 살 더 성숙하게, 생각을, 생각의 개념을 조금씩 다르게 만든 시기였던 것 같아요. (중략) 우선 선생님들께서 대부분 수업에 열정적으로 (임하셨고) 저희가 지루하지 않게끔 하려고 하셨던 부분들이 다른 학교와 다르다고 말씀드릴 수 있을 것 같아요. 다른 학교에서 수업을 안 받아 봐서 모르지만, 중학교 때와 비교하자면, 좀 더 성의 있고 열정적이시고 학생들을 위해 재미있게 하셨던 것 같아요.(A고등학교, 비진학자 박한솔 3차 면담 내용)

C고등학교 나민희는 수업을 포함한 혁신고등학교 생활에서 친구들과 함

께하는 활동이 많아 활기 있고 즐거웠다고 회상했다. 학교에서 100분 수업이나 교과교실제를 시도하여 새로운 느낌이 있었고, 수업 과정에 발표와 모둠활동이 많아 학생들의 참여가 다양한 방식으로 조장되었다고 기억했다.

> 활동 자체가 같이 어울리는 것이 많았는데, 친구들이랑 어울리는 게 재밌었던 것 같아요. 즐겁기도 하고 그래서 학교 다니는 게 싫은 것은 없었어요. 방학하거나 개학하거나 학교에 갈 때는 설레서 좋았고, 학교 다니는 생활 자체는 즐거웠어요. (중략) 혁신고등학교여서 100분 수업도 했고. 교과교실제라고 반마다 교과를 지정해서 수업 때 찾아가는 수업이 있었거든요. (중략) 다른 데는 이런 것 있다고 한 번도 못 들어 봤는데, 교과교실제도 나중에 사라지긴 했어요. 수업 방식도 다른 학교랑은 조금씩 달랐던 것 같고, 발표 수업이랑 토론 모둠활동도 좀 많은 편이고요. 수행평가도 좀 비중이 컸고. (중략) 모둠활동에서 누구는 누워서 자고 누구는 수업 열심히 듣는데 같은 점수를 줄 수 없으니까 같은 모둠이어도 다른 점수를 주어서 같이 참여하기를 바라셨던 것 같아요.(C고등학교, 비진학자 나민희 3차 면담 내용)

E고등학교 김하준은 혁신고등학교 생활에 재미있는 일이 많았다고 의미를 부여했다. 그가 말하는 재미의 원천에는 자신과 교사들 간의 의견 대립, 수업을 통해 잘 소통하려는 교사들의 노력, 수행평가 과제에서 출발하여 동아리활동으로 완성된 영화 등에 대한 기억이 있었다.

> 전반적인 느낌은 그냥 재미있었던 일들이 많았어요. 선생님이랑 충돌했던 일들을 지금 돌아보면 재미있었던 일이었고, 남들이 하지 못한 경험을 좀 많이 했던 기간이었던 것 같아요. 일반 수업이 아니라 다른 수업을 하려

고 선생님들이 많이 노력하셨고요. 학교에 정원이 하나 있거든요. 거기 연못도 있고, 봄에 벚꽃 예쁘게 피는 정원이 있었는데, 학생들이 많이 지쳤다 싶으면 그쪽으로 가서 수업하신 적도 있고, 그런데 그런 게 가끔가다 한 번, 이런 게 아니라 뭔가 좀 새로운 것이 필요하다고 느껴질 때마다 그렇게 해주셔서, 그런 것들이 다른 학교랑 크게 달랐던 것 같아요. '그래, 공부는 하는데 재미있게 하자'—이런 느낌이 조금 많이 있었던 것 같아요. (중략) 처음에는 미술 수행평가로 드라마든 뭐든 상관없으니까 어떤 이야기를 가진 영상을 하나 만들어 오라는 조별 수행평가를 선생님이 내주셨거든요. 거기서부터 시작한 게, 저희는 영화를 만들어 보자 해서 만든 건데, 그게 동아리로 발전이 돼서 한 것인데…. (중략) 그래서 학교 축제 때 말씀드렸잖아요. 시상식도 했다고. 거기서 출품해서 최우수상 받고 그랬었거든요.(E고등학교, 비진학자 김하준 3차 면담 내용)

G고등학교 고재우도 고등학교에 다니는 동안 공부보다는 인간관계를 통하여 자신이 변화되었다고 했다. G고등학교에서 학생들은 비록 학업성적이 낮은 편이었지만 꿈이 있었고 서로 잘 어울렸으며, 교사들은 학생들을 잘 이해하고 헌신적으로 지도해 주었다.

많이 성장했던 것 같아요. 성장의 시기죠. 그리고 저 자신을 뉘우치는 시기, 그런 게 컸죠. 삶에 대해 많이 깨닫고, 그니까 현실성을 많이 깨닫게 된 시간인 것 같아요. (중략) 아, 저 때는 (학생들의) 학업 능력이 많이 떨어지는 학교이긴 했어요. 그런데 학업 능력이 떨어진다고 정신적 능력이 떨어지는 애들은 아니잖아요, 저희가. 공부 못해서 이 학교 왔던 거고, 학업 능력이 떨어지는 학교인 거지, 저희가 꿈이 없고 미래가 없는 애들은 아니잖아요.

(중략) 정말 좋은 학교고, 선생님들도 자기 일이 아닌 학생들 일도 자기 일처럼 생각해 주시고. 어떻게든 좋은 대학, 좋은 진로로 나아가기까지 인도해 주시는 선생님들도 많고. 친구들도 팀 나누고, 애들끼리 노는 게 아니라 다 같이 어울려서 학교 전체 학년이 친목을 가졌죠.(G고등학교, 비진학자 고재우 3차 면담 내용)

F고등학교 박정선은 고등학교에서 학생회나 다양한 활동들에 한껏 참여하지 못한 점을 아쉬워했다. 그러면서도 그는 학교에서 수업을 포함한 생활 과정에 참여와 소통을 강조했고, 특히 학생들이 주도하는 다양한 활동을 장려했다고 보았다. 그에게는 1학년 때 선택 교과를 활용해본 것도 매우 신선한 경험이고, 집단 활동에서 다양한 의견을 내면서 친구들과 활발하게 소통한 시간들도 매우 인상적인 기억이었다.

학생회라든가 무슨 활동 같은 것에 좀 더 적극적이었더라면 훨씬 도움이 많이 되지 않았을까 하는 아쉬움이 있어요. 제대로 고등학교를 활용하지 못했다는 느낌이에요. (중략) 이것은 참여와 소통인 것 같아요. 수업도 계속 토론식으로, 선생님이 사회만 보고, 의견도 '이게 맞다'라고 제시하시지 않고, 저희가 대화하는 것 지켜보시고, 중재만 해주시고, 이런 분위기였거든요. 학생들이 주도해서 하는 많은 활동이 있었던 것 같습니다. 1학년 때 하는 세 가지 선택 과목도 특이했던 것 같긴 해요. (중략) 단체활동 같은 것, 좀 열심히 참여했던 것 같아요. 주도적으로 의견 내고, '여긴 어떨까' 라는 말도 꺼내고, 다른 애들이 의견을 꺼냈을 때 '이건, 이러이러한 면은 안 좋은 것 같다'라고 하고, 이런 식으로 의사소통이 활발하게 되었던 것 같아요. 그래서 기억에 남고 재미있기도 했어요.(F고등학교, 비진학자 박정선 3차 면

담 내용)

C고등학교 김우람에게도 혁신고등학교 생활은 자신의 가치관이 형성된 성장의 시기였고, 좋은 사람들을 많이 만나 재미있고 만족스러운 경험을 채운 소중한 기간이었다.

> **연구자** 고등학교 시기는 현재까지의 삶에서 어떤 의미가 있는 기간이었나요?
>
> **김우람** 성장 과정인 것 같아요. 고등학교 시기는 아직 애긴 앤데 성인이 되기 직전 이잖아요. 그때 웬만한 가치관은 다 형성되는 것 같아요.
>
> **연구자** 조금 더 구체적으로 들어가서 고등학교 생활을 돌아볼 때 전반적인 느낌은 어떤지요?
>
> **김우람** 매우 재미있었고, 만족했어요. 좋은 사람들을 많이 만나서.
>
> (C고등학교, 천안 소재 대학 진학자 김우람 3차 면담 내용)

자아 회복과 터닝포인트

참여자들의 혁신고등학교 생활에는 성취에 대한 부담감으로 약화된 자존감을 회복하거나 막다른 상황에 처했던 진로 선택에서 우회로를 발견하는 등, 치유와 전환의 경험이 있었다.

E고등학교 신경아는 2학년 때부터 학교에서 제공하는 활동들을 통하여 자신을 돌아보며 자존감을 회복하고자 했다. 그리고 교사들이 자신에게 하는 질문들을 되새기면서 자신이 무엇을 원하고 중요하게 생각하는지 고민했다.

신경아	여기서는 삶의 가치에 대한 고심이 제일 와 닿았는데요. 전에는 제가 뭘 원하는지도 잘 몰랐는데 동아리활동 하고 교과 공부에 약간 질리면서 저를 좀 더 돌아본 것 같아요. 스스로 뭘 하고 싶어하는지, 뭘 중요하게 여기는지, 뭘 좋아하는지 생각해 봤어요.
연구자	그럼 고등학교 과정 내내 그런 고민들을 하셨다는 건가요?
신경아	특히 고2 때부터 계속 자존감을 회복시키려고 노력했어요. 자존감이 바닥을 치고 있어서요.
연구자	내가 원하는 것은 뭘까, 이런?
신경아	네. '내가 잘하는 건 뭔가' 하고.
연구자	그런데 그것은 그 시기의 성장 과정에서 오는 고민과 변화일까요, 아니면 학교에서 일정 부분 영향을 주었다고 생각하나요?
신경아	학교의 영향이 큰 것 같아요.
연구자	그 이유는요?
신경아	선생님께서 제게 '경아는 뭘 중요하게 생각하니?' 이렇게 질문을 던져 주시지 않았다면 저는 공부만 했을 것 같아요. 그리고 그런 여유가 없지 않았을까 해요.
(중략)	
연구자	네. 여유가 없을 것 같았다. 그런 고민할 공간을 열어 주셨다는 건가요? 고민할 계기를 만들어 주셨다는 건가요?
신경아	네. 어떤 생각을 하기보다 주어진 일만 열심히 하게 되는데, 주변에서 좀 더 생각해 보라고 말씀해 주시거나, 예를 들어 동아리활동 같은 경우에는 교과 외 시간이니까 다른 것을 생각해 볼 수 있잖아요. 그래서 저에게 뭐를, 그러니까 주제를 던져주실 때 그게 과제라고 생각하고 거기에 시간을 투자하는 계기를 만들어 주신 것 같아요.

C고등학교 소정현은 혁신고등학교에서의 입시가 인생의 터닝포인트가 되었다고 확신했다. 그는 본래 교육대학 진학만 생각했으나 성적 문제로 난관에 봉착했고, 3학년 담임교사로부터 유치원 교사직을 안내받고 유아교육과를 선택했다.

> 인생의 터닝포인트가 아닐까 싶네요. 어찌 보면 고3 담임선생님 덕분에 새로운 꿈을 꿀 수 있는 계기가 된 것 같아요. 입시 기간 담임선생님께서는 성적이 되지 않아서 교육대학에 갈 수 없는 저에게 유치원 교사라는 직업을 소개해 주셨고, 자신감을 가질 수 있게 도와주셨어요. '유아교육과도 가서 잘만 하면 교사 대접을 받을 수 있고, 선생님 같은 교육공무원으로도 빠질 수 있다'고 얘기해 주셨어요.(C고등학교. 서울 소재 대학 진학자 소정현 3차 면담 내용)

F고등학교 나혜주는 혁신고등학교에서의 생활을 이전의 중학교 생활과 비교하면서 자신의 외향적 성격을 살려 생각과 느낌을 마음껏 표출할 수 있었던 측면을 매우 의미 있게 평가했다. 그는 혁신고등학교가 아닌 다른 고등학교에 진학했더라면 성격을 억누르며 지내야 했을 거라고 추측했다.

> (제가 다닌 중학교는) 공부만 하는 학교여서, 그때는 오히려 제 성격이 죽어 있었다면 혁신학교에 오고 나서는 그게 되살아난 시간이었어요. F고를 겪었기 때문에 대학에 와서도 제 원래 성격대로 살 수 있는 것 같아요. 제가 일반고나 외고를 나왔으면 지금까지도 성격이 계속 눌려 있을 것 같아요.

(중략) 아, 그러니까 약간 뭐랄까요? 남들은 이렇게 못 받으니까. 혁신학교 남들이 다 다니는 게 아니니까. 그런데 나는 다녔으니까 너무 좋은 교육 서비스를 받았다는 느낌을 받았고, 그 과정에서 많이 성장했어요.(F고등학교, 서울 소재 대학 진학자 나혜주 3차 면담 내용)

삶과 가치의 학습

참여자들은 혁신고등학교에서 생활하면서 삶의 가치에 대해 생각하고 직접적인 경험을 통해 학습하고 실천했다. 그들이 생활의 장에서 지각(知覺)하거나 체득한 가치는 협력, 주체성, 책임감, 평등, 자율성, 공동체, 시민의식, 비판적 사고, 실천 등이었다.

E고등학교 강선민과 F고등학교 나혜주는 다른 친구들과 집단으로 활동하는 과정에서 협력의 가치를 생각하고 실천했다. E고등학교 강선민은 조별 수업을 하면서 과업에 대한 동기가 낮거나 실행 능력이 뒤지는 친구들도 함께 활동하도록 권유하고 독려하는 일을 자임했다.

협력하는 방법—조(별) 수업을 하면 열심히 하는 친구들은 같이 으쌰으쌰 해서 열심히 하는데 못 따라가는 친구들은 어려워서 못 하는 경우도 있고, 하기 싫어서 안 하는 경우도 있는데, 그런 친구들도 같이 해야 하니까 어떻게든 이끌어서 참여하도록….(E고등학교, 서울 소재 대학 진학자 강선민 3차 면담 내용)

F고등학교 나혜주는 혁신고등학교에서는 수업이나 활동들에서 개별 학생을 주체로 인정하고 각기 책임을 다하도록 기대했다고 보았다. 또 각자

책임을 다하는 과정에서 동료 학생들과 평등한 위치에서 끊임없이 교류하고 협력하여 성과를 이루도록 했다고 돌아보았다.

> 모둠 수업이라든가 그런 여러 가지 경험을 할 때 학생 한 명 한 명이 해내야 하는 부분이 많다고 생각하거든요. 그냥 멍 때리고 있으면 아무것도 되는 게 없는데, 수업도 마찬가지고, 교과외활동도 마찬가지고, 그래서 그 정도의 책임감과 일을 부여해 주는 게 좋았어요. 그 말은 즉 주체적으로 설 수 있다는 말이니까, 한 학년에 200 몇 명이라는 학생 중 한 명이라는 어떤 효능감. 이런 게 컸던 것 같아요. 내가 가진 지분이라든가 그런 게 있고, 내가 이걸 해내야 된다는, 그래서 저의 존재감이라든가 위치 같은 것을 항상 자극시켜 준 것 같아요, 수업 방식이나 교과외활동들이. 저는 그런 점이 되게 좋았고, 한 명 한 명이 주체로 섬과 동시에 다른 학생들과 항상 교류하고 협력해야 되고, 뭔가 평등한 관계를 유지해야 된다는 점을 함께 강조했거든요, 학교에서. 내가 이렇게 어떤 지분을 부여받는다는 게 그냥 '너 잘났다고 살아라'—이게 아니라 그만큼 '각자의 지분을 가지고 그걸 한데 뭉쳐서 더 큰 시너지 효과를 내고, 서로가 서로에게 평등한 위치에서 힘을 모아라'라고 저는 배웠어요. 그렇게 배운 게 지금도 영향이 큰 것 같아요.(F고등학교, 서울 소재 대학 진학자 나혜주 3차 면담 내용)

H고등학교 박아경은 대안교육 특성화학교가 지닐 수 있는 교육과정 운영의 자율성 속에서 자신을 포함한 학생들이 주체적으로 교과를 선택하여 공부할 수 있었고, 그런 과정에서 책임감을 배웠다고 밝혔다.

> 본인의 책임감도 있었습니다. 내가 시간표를 짜고 선택한 수업이기 때문

에 열심히 들어야겠다고 다짐하고, 책임감을 가져야겠다고 생각할 수 있었습니다. 교과서도 국가의 것을 따라가지 않을 수 있다는 가능성, 자율적인 부분들이, H고에 허용되는 자율성이 (학교 생활을) 건강하고 즐겁게 만들었다고 봅니다. (중략) H고는 고교학점제를 했고, 선택 교과를 많이 운영했습니다. H고의 교육과정은 정말 좋았습니다. 어떻게 보면, 고등학생들은 시간표라는 정해진 삶을 살게 되는데, 정해진 틀이 있지만, 내가 선택하고 꾸려볼 수 있다는 자율성이 삶 자체를 주체적으로 만들 수 있다고 생각해요. 그 수업을 듣는 친구들도 많은 책임감을 느끼고, 어려움이 있어도 같이 감당해야 할 문제로 봤습니다.(H고등학교, 서울 소재 대학 진학자 박아경 3차 면담 내용)

E고등학교 신경아는 혁신고등학교 대부분의 교과 수업에 학생들의 자율적 참여가 기반이 되는 발표나 토론 과정이 포함되어 있었으므로 자신도 여러 과목을 이수하면서 그런 능력을 갖추게 되었다고 생각했다.

제가 했던 것 중에 가장 독특한 게, 수업마다 거의 발표가 있고 토론하거나 그런 형식의 수업이었거든요. 앉아서 듣는 수업 같은 게 아니고. 그래서 학생들의 참여나 자율성을 학교가 강조했던 것 같아요.(E고등학교, 용인 소재 대학 진학자 신경아 3차 면담)

F고등학교 하운재는 혁신고등학교의 교과 수업에 토론이나 조별 활동이 많이 포함되었는데, 그런 교수 방식을 뒷받침하는 가치를 공동체 정신과 시민의식으로 보았다. 교사들이 그런 가치를 별도로 언급하면서 가르치진 않았지만, 그는 교과 수업과 활동들을 거치면서 자연스럽게 그것들을 내면

화했다.

<table>
<tr><td>연구자</td><td>학생들을 공부시키고 경험을 쌓게 하는 데 다른 학교와 다르게 독특한 측면, 그리고 학교에서 특히 가장 강조한 점이 있었다면 무엇일까요?</td></tr>
<tr><td>하운재</td><td>일단 공부 측면에서 가장 독특했던 것은 아무래도 토론 수업하고 조별 과제, 조별 수업이라고 해야 하나, 조별 과제 제출, 수행평가, 이게—저도 몇 명 안 물어보긴 했지만—다른 학교에서는 전부 주입식 교육, 수업을 하니까 이런 토론 수업이나 조별 수업은 상상도 못 한다고들 했기 때문에 제 주변에서는. 그게 가장 독특하기도 했고요, 가장 강조했던 점은 저희 학교 앞 표석에 쓰여 있는 것처럼 어떻게 보면 공동체 정신, '함께 가자, 느리더라도 함께 가자'는 것을 가장 강조했어요.</td></tr>
<tr><td>연구자</td><td>가장 강조했고, 가장 중요하게 가르친 부분이 그게 맞나요?</td></tr>
<tr><td>하운재</td><td>네. 공동체와 시민의식.</td></tr>
<tr><td>연구자</td><td>어떤 배움의 어떤 경험을 통해 그런 게 느껴졌나요?</td></tr>
<tr><td>하운재</td><td>모든 활동이, 어떻게 보면 토론 수업도 그렇고, 조별 수업이 어떻게 보면 특정 교과목에서는 가장 뛰어나는, 어떻게 보면 제가 혼자 하는 게 가장 편하긴 한데, 같이 하면서 나와 다른 타인의 생각도 들어보고, 나하고 다르다고 해서 틀린 생각은 아니니까, 그것을 목표를 위해 함께 조율해 가는 과정 자체가 시민의식으로 함께 살아가는 것을, 그러니까 그때 수업할 때는 굳이 말도 안 하셨고, 강조도 안 해주셨지만, 생각해 보면 그런 과정 자체가 공동체 정신을 심어주는 과정이 아니었을까 생각해요.</td></tr>
</table>

(F고등학교, 오산 소재 대학 진학자 하운재 3차 면담 내용)

H고등학교 유하민은 1학년 때는 학생회에서 학년회장으로 열심히 활동

했고, 매 학년 교과 과제들을 수행하면서 스스로 공부하고 그 결과를 정리하여 발표하는 데 힘을 쏟았다. 고등학교 생활을 하는 동안 그는 비판적으로 사고하는 능력을 길렀고, 아는 것을 행동으로 실천하려고 시도했다.

연구자   고등학교 생활에서 가장 열심히 참여한 부분은 무엇입니까?

유하민   학생회랑 교과 과제였던 것 같아요.

연구자   학생회는 계속 참여했어요?

유하민   네. 일단 깊이가 달랐던 것 같아요. 고1 때는 학년회장이어서 뭔가 최전선에 있었고 고2 때는 학생회에서 의견을 구할 때 항상 옆에 있었던 것 같아요.

(중략)

연구자   교과 과제를 열심히 한 것이 기억에 강하게 남아요?

유하민   네. 다른 것을 열심히 하지는 않고, 선생님이 발표하라고 하거나 글 쓰라고 하거나 발제하라고 할 때, 그것만 했던 것 같아요.

(중략)

연구자   고등학교 다니는 동안, 학교의 영향을 받았다고 생각되는 것으로 나에게 변화가 생긴 게 있다면 뭐가 있을까요?

유하민   변화라기보다 좀 더 키워진 것 같다는 것은, 비판적 사고라든지 좀 더 행동하는 삶, 저희가 늘 저희 스스로에게 계속 경고라고 해야 되나—'생각했던 것을 생각하고 말만 하지 말고 행동하자'였는데 그것을 실천하려고 노력했던 것 같아요.

(H고등학교, 춘천 소재 대학 진학자 유하민 3차 면담 내용)

혁신고등학교 생활 경험은
현재 삶에 어떻게 스며들었는가?

참여자들이 고등학교의 교과 수업과 체험활동 및 인간관계에서 형성한 경험은 졸업 후 그들의 직업 또는 일터와 대학생활에서 필요로 하는 사회적 기술로 스며들었다. 대학에 진학한 참여자들은 학업 과정에서 고등학교 교과 수업에서 활용했던 방법들에 한층 숙련된 모습을 보이거나 동료들의 학습을 도우면서 공동체적 가치를 실천하는 동시에 자신의 학습을 견고히 다지고 있었다. 참여자들은 삶과 학업 과정에서도 혁신고등학교에서 내면화한 가치를 이어가고자 생태적 세계관 및 더불어 사는 삶, 공익을 위한 실천, 역지사지의 정신, 가치 지향에 맞는 사회 추구에 관심을 갖고 생활했다. 참여자들은 혁신고등학교의 교과와 체험활동 과정에서 형성된 자신감을 대학 수업에서 발표, 토론, 글쓰기 능력으로 발휘했고, 자치회 참여 결정이나 아르바이트 면접 등에도 활용했다.

사회적 기술

참여자들이 고등학교 교과 수업과 체험활동 및 인간관계에서 얻은 경험은 졸업 후 그들의 직업 또는 일터와 대학생활에서 예의 있는 태도, 원활한 고객 응대, 동료 및 상사와의 지지적 관계, 의사 표현과 수용 능력, 삶의 다양성 포용, 친목 및 자치 집단에서의 리더십 발휘, 창의적 문제 해결 등의 사회적 기술로 나타났다.

A고등학교 박한솔은 편의점 아르바이트를 하면서 교정직 공무원 시험 응시를 생각하고 있었다. 그는 빚을 지지 않고, 바쁘더라도 친구들을 만나며 생활한다는 자신과의 약속을 지키기 위해 노력했다. 그는 자신이 언어 능력과 상황 대처 능력을 잘 갖추고 있다고 여겼고, 다른 사람에게 예의 있는 태도로 임하고 있다고 자평했다. 고등학교 시절 교사들과 친근하게 지냈던 경험이 손님들을 친절하게 대할 수 있는 원천이 된다고 생각했다.

> 성인이 되어서 느낀 것은 언어 능력하고요, 대처 능력이 제일 중요한 것 같아요. 어느 상황이 오든 적절히 잘 대처할 수 있는. (중략) 왜냐하면 사람이 먼저 되라는 것은 우선 다른 사람한테 피해를 주지 않는 것, 그리고 그 사람에게 예의를 갖추는 것, 그리고 그 사람이 어리거나 동갑이어도 그 사람에 대한 예의를 갖추는 거라고 생각해서, 그것은 변한 것 같지 않아요. (중략) 선생님들한테 친근하게 다가갔던 게 손님들한테 크게 작용하는 것 같아요. 친절하게 다가가는 게 쉬워졌어요. (중략) 저는 평상시 말투대로 잘 대해 주는데 아직까지는 나쁜 소리는 못 들었던 것 같아요. 되도록 친근하게 다가갔죠.(A고등학교, 비진학자 박한솔 3차 면담 내용)

B고등학교 최기연은 고등학교에서 토론을 일상적으로 경험한 덕분에 자신이 영화 장비 회사에서 고객들을 두려움 없이 응대할 수 있고 자연스럽게 업무적 대화를 할 수 있다고 보았다.

수업 내용들에도 토론이 많다 보니까 대화해도 그렇게 거리낌 없이 훅훅 나가는 것 같네요. 저도 그것에는 좋은 영향을 받은 것 같고, 손님 대하는 데. (중략) 사람이랑 대화하는 데 겁먹지 않는다는 게, 그게 기술이 늘었다면 그렇다고 할 수 있겠죠.(B고등학교, 비진학자 최기연 3차 면담 내용)

C고등학교의 나민희는 고등학교 시절 교사 및 친구들과 원만하게 지냈던 경험 덕분에 사회인으로서 주변 사람들과 우호적 관계를 유지할 수 있다고 보았다. 그는 고등학교에서 친구들과 여러 활동을 하면서 그들의 말을 경청한 후 자신의 견해를 전달했고, 사회에 나와서도 그러한 자세를 유지하고 있으나, 필요한 경우 자신의 생각이나 주장을 자신감 있게 피력할 수 있게 되었다고 했다.

제 최종 학력이 고등학교니까 저한테는 가장 중요했던 시기인 것 같아요. 친구들 만나는 것도 중학교 때 친구들이랑 고등학교 때 친구들이랑, 또 성숙한 것도 달라서 생각하는 것도 차이가 있으니까. 제가 주변 사람들과 관계가 좋아지는 것도. 이때 선생님이나 친구들도 그렇고, 가장 중요하게 여겼던 것 같아요. 그래서 트러블 없이 지내려고 노력했고, 저한테는 제일 큰 영향을 준 기간 같아요. (중략) 이전에는 제 주장이 먼저였다면 학교 생활 후에는 같이 활동하는 게 많다 보니까 남의 말을 조금 더 듣고 제 주장을 하는 편이 됐어요. 사회에 나와서도 반복되다 보니까 그걸로 개인 간 사람 간의 문제는 없었다고 생각해요. (중략) 자신감이 커졌다고 생각돼서, 제가 원하는 게 있으면 의견을 내세우거나 주장할 수 있어서 조금 더 확실하게 성취라면 성취라고 할 수 있을 것 같아요. 제가 주장을 맘껏 펼칠 수 있는 것.(C고등학교, 비진학자 나민희 3차 면담 내용)

D고등학교 김정윤은 혁신고등학교 시절 회의, 토론, 조별 활동 등에서 자기 생각을 조리 있게 말할 기회가 많았고 그것을 단순한 표현이 아니라 공동 활동에 대한 기여 행위로 생각했다. 직장생활을 하면서도 다른 구성원들과 대등하게 자기 생각과 의견을 제시함으로써 소통을 유지하고 궁극적으로는 문제 해결에 기여하려는 태도를 고수하고 있다.

회의 등에서 자기 생각을 말해야 할 때, 무조건 하나 이상은 말해야 하는데, 좀 정리해서 말하는 것을, 한 번 더 생각하고 말하는 것을 배웠어요. (중략) 한 개 이상은 얘기하려고 해요. 회의나 토론, 조별 활동, 이런 걸 많이 하니까, 애들끼리 모이면 애들이 의견을 안 내고 듣고만 있다가 그냥 얻어서 가요. 저는 그게 진짜 싫었거든요. 같이 하고 같이 나아가는 건데 그렇게 듣고만 있고 의견 안 내는 게 너무 싫었어요. 그래서 내 생각 하나는 꼭 만들어야겠다, 그런 것. 그래서 지금도 일할 때 대표님이 뭐 하나 던지면 제 생각 한 가지를 만들어서 내죠.(D고등학교. 비진학자 김정윤 3차 면담 내용)

E고등학교 김하준은 혁신고등학교에서 많은 토론 기회를 통해 자기 의견을 전달하고 다른 사람의 생각을 수용하는 자세를 가다듬었다고 돌아보았다. 그는 가야 할 길을 계속 탐색하고 있지만 혁신고등학교에서 매우 재미있고 유쾌하게 생활했고, 무엇보다도 충분한 경쟁력, 즉 삶을 살아갈 자세와 준비를 갖추었다고 보았다.

나와 다른 사람의 의견을 좀 넓은 시각에서 수용할 수 있게 되는 법은 혁신고라서 배웠던, 할 수 있었던 경험이라고 생각해요. 다른 학교들보다 상대적으로 토론할 기회가 엄청나게 많았고, 그러니까 내 의견을 주장하고 상대방의 의견을 수용하는 법을 배우고, 몸으로 배울 수 있는 시간이 많았는데, 다양성을 수용할 수 있는 (자세를 배우는) 기회였어요. (중략) 초·중·고등학교 통틀어 제일 재미있는 학교였다고 생각해요. 어쨌든 학교에서 웃고 다닐 일이 많았고요. 고등학교 시절을 딱 떠올리면 웃음부터 나오고 기분 좋은 생각들부터 나는데, 정말 좋은 학교, 재미있는 학교였다고 생각해요. 그래서 다시 진학할 고등학교를 선택하라고 한다면 E고등학교를 선택할 거예요. (중략) ○○고 나온 친구랑 저를 비교해 봤을 때, 제가 특별히 그 친구한테 경쟁력으로 밀린다고 생각해 본 적이 없고요. 혁신학교 나와서 그렇게 가고 싶어 하는 상위권 대학에 가서 잘 지내고 있는 친구들도 많은데, 그래서 저는 경쟁력에서 크게 뒤처진다고 생각하지 않아요. (중략) 경쟁력이란 자기 삶을 잘 살아갈 자세나 준비가 얼마나 되어 있느냐인 것 같아요.(E고등학교, 비진학자 김하준 3차 면담 내용)

G고등학교 고재우는 중학교 때까지는 소심한 학생이었지만 고등학교에서는 친구들과 안정적 관계를 맺으며 잘 어울려 협력할 수 있게 되었고, 현재는 주변 사람들을 앞장서서 이끄는 면모를 발휘하고 있다고 변화의 흐름을 설명해 주었다.

중학교 때는 말도 없고 되게 소심했어요. 주눅 들고, 사람 눈을 보며 말하기가 되게 무섭더라고요. 사람 대하기가 좀 많이 힘들었는데, 고등학교 돼서 애들이 먼저 와주고 편하게 해주고 친구들끼리 잘 지내고 그러다 보니까, 그런 태도가 협력하고 어울리는 식으로 바뀌었다가, 이젠 주변 사람들을 리드할 수 있는 사람까지 된 거죠.(G고등학교, 비진학자 고재우 3차 면담 내용)

H고등학교 이현수는 학교에서 일상적인 토론과 발표 경험이 졸업 후 직장에서 고객을 응대하고 상사와 관계를 맺는 데 유용하게 쓰였고, 그런 측면에서 인정받았다고 생각했다.

> 토론과 발표를 많이 했는데, 말하는 연습을 많이 했어요. 고객 상담도 사람을 대하고 설득해야 하는 일인데, 그런 일이 어렵게 느껴지지 않았습니다. 학교의 경험이 크게 도움이 되었습니다. 사람과의 관계가 중요한데, 회사생활을 하다 보면, ─저는 유연하게 학교 생활을 했는데─ 어린 나이에도 일 잘한다며 팀장님들이 좋아하셨습니다. 말하기 능력에서 인정을 받았습니다. 우리 회사에는 20대 분들이 많이 계셨습니다. 팀장님도 25세인데 수평적 관계였습니다. 외국계 회사이기도 했고, 예의를 지키되 수직적으로 따라야 하는 구조는 아니었습니다. 좋은 관계를 만들어 갈수록 회사 생활도 재미있어졌습니다.(H고등학교, 비진학자 이현수 3차 면담 내용)

D고등학교 이국화는 고등학교에서 다른 사람과 다양한 형태로 어울려 활동하고 서로 다른 의견을 조율해 본 경험이 대학에서 부학생회장으로 활동하는 데 도움이 된다고 했다. 그는 자신과 생각이 다른 학우들과 함께 단과대학 단위에서 목표를 가지고 생활하는 방법을 더 찾고 배워야 하는 과제를 갖고 있다.

연구자 그러면 D고에서 모둠이라든가, 주제통합기행도 했고, 동아리도 했는데, 그런 데서 쌓았던 리더십이라든가 적극적으로 임하는 역량들이 지금 부회장을 하는 데 영향을 미친 거예요?

이국화 네. 진짜 많이 도움이 되었어요.

연구자	부회장이면 갈등도 많이 중재해야 하고, 어려운 결정도 많이 해야 하잖아요. 그럴 때 그런 활동들이, 고등학교 때 활동들이 도움이 되었다는 얘기죠?
이국화	네. 그리고 일단 맡은 직책이 있다 보니까 저랑 안 맞는 친구도 배척할 수 없잖아요. 그런 점에서 오는 약간 혼란스러운 점도 있었지만.

(D고등학교, 춘천 소재 대학 진학자 이국화 3차 면담 내용)

C고등학교 김우람은 고등학교 때 학생회에서 활동하면서 학생들이 제기하는 문제나 요구를 다루어 본 적이 있고, 친구들과 각기 강점을 살려 교과 공부를 함께 해보았다. 그는 대학에 가서도 스터디그룹을 조직하여 운영하면서 리더십을 발휘하고 있다.

연구자	학생회에서는 어떤 활동을 했어요?
김우람	학생회는 1주일에 한 번 있었습니다. 1주일 동안 일어났던 사건이나 건의 사항 같은 것을 종합해서 그것에 대한 문제점 같은 걸 상의하고 어떻게 해결할 것인지, 그것이 실현 가능하다면 얼마나 비용이 들고, 이런 걸 학생회 임원 때 (논의)했어요.
연구자	그런 활동들에서 대학생활에 영향을 받은 것이 있나요?
김우람	활동보다는 공부 쪽에서 많이 도움이 된 것 같은데, 우선 제가 부반장으로서 애들에게 쉽게 다가가고 제 의견을 말하고 했는데요, 사람마다 각기 잘하는 과목이 있잖아요. 제가 못하는 과목을 상대방이 잘할 수도 있고 상대방이 못하는 과목을 제가 잘할 수도 있는데, 그걸 잘 조율해서 '내가 이 과목을 알려줄 테니 너는 이 과목을 알려줘라' 하는 식으로 해서 스터디그룹도 만들었거든요. 대학에 가서 제가 원하는 애들 뽑아서 몇 주마다 한 번씩 모여 모르는 것 얘기하고 내용 정리하고 하는 데 많이 도움이 된

것 같아요.

E고등학교 신경아는 고등학교 때 학교에서 창의성을 강조했고 창의적으로 사고하는 훈련을 받기도 했다. 그 과정에서 형성된 그의 사고 습관은 대학 진학 후에도 유지되어, 아르바이트 직원으로서 문제 상황에 대한 대책을 만들어 실행함으로써 관리자의 인정을 받기도 했다.

> 선생님들께서 창의성을 굉장히 강조하셨거든요. 강조하고 교육한다고 해서 창의성이 생기진 않는다고 생각했는데요. 그래도 어떤 것을 바라볼 때 그것에 집중해서 생각하게 되었는데, 한 가지를 보고 다른 방면에서—예를 들어, 물병하고 전혀 상관없는 안경 같은 것을 엮어 본다든지 하는 생각을 고등학교 때 익혔거든요. 그래서 알바 할 때—정말 사소한 건데요. 연결해 놓은 비닐을 뜯는 게 있는데, 뜯다 보면 자꾸 빠지거든요. 그래서 어떻게 하면 좋을까 하다가 고무줄로 묶어서 해놨는데, 이게 빠지니까 고무줄을 이렇게 감아 가지고 마찰이 생기게 해서 안 빠지게 되었어요. 그런 경험이 알바 할 때 되게 많았어요. 파리 같은 게 자주 앉는데 파리채를 흔들 수 없으니까 종이 호일을 말아서 청소 처리 (도구) 같은 것을 만들었거든요. 그런 걸 했을 때 점장님이 좋게 봐주셨던 것 같아요.(E고등학교, 용인 소재 대학 진학자 신경아 3차 면담 내용)

학습 방법

대학에 진학한 참여자들은 학업 과정에서 고등학교 교과 수업에서 활용했던 방법들에 한층 숙련된 모습을 보이거나 자신들의 학습 능력으로 동료들을 도우면서 공동체적 가치를 실천하는 동시에 자신의 학습을 더 탄탄하게 다지고 있었다.

B고등학교 주민하는 상대방이 내용을 잘 이해하도록 전달하는 발표를 성공적이라고 보았고, 자신이 그러한 수행을 하고 있다고 확인할 때 만족을 느꼈다. 그는 자신이 발표를 잘할 수 있게 된 것은 고등학교 시절 발표 경험을 많이 쌓은 덕분이라고 보았다. 보통 교육대학에서 공부하는 협동학습 모형을 자신은 이미 고등학교에서 접했다는 사실에 놀랐고, 학생들이 조화롭게 성장하도록 수업과 활동을 변화시킨 고등학교에서의 혁신이 자신이 몸담을 초등학교의 전인교육과 상통한다는 점을 깨달았다.

> 말하는 게 좋고, 긴장되었다가도 말하는 중간에 보면 '내가 어느새 이렇게 유창하게 술술 말을 잘하고 있네.' (중략) 학원 아르바이트를 하면서도, 중학생이지만 얘네들이 어떻게 잘 이해할 수 있을지 계획을 짜고 가르치고, 가르칠 때도 어쨌든 말을 해야 하기 때문에 긴장하면 안 되는데, 그때도 긴장하지 않고 잘 말할 수 있게 된 것 같아요. (중략) 저도 발표를 준비하게 되잖아요, 그럼 그랬어요. '발표를 참 잘한다'는 말을 듣기도 하거든요. 어쨌든 제가 이렇게 성장할 수 있었던 것은 혁신고등학교에서 발표를 많이 했기 때문이라고 생각해요. (중략) 저는 대학에 진학했으니까 배우는 건, 배운다는 입장에서는 같잖아요. 그래서 (어떤) 수업을 들을 때 발표를 요구한다고 하면 그렇게 (임하고) 그리고 교대 특성상 다양한 협동학습이나 이런 걸 배우잖아요. 그때는 고등학교 때 했던 협동학습 모형 중에서, 그 직소(과제 분담 학습) 모형이라든지, 그게 그대로 나오더라고요. 그래서 다른 친구들은 직소 모형이라고 하면 '아, 모집단? 전문가 집단? 뭐 이거구나'—

이런 식으로 암기하지만 저는 고등학교 때 많이 해보고 직접 경험해본 것이어서 그런 점에서는(도움이 되었어요.) 혁신학교가 전인교육을 목적으로 하는데 지금 초등학교도 전인교육을 주로 하다 보니 이게 그대로 이어져서, 제가 경험한 것을 그대로 배우게 되고, 이걸 나중에 직접 해봐야 하고, 이런 경우의 측면에서는 비슷한 것 같아요.(B고등학교, 안양 소재 특수대학 진학자 주민하 3차 면담 내용)

E고등학교 강선민은 고등학교 시절 공부에 집중하지 않거나 학업 능력이 부족한 친구를 도우면서 공부하는 것을 당연하게 생각했고 대학에서도 그러한 모습을 견지하고 있었다. 교과 공부에서는 다른 사람을 가르치면서 자신도 배운다는 신념을 계속 실천하고 있었고, 다른 사람과 관계를 맺거나 협력하는 데서도 고등학교에서의 체험활동 참여 경험을 살려 접근하고 있었다.

수업을 잘 안 들었거나 아니면 이 부분을 이해하지 못하거나 하는 친구들이 있어요. 그러면 제가 설명해 주고, 그렇게 좀 설명해 주면 '이게 이런 것이었어?' 이렇게 물어보기도 하고. (친구들이) 와서 항상 물어봐요. '이건 무슨 뜻이야?' 하고. 한 친구가, 시험 때 그룹으로 같이 공부하는데, 잘하는 분야가 서로 다르긴 해요. 수업을 잘 안 듣는 친구한테 어떻게 하면 이해가 잘 될까 설명해 주고. (중략) 같이 공부해야 저도 설명해 주면서 좀 더 확신이 되더라고요. 그리고 가르쳐 주려면 알고 있는 상태에서 가르쳐 줘야 하니까. (중략) 교과목 공부는 지금도 하는데, 학습 방법 같은 것은 그때랑 비슷하고. 비교과활동 같은 것은 아까 했던 것처럼 어떤 일을 진행하는 것에서 협업하면서 하고, 그런 점에서는 비교과활동이 많이 도움이 된 것 같

아요.(E고등학교, 서울 소재 대학 진학자 강선민 3차 면담 내용)

삶의 가치

　참여자들은 혁신고등학교 졸업 이후의 삶과 학업 과정에서도 혁신고등학교에서 내면화한 가치를 생태적 세계관 및 더불어 사는 삶, 공익을 위한 실천, 역지사지의 정신, 가치 지향에 맞는 사회의 추구 등의 형태로 이어가고 있었다.

　H고등학교 이현수는 대안고등학교 시절 생태적 세계관과 더불어 사는 삶을 중요한 가치로 받아들여 중요시했고, 그것을 현재 그리고 앞으로의 삶에서도 계속 우선적 기준으로 삼겠다는 의지를 내보였다.

> '삶이란 주변 사람들과 함께 만들어 가는 것이고, 나 혼자서는 절대 행복해질 수 없다'고 생각합니다. 이는 고등학교 시절 학년학생회활동을 하면서 주변을 돌아보는 법을 배우며 갖게 된 신념입니다. 인생을 객관화해서 보니 제 능력 밖의 힘(가정 배경, 친구 및 선생님들의 도움 등)을 통해 지금의 저까지 성장할 수 있었다는 생각을 많이 했습니다. 많은 사람으로부터 저의 존재에 대해 사랑받았고, 함께 나눈 시절이 있었기에 여전히 따뜻한 감성으로 사고하며 좋은 마음을 가지고 사회 발전에 대해 생각할 수 있었습니다. 앞으로의 삶 역시 고등학교 생활의 연장선이자 새로운 방식들로 채워질 것이고, H고등학교에서 배운 중요한 가치(생태적 가치, 더불어 살아가는 삶 등)를 잊지 않고 살고 싶습니다.(H고등학교, 비진학자 이현수 3차 면담 내용)

　F고등학교 나혜주는 사교육에 의존하는 시험 중심 교육에 반대하는 입

장이었지만 서울 유학생활에 필요한 경비를 스스로 벌기 위해 중·고등학생을 대상으로 과외 지도를 했다. 그는 자신의 신념에 반하는 방식으로 이익을 챙기는 데 자책감을 느꼈고, 결국 4학년 때 과외 지도를 그만두고 야학에 교사로 참여했다. 그는 자신의 신념 대부분이 혁신고등학교 시절 자연스럽게 형성되었다고 생각했으나, 주변 사람들은 외국생활을 하면서 체득한 것인지 궁금해했다.

> 아는 언니가 활동하던 곳인데, 야학을 하게 된 계기는 (이렇습니다.) 대학에 와서 돈을 벌어야 하니까 아르바이트를 했는데, 사실 과외 알바만 했어요. 그게 약간 그런 거죠. 사교육은 내 신념이랑 안 맞는데 돈 되는 게 이것밖에 없는 거예요. 그래서 개인적으로 타협하면서, 포기할 거 포기하면서 주변 학생들 봐 주고 했는데, 그래서 죄책감 같은 게 있었죠. (중략) '남들이랑 생각을 좀 다르게 한다'라고 대학 친구들이 많이 얘기하더라고요. 그래서 '아, 나 혁신학교 나와서 그런가 봐, 혁신학교 다녔어' 그렇게 얘기하면 다들 '그게 뭐야?' 하며 관심 가져 주는데, '혁신학교가 뭐야?'라는 것을 500번도 넘게 들어 본 것 같아요. 그런 질문 들을 때마다 좋아요. '아, 아직 많이 안 유명하구나' 하는 생각도 들지만, 그래도 내가 알려줄 수 있으니까. 그래서 '아, 이런 학교야'라고 하면 '아, 너랑 진짜 잘 맞았겠다'는 얘기를 주변에서 많이 해요. 교지에 혁신학교 관련 글을 쓴 적도 있고…(F고등학교, 서울 소재 대학 진학자 나혜주 3차 면담 내용)

C고등학교 김우람은 고등학교 시절에 사람들이 모여 사는 데서는 역지사지의 관점이 꼭 필요하다는 것을 절실히 느껴 그렇게 실천하고자 했고, 대학에서도 학업과 대인관계에서 그것을 지켜 가고 있었다. 고등학교에서

는 학생들 간 소그룹 활동이 많이 이루어졌는데, 각 활동에서 좋은 결과를 얻기 위해서는 기본적으로 다른 사람의 생각이나 입장을 헤아리고 자기 것과 맞추려는 노력이 꼭 필요했다.

김우람　역지사지라 해서 상대방 마음을 먼저 이해한다는 것이 있는데, 고등학교에서 이 마음가짐을 많이 배웠다고 생각해요.

(중략)

연구자　이런 마음가짐 또는 가치관, 남에 대한 배려, 이런 것들은 고등학교 시절의 삶에서 가져온 것들인가요? 역지사지가 고등학교 생활과 연관이 있나요?

김우람　네 그렇죠. 저희가 협력하는 활동이 많다고 했잖아요. 협력이 바탕이 되려면 (예를 들어, 5명이 참여하는 경우) 5명의 의견이 다 조율돼야 그 의견을 밀고 나가는 건데, 다른 의견을 내는 한 친구의 것을 무시해 버리면 4명 것은 수렴되고 한 명 것은 수렴이 안 되는 거니까, 이건 협력이 아니거든요. 이 친구가 뭘 말하고 싶은지 먼저 파악하고 협력해야 다 같이 좋은 시너지가 나는 것이기 때문에. 그래서 저는 남의 입장을 생각한다는 것이, 남의 의견을 먼저 듣고 제 의견과 조율해서 의견을 낸다—이런 생각으로 역지사지하는 걸 말하는 거예요.

(C고등학교, 천안 소재 대학 진학자 김우람 3차 면담 내용)

F고등학교 하운재는 혁신고등학교에 다니는 동안 공동체적 삶의 정신을 깊이 내면화했는데, 대학에서도 자기가 공부하는 사회학을 기반으로 그런 주제를 계속 탐색하여 좋은 사회를 만드는 데 기여하고 싶다는 의지를 다지고 있었다.

둘로 나눠 말씀드리면, 첫 번째는 삶의 공동체 정신과 대화하는 자세고, 두 번째는 혁신학교에서 배운 가치와 공동체 정신이 어떻게 보면 굉장히 이상적이고 사회가 (현실적으로) 추구하는 가치랑 다르잖아요. 그런데 저는 전공이 사회학이어서 어떻게 보면 사회를 분석하고 어떻게 작동하고 있나를 배우는 건데, 그런 걸 보면서 제가 옳다고 추구하고 배운 가치가 현 사회랑 다르니까, 오히려 사회학을 전공하는 측면에서 '어, 내가 추구하는 가치랑 다르네', 그런데 '어, 내가 생각하고, 옳다고 추구하는 가치와 다르구나'라고 출발해 가지고 '아, 그렇기 때문에 사회학을 더 열심히 공부해서, 아직 장래 희망과 꿈은 명확히 정해지진 않았지만, 이 사회를 내가 원하는 방향으로, 좀 더 좋은 방향으로 이끌고 싶다, 함께 나누고 싶다'라고 (마음을 가다듬으며) 지치지 않게 해주는 원동력, 그런 영향은 있다고 생각하고 있어요.(F고등학교, 오산 소재 대학 진학자 하운재 3차 면담 내용)

자신감

참여자들은 혁신고등학교의 수업과 체험활동 과정에서 자신들의 능력을 스스로 인식하거나 다른 사람들 앞에서 능력을 내보이면서 얻은 자신감을 대학 수업에서 발표, 토론, 글쓰기로 입증했고, 학생회장 입후보 결정이나 아르바이트 면접 등에도 활용했다.

A고등학교 장석호는 고등학교 시절 수업과 체험활동에서 강조된 학생 참여를 한껏 활용했고 그 과정에서 효능감을 느꼈다. 그는 대학에서도 학생들이 미리 학습해 온 것을 발표하게 하는 방식의 교과 수업에서 자신의 강점을 발휘했다. 그리고 고등학교 때 반장을 한 경험을 살려 학과학생회장 선거에 나가려고 준비하고 있었다.

연구자   혁신고등학교에서 공부한 방법, 자율활동, 동아리활동, 봉사활동, 체험활동, 선생님들과 학생들과 관계— 이런 것들이 고등학교 이후 생활에 영향을 주었어요?

장석호   선생님들이랑 했던 수업이 참여적인 수업이었어요. 원래 대학 수업은 딱딱하잖아요. 그런데 가서 발표도 재미있게 하면 교수님들도 좋아하시고, 그런 걸 통해 교수님들과 학생들도 같이 (참여하는 거죠) 그러니까 대학에서도 (이전에는) 교수가 앞에 나가서 수업하는 방식이(었다)면 요즘에는 발표하는 형식으로 많이 바뀌었단 말이에요, 준비해 와서. 발표하기 싫어하는 친구들은 이게 힘들긴 한데, 뭐랄까, 수업 방식이 조금 바뀐 것 같아요, 교수님 수업 방식이.

연구자   고등학교 때 발표와 조별 활동을 꽤 많이 했는데요, 대학 와서 발표 중심 수업이 운영될 때 당혹하거나 준비 문제로 고민한다든지, 그런 건 아니었어요?

장석호   네.

연구자   창의적 체험활동, 구체적으로 체험학습, 학생회, 반장, 동아리, 봉사활동, 이런 것들 활발하게 했잖아요? 그것이 대학생활에 도움이 되었다고 볼 수 있을까요?

장석호   반장, 그런 것 하다 보니까. 지금 저는 학생회장 준비하고 있거든요, 친구들이랑.

연구자   과 학생회장?

장석호   네. 2학기 때 나갈 건데. 그러니까 이런 것에 자신감이 붙은 것 같아요.

(A고등학교, 충주 소재 대학 진학자 장석호 3차 면담 내용)

B고등학교 윤미래는 중학교 때까지는 소심한 성격으로 발표하는 것을

어려워했으나 혁신고등학교에 다니면서 발표와 토론 기회를 많이 활용하면서 말하기와 토론 능력을 키웠다고 보았다. 그는 고등학교 때의 경험을 기반으로 대학에서도 주제에 대해 조사하여 발표하는 형식의 교과 과제에서 높은 점수를 받고 있다고 자랑했다.

> 원래는 발표도 되게 못 하고 소심했어요. 중학교까지만 해도. 그런데 혁신고등학교 가다 보니까 발표하는 게 너무 많고, 토론이 너무 많다 보니까 이게 계속 자극을 주잖아요. 그래서 말하는 능력이나 자신감 같은 걸 키우는 계기가 되긴 했거든요. 지금 대학에서도 과제에서 높은 점수 받고 있고, 그래서 자신감도 키우고, 내가 뭘 잘하는지 알 기회가 되게 많았던 것 같아요. (중략) 전문대 갔을 때는 '조금만 더 공부했더라면' 하고 후회했는데, 4년제 와서 과제를 하다 보니까 혁신고등학교 학생들만 누릴 수 있는 게 있잖아요. 토론 아니면 자기 생각을 말할 수 있는 능력이 신장되다 보니까, 그게 또 과제 점수로 그대로 표현되더라고요.(B고등학교, 천안 소재 대학 진학자 윤미래 3차 면담 내용)

G고등학교 김지은은 혁신고등학교가 만들어내는 허용적 분위기에서 활발한 성격을 마음껏 드러낼 수 있었으며, 활동에서 얻은 자신감으로 아르바이트 면접도 잘 통과했고, 손님들에게도 긍정적으로 응대할 수 있었다고 평가했다. 그는 자신이 좋은 고등학교를 나온 친구들보다 발표 능력에서는 우월하다고 생각했는데, 혁신고등학교에서 다양한 방식으로 교과를 배우고 체험활동을 하면서 적응력과 융통성을 기른 결과로 여겼다.

> 환경에 의해 자신감을 얻어서 그런 것도 있다고 생각해요. (중략) 면접 보면

다들 좋게 보고 바로 뽑으시고, 그리고 일단 성격이 좋아 보이니까 친구들보다는 낫잖아요. 그래서 뽑힌 것도 있을 거 같고, 그리고 일하다 보면, 저도 즐겁게 하면 손님들이나 상대방도 기분 좋게 들어오니까 저도 신나서또 일하고, 그랬던 거 같아요. 그런 점도 환경의 영향이 있을 거 같아요, 알바도. (중략) 제가 혁신학교 나와서 그런 것일 수 있는데, 정형화되어 있지않고, 사고 변화이 좀 빨라요. 외고, 과학고 친구들은 공부를 빡세게 한 친구들이잖아요? 그래서 3년 동안 그런 분위기에 있었던 거고, 학교 나와서보면, 학교 생활 하는 거나 그런 거 보면, 아 그리고 발표도 진짜 크다고 생각하거든요? 그런 친구보다는 저랑 같은 고등학교 나온 다른 대학 친구들을 보면 진짜 그런 면에서는 낫다고 생각해요. 이 친구들이 중학교 공부열심히 해서 좋은 고등학교 갔다 해도 대학 같이 온 거 보면. (중략) 오히려이 친구들은 공부 위주로 했다면 저희는 여러 가지를 많이 한 거니까, 혁신학교라서 그런 것일 수 있는데…. (G고등학교, 서울 소재 대학 진학자 김지은 3차면담 내용)

H고등학교 유하민은 대안교육 특성화고등학교를 다녔다는 차별적 정체성을 강하게 인식하고 있었다. 그러한 자아 인식은 대학 진학 후 교과 글쓰기 과제와 발표 등에서 고등학교 때 충분히 훈련한 능력을 내보임으로써 입증되고 또 강화되었다.

혁신고등학교를 나왔기 때문에 뭔가 특별함이 더 있는 것 같아요. 그 특별함이 긍정적인 영향을 준 것 같고, 그래서 자신감이나 자존감이 대학 가서더 빛을 발했다고 생각해요. 대학에서 글 쓰는 과제도 많고 발표해야 할때도 많은데, 그럴 때 고등학교 때 했던 경험들이 계속 쓰였던 것 같아요.

어느 정도 익숙하게 할 수 있었고, 그래서 다른 친구들하고는 달라 보였던 것 같아요.(H고등학교, 춘천 소재 대학 진학자 유하민 3차 면담 내용)

혁신고등학교의
존재 가치는 무엇인가?

참여자들은 자신들이 경험한 혁신고등학교의 존재 가치에 대하여 입시 외 삶의 방향 제시, 관계 학습의 장, 주체성과 자율성 실험, 삶의 토대 구축, 변혁의 가치 실천 등의 관점을 제시했다. 첫째, 혁신고등학교는 대학 입시를 위한 준비교육에 온전히 치중하지 않으면서도 삶을 다양하게 조망할 수 있는 관점들을 교육과정에서 제시해 주었고 직업교육과의 연결성도 유지했다. 둘째, 혁신고등학교에서 학생들은 학교가 지향하는 가치에 따라 다양한 배경을 지닌 교사 및 친구들과 소통하고 협력하는 가운데 관계 맺는 방법과 과업 목표를 발전적으로 달성하는 방법을 배웠다. 셋째, 혁신고등학교는 교과 및 체험활동 구성과 운영에서 학생들이 자유롭고 자주적으로 참여하도록 다양한 기회를 제공했고, 학생들은 그런 과정에서 자신들의 행동에 책임지는 행위 양식을 익혔다. 넷째, 학생들은 혁신고등학교에서 생활하면서 자주적 생활을 유지하는 데 필요한 심리적 특성과 표현 기술을 습득했고, 삶의 가치와 방향성을 세웠으며, 사회 변화를 이끌어 내기 위한 참여와 실천 의지를 다졌다. 다섯째, 혁신고등학교는 수업 운영과 평가 방식, 참신한 교육환경과 체험 프로그램, 구성원에 대한 존중, 입시에 대한 종속성 탈피 등의 측면에서 변혁적 가치를 실천하고자 했다.

입시 외 삶의 방향 제시

참여자들은 혁신고등학교가 일반 중등교육을 제공하면서도 통상적 의미에서의 대학 입시를 위한 준비교육에 매몰되지 않는 상태에서 학생들에게 삶을 다양하게 조망할 수 있는 관점들을 제시해 주었고 직업교육과의 연결성도 유지했다고 보았다.

A고등학교 박한솔은 혁신고등학교가 대학 입시 지도에만 치중하지 않고 취업 대비 교육 기능까지 관리한 점에 의미를 부여했다. 그는 공업고등학교 대신 일반고등학교에 와서 직업교육 위탁과정을 이수하고 그 결과를 살려 취업에 이르진 못했지만, 학교에서 학생들에게 다양한 진로를 생각해 볼 수 있는 교육을 제공했다고 인식했다.

> 여러 길이 있는 좋은 학교라고 봐요. 아까도 말씀드렸다시피, 고등학교에서 하는 일은 크게 보면 대학이냐 취업이냐인데, 세심하게 더 들여다보면, 그게 다 합쳐져 있는 형태잖아요. 그래서 저는 학생들을 위한 여러 길이 있는 학교, 좋은 학교라고 보고 싶어요.(A고등학교, 비진학자 박한솔 3차 면담 내용)

E고등학교 김하준은 다른 고등학교 졸업자들과 학교 생활에 대해 이야기할 때 자신이 '다른' 학교에 다닌 것을 실감했다고 했다. 그의 학교에서는 학생들에게 다양한 수업과 활동을 제공하면서 수시를 중심으로 대학 입시를 지도했으므로 모든 수업과 활동이 입시에 종속되는 현상이 일어나

지 않았다는 것이다. 그는 학생들에게 대학 입시 외에도 다양한 삶을 추구할 수 있는 가능성을 보여주는 측면을 혁신고등학교의 우선적 기능이자 가치로 보았다.

> 거기서 유학했을 때나 지금 일하면서 일하는 사람들이랑 얘기할 때, 고등학교 시절 얘기하잖아요. 제가 얘기하면 많이 놀라죠. 다들 엄청 입시에 집중하고 쥐 잡듯이 공부시키고—이런 학교에 다녔는데 저는 그런 게 아니니까. '어떻게 학교가 그럴 수 있냐, 고등학교가' 그렇게들 얘기했어요. '남들과는 다른 학교를 다녔구나' 하는 느낌을 확실히 많이 받았어요. (중략) 제가 입시를 준비했다면, 저희 학교는 정시로는 경쟁력이 떨어져서 수시로 다 대학 가는 학교여서, 오히려 그게 저한테 장점이었을 것 같거든요. 여러 가지 다양한 경험을 했고. 저는 둘 다라고 생각하는데, 일단 수업 방식 자체가 입시에 특화된 방식이 아니고, 입시 명문 고등학교나 입시 명문 학원을 가도 그렇게 수업하지는 않잖아요. 입시에 특화된 방식도 아닐뿐더러 그렇게까지 압력을 넣지도 않았어요. 꼼꼼하게 준비해서 대학 가려는 친구들한테는 그만큼 확실하게 지원해 주셨지만 그렇다고 해서 모든 아이들, 원하는 아이들까지 해서 막 쥐 잡듯이 대학 가야 한다고 하거나, 그렇게까지 하진 않았어요. (중략) 그러니까 '놀아도, 그렇게 입시에 목숨 안 걸어도 괜찮다, 다 괜찮게 산다, 그렇게 큰일 나지 않는다'라는 것을 보여주는 게 중요하다고 생각해요. 혁신학교가 그런 학교가 되어야 한다고 생각해요.(E고등학교, 비진학자 김하준 3차 면담 내용)

관계 학습의 장

참여자들은 혁신고등학교에서 학교가 지향하는 가치에 따라 교사 및 친구들과 소통하고 협력하는 가운데 관계를 유지하는 방법을 배우고, 과업 목표를 달성하고 발전시키는 방법을 익혔다.

G고등학교 고재우는 고등학교에서 교사들이 학생들을 대할 때 자발적으로 돕고 베푸는 모습을 보여준 덕분에 학생들이 변화되고 바람직한 면모를 갖추어 갔다고 보았다. 즉 혁신학교에서 교사들이 교육과정의 조직 및 전달자 역할에만 머무르지 않고 사고와 행위의 모범을 제시하며 인격적 감화가 일어나게 하는 역할도 했다는 것이다.

> 선생님들과의 관계도 영향을 미친 것 같아요, 남을 대하거나 도움을 주려는 자발성, 이런 게 많이 보여서. 남에게 베푸는 것도 잘하시는 거잖아요. (중략) 선생님들의 노력이죠. 그 노력으로 인해 저희 성격도 많이 바뀌고, 선생님들의 말 한마디 한마디가 저희한테 다시금 잘못을 뉘우치게 하고, 어떻게 보면 선생님들이 저희를 사람으로 만든 거죠.(G고등학교, 비진학자 고재우 3차 면담 내용)

H고등학교 박아경은 자신이 다닌 대안교육 특성화고등학교가 더불어 사는 삶을 중요한 가치로 설정하고 그것을 모든 교육 장면에 통합하고자 했던 노력이 학생들의 변화를 이끌었다고 설명했다. 그는 학교가 강조하는 가치를 생활에서 실천하기 위해 자신에 대해 탐색했고, 친구들과의 관계, 학교 내 여러 활동, 지역사회 프로젝트 등에도 그러한 가치를 적용했다.

내가 이해한 H고등학교의 '더불어'는 사람 사이의 관계만을 꼽는 것이 아니었습니다. 인간관계뿐 아니라 내가 사는 공간과 세상과 소통하며 더불어 사는 것이 '더불어'였던 것 같습니다. 어떤 것에 도전하고 성공하고 실패하는 것도 중요했지만, 그 시작에는 '더불어'라는 자세가 있었어요. 시작하기 위해서는 우선 고개를 돌려 내 주위를 보아야 했습니다. 때로 나라는 사람의 내면을 톺아보아야 할 때도 있었고. 더불어 살아 보려고 관심을 가지고 돌아본 곳에 언제나 길이 있었습니다.(H고등학교, 서울 소재 대학 진학자 박아경 3차 면담 내용)

B고등학교 주민하는 고등학교에서 생활하는 동안 학교 구성원으로서 교사들과 거리감 없이 친근하게 지냈고, 친구들과는 여러 가지 과업에 대해 의견을 교환하고 실제 과정을 함께 수행했다. 그는 소통이 풍부한 개방적인 인간관계를 경험했고, 그것을 바탕으로 협력활동도 왕성하게 시도해 보았다는 데 큰 의미를 부여했다.

소통이에요, 소통. 다른 학교 같은 경우에는 선생님과 학생, 그렇게만 생각한다면 제가 나온 학교는 딱 선생님, 학생 상하관계가 아니라 평등관계, 수평관계로, 선생님이랑 자유롭게 친구처럼 교무실 놀러 가서 얘기하고, 그렇게 될 수 있었던 환경이 되었습니다. 친구들이랑도 중학교 때는 단순하게 놀거나 이런 것에 대해서만 얘기했다면 여기서는 좀 진취적으로 '이 주제에 대해 어떻게 생각해?' 하고—좀 교과서적인 대화이기도 한데요.(웃음) 소논문대회도 그렇고 일본군 위안부 문제도 다루었다고 했잖아요. 그러면 '이 설문조사를 어떻게 해야 될까? 그런데 이 문항이 별로인 것 같지 않아?' 이런 식으로 친구들이랑 말해 보는 것에서는 경험하고 소통하고 그렇게 했던 것 같아요. (중략) 협력을 중요하게 생각했던 것 같아요. 혼자 하는 활동은 별로 없었어요. 학교에서 토론할 때도 이론, 반론, 변론 이렇게 있었으니까 꼭 3명이 같이 있어야 되고, 그들과 같이 카카오톡이나 뭘 하든 어쨌든 의견을 교환해야 되고 하기 때문에 그렇게 해야 되는데.(B고등학교, 안양 소재 특수대학 진학자 주민하 3차 면담 내용)

C고등학교 김우람은 혁신고등학교에서는 교사와 학생들이 가까운 관계를 유지하며 서로 이해했고 학생들 간 협력이 필요한 활동들이 자주 이루어졌다고 보았다. 그런 과정에서 학생들이 다른 사람들과 다양한 관계를 경험함으로써 대인관계에 능동적으로 관여하도록 했고, 각자의 과업 또한 스스로 찾게 했다고 평가했다.

연구자 고등학교 졸업하고 대학이나 직장생활, 아르바이트 등을 하면서 혁신고등학교에서의 경험이 좋았다고 할 수 있는 부분이 있나요?

김우람 전에 말한 팀 프로젝트, 그런 것이 되게 도움이 됐어요.

연구자 교과목 공부, 창의적 체험활동, 또래 학생·선생님들과의 관계 등이 이후 자신의 생활에 어떤 영향을 주었나요?

김우람 더 능동적으로 사람을 사귀는 것을 알려준 것 같아요. 교과목 공부는 아니더라도 또래, 선생님들과 면담도 많이 했고 학생끼리 어울리는 것이 많기 때문에 먼저 다가가는 법을 많이 배웠어요.

연구자 비혁신학교인 일반고나 특목고 등에 비해 혁신고등학교 졸업생의 가장 큰 장점 또는 잘 길러진 경험이나 능력은 무엇일까요?

김우람 능동적인 것. 특목고 같은 경우는 공부를 강요한다고 들었거든요. 부모님도 그렇고 학교 선생님도 그렇고 학교 분위기도 그렇고, 뭔가 강요하는 분위기면 더 스트레스도 받게 되고, 이게 그때는 좋을지 몰라도 나중에 가면 문제가 될 거라고 생각해요. 제가 다닌 혁신학교는 적어도 그러지는 않았거든요. 공부도 강요하지 않았고, 그런 강요하는 분위기가 아니고 자기가 뭘 해야 할지 먼저 찾게 해주는 것이다 보니까, 그런 능력(을 갖추는 것)이 긍정적이었다고 생각해요.

(C고등학교, 천안 소재 대학 진학자 김우람 3차 면담 내용)

F고등학교 나혜주는 대학에서는 '비슷한 배경에 생각이나 경험이 비슷한 사람들을 주로 만나는 것 같아' 고등학교에서 경험한 관계 맺기 방식을 적용하기 어렵다고 느끼고 있었다. 그는 고등학교에서는 배경이 다양한 교사 및 친구들과 생활하면서 민주적이고 건강한 관계를 유지하는 방법을 배웠고 그 관계에서 나오는 역동성도 즐겁게 받아들였다고 회상했다.

고등학교 때는 만나던 사람들의 풀(pool)이 친구들도 그렇고, 선생님들도 그렇고 되게 다양했다고 생각하거든요. 좀 다양한 배경과 다양한 생각을 갖고 있고, 선생님들 같은 경우에도—저보다 나이로는 한참 위인 분들이지만—동등하게, 평등하게 관계를 맺었던 점에서, 다양한 사람들과 건강하게 관계 맺는 법을 많이 배운 것 같아요. 오히려 대학은 이보다 풀(pool)이 좁아졌다고 느낄 정도로, 만나는 사람만 만나게 되고 약간 비슷한 사람들….(F고등학교, 서울 소재 대학 진학자 나혜주 3차 면담 내용)

주체성과 자율성 실험

참여자들은 자신들이 혁신고등학교의 교과 및 체험활동 구성과 운영 과정에 다양한 기회를 통하여 자유롭게 자주적으로 참여했고, 그러한 실천 속에서 행동을 제어하고 책임지는 규범과 양식을 익혔다.

C고등학교 소정현은 혁신고등학교에서는 학생들이 주인으로서 활동할 수 있도록 학생 중심 교육을 실천했다고 생각했다. 즉 학생들에게 스스로 참여하고 결정할 기회를 제공하여 점차 주체성을 형성하게 했는데, 그것이 곧 사회의 시민으로서 책임감 있게 사는 방법을 배우도록 한 것이라고 보았다. 그는 그 과정에서 교사들이 학생들을 진심으로 배려했고, 학생들이 참여하기 좋은 프로그램을 많이 개발해 주었다고 평가했다.

> '학교의 주인은?'이라는 질문에 혁신학교가 그 답을 알고 실천하는 것 때문 아닐까요? 이 질문처럼 혁신학교가 학업 능력이 떨어지는 학교, 노는 학교 등의 평가를 받는데, 학업 능력이 떨어질지라도 학생이 학교의 주인임을 알려 주는 학교가 진정으로 바람직한 학교 아닐까요? 혁신학교는 이전의 학교와 달리 학생 중심의 교육을 펴고 있는 것 같아요, 제가 나온 C고등학교의 생활을 비추어 볼 경우에요. (중략) 학생들에게 스스로 참여하고 결정할 기회를 열어 주니까 처음에는 귀찮고 안 하던 일을 하라고 할 때의 막막함 같은 게 있었어요. 그런데 참여한다는 것이 점차 어떤 성과를 내고 학생들의 마음에 어떤 자극을 주는지를 경험하면서 '주체적 행동이란 이런 거구나'를 생각하게 되었죠. 그러니까 살아가는 방법을 배운 거라고 생각합니다. 구성원이, 시민이 주인이 되어 모든 일에 목소리를 내고 행동에 책임을 지려는 자세가 혁신학교에서 공부한 결과물의 핵심이라고 봅니다. (중략) 공부 잘하고 못하고를 떠나서 대부분의 학생들이 '이 학교 선생님들은 정말 학생을 위한다'는 게 느껴졌어요. 또래 멘토링, 동아리활동의 활성화 등, 이런 사소한 활동들도 모두 학생들을 위한 것들이 아닐까 싶어요.(C

고등학교, 서울 소재 대학 진학자 소정현 3차 면담 내용)

D고등학교 구하영은 학교에서 학생들이 적극적으로 참여한 프로그램들의 성격을 들여다보면 학생들이 주체성을 발휘하도록 강조한 측면을 발견하게 된다고 했다. 즉 통합기행, 학생회, 수업 모둠활동 모두 학생들이 의견을 모으고 규칙을 정하여 각자의 역할에 맞게 참여해야 수행 가능했고, 그 과정에서 시행착오를 통한 배움도 따랐다는 것이다.

> 통합기행 같은 것도 학생들이 계획해서 수학여행을 가는 거니까. 이런 거나, 저는 학생회 같은 건 잘 안 해서 크게 기억은 안 남지만, 학생회도 학생 자치—이런 느낌으로 갔던 것 같고, 모둠수업이라는 것도, 모둠을 주면 그 안에서 나름의 규칙이 생기는 거잖아요. 그런 걸 보면 학생이 주체가 되는 것을 전반적으로 강조한 게 아닌가 생각해요.(D고등학교, 서울 소재 대학 진학자 구하영 3차 면담 내용)

E고등학교 강선민은, 자신의 고등학교에서는 학생들에게 교과 공부 외에도 다양한 활동을 하도록 강조했고, 그 과정에서 학생들이 중심에 서게 함으로써 주체성을 길러 주었다고 보았다. 그는 교과 학습과 공동체적 삶을 양립시키는 관점을 배웠는데, 그것이 혁신학교가 할 수 있는 가장 큰 역할이라고 평가했다.

> 일단 공부가 다가 아니라는 것. 그런 것은, 알고 참여해야 할 게 되게 많아서, 학교가 보통 선생님 위주로 돌아가는 게 아니고 학생 위주로—저희는 학생이 주체가 되어 모든 일을 했던 것 같아서, 그런 부분에서는 주체성을

길러 주고 했던 건 맞아요. (중략) 저희 때는 혁신고등학교라고 해서 꺼리는 사람을 주변에서 못 봤거든요. 그런데 꺼리는 사람이 있다는 걸 보면서 알게 되었는데, 저는 되게 만족하면서 다녔거든요. 여러 활동도 할 수 있고, 공부에만 매달리지 않아도 갈 수 있는 길이 있다는 것을 어느 정도 보장해 주니까 그런 점은 좋다고는 생각하는데, 일단 학업이랑 공동체적 삶을 동시에 배울 수 있다는 점, 어느 것 하나를 포기해야 하는 게 아니고 두 가지를 같이 가져갈 수 있다는 점, 그런 점에서는 아주 큰 장점이 돼요.(E고등학교, 서울 소재 대학 진학자 강선민 3차 면담 내용)

D고등학교 이국화는 이후 자신이 학부모가 되면 자녀를 혁신학교에 보낼 수 있다고 확언했다. 그는 혁신고등학교를 다니는 동안 즐겁고 기억할 만한 일이 많았고, 무엇보다 학생들의 자립심이나 자율성을 길러 주는 학습 방식과 그것을 뒷받침하는 학교의 문화를 긍정적으로 보았다.

이국화　제가 학부모가 된다면 약간 걱정은 있겠지만 (아이를) 보낼 것 같아요.

연구자　그렇게 생각한 가장 결정적인 이유는 뭘까요?

이국화　혁신학교 생활이 너무 기억에 남고 즐거웠기 때문에 그런 것도 있겠고요. 혁신학교의 자율적인 방식, 학업 방식을 좋게 보고 있어서, 자립심이나 자율성을 기를 기회가 될 수 있겠다는 생각에서죠.

(D고등학교, 춘천 소재 대학 진학자 이국화 3차 면담 내용)

H고등학교 박아경은 대안교육 특성화고등학교에서 다른 학생들처럼 교과 수업과 체험활동에 참여하면서 3년간 학생회 임원으로 활동했고, 연극 연출 같은 특별한 책임을 맡기도 했다. 그는 크고 작은 문제들을 다른 사

람들의 조언과 도움으로 해결해 갔고, 그런 경험이 고등학교와 이후 삶에 자양분이 되었다고 돌아보았다.

> 연출로 참여했습니다. 연극 제작을 총괄했고, 대본을 작성했고요. 공연 4일 전에 대본을 완전히 바꾸어야 하는 상황에서 스스로 멘탈을 잡으면서 다른 친구들을 다독이고, 더불어 공연을 준비해야 했던 점이 어려웠습니다. 누군가와 도움을 주고받으며 문제를 해결해 간 경험이 고등학교 3년 동안의 자양분이 되었습니다.(H고등학교, 서울 소재 대학 진학자 박아경 3차 면담 내용)

삶의 토대 구축

참여자들은 혁신고등학교에서 공부하고 활동하면서 자주적으로 생활하는 데 필요한 심리적 특성과 표현 기술을 습득했고, 삶의 가치와 방향성을 세웠으며, 사회 변화를 이끌어 내기 위한 참여와 실천 의지를 다졌다.

A고등학교 장석호는 고등학교 생활을 통해 자신을 스스로 변화시키고 발전시킬 수 있다는 자신감을 얻었다고 했다. 그는 중학교 때는 학업에 집중하지 못했고, 교사들에게 반감을 느껴 적잖이 문제 행동도 했으며, 어머니로부터 '좋은 일로 학교에 다녀가고 싶다'는 말을 듣기도 했다. 그는 고등학교에서 자신을 새롭게 하겠다는 결심으로 공부에 집중하자 자신을 흔쾌히 돕는 교사들과 믿을 만한 친구로 대해 주는 급우들의 진심을 느꼈고, 변화되는 자신에 대해 기대감도 가졌다.

연구자 고등학교 다니면서 주로 학교의 영향으로 내가 변한 점이 있다면 어떤 점을 꼽을 수 있을까요?

장석호　우선 저를 새롭게 본, 볼 수 있었던 공간이었고요. 왜냐하면 중학교 때는
어떤 선생님이 저한테 '너 때문에 수업 들어오기 싫다' 이런 식으로 말씀하
셔서 선생님에 관한 안 좋은 게 있었는데 제가 마인드를 바꾸게 되고, 선
생님들이 잘 해주셔서 '나 같은 사람도 이런 학교를 통해서 이렇게 발전할
수 있구나' 이런 것을 많이 느끼게 된 것 같아요.

(A고등학교, 충주 소재 대학 진학자 장석호 3차 면담 내용)

B고등학교 주민하도 고등학교 생활을 하는 동안 많은 활동 기회가 있었
는데, 그런 기회 대부분은 직접 참여해야 의미가 형성되는 것들이었다. 그
는 누군가가 자신을 대신해 줄 거라는 기대를 갖기보다는 스스로 자신감
을 가지고 주도적으로 활동하면서 능동적 생활 태도를 길렀다고 했다.

초등학교·중학교 때도 자신감이 없었던 건 아니었거든요. 그때도 발표를
하면 잘했지만 중학교 때는 마음속에 이런 게 있잖아요. '뭐 누구든 하겠
지', 이런 생각 같은 거? 그런 표어 같은 게 되게 많잖아요. '내가 하지 않아
도 누군가는 하겠지' 이런 생각이 안전불감증이나 이런 걸 발생시키는 거
잖아요. 그런데 그런 생각이 학교 생활 면에도 적용되긴 하잖아요? 그런
생각 하지 않고, 약간 좀 떨쳐내고 자신감 있게 먼저 주도하는, 능동적으
로 행하는 태도 같은 게 길러졌던 것 같아요.(B고등학교, 안양 소재 특수대학
진학자 주민하 3차 면담 내용)

F고등학교 하운재는 고등학교에 다니는 동안 이전까지 유지해 온 가치
관을 정립하고 그것을 내보일 수 있는 변화가 있었다고 했다. 그는 가정에

서 부모가 자신에게 전수한 가치와 고등학교에서 학생들에게 강조한 가치가 상통했고, 그것을 교사 및 친구들과 함께 추구했으며, 특히 자신은 그러한 가치를 주변 사람들에게 알리고 실천하는 기회까지 가졌다는 데 자부심을 느꼈다.

딱 제가 형성될 수 있었던 기간이라고 생각하는 게, 저라는 사람이 큰 틀에서는 변하지 않았다고 생각합니다. 어렸을 때부터 부모님이 알려주신 가치들과 제가 받아들인 가치들이 동일했고, 그런 면에서는 큰 틀에서는 변하지 않았는데. 어떻게 보면 중학교까지는 친구들과 노는 기간이었고, 공부하는 거라면 굳이 F고등학교가 아니라도 모든 학생에게 고등학교 기간은 어떻게 보면 진정한 사회화 기간으로, 누구는 고등학생은 '아직 머리에 피도 안 말랐다'고 표현하긴 하는데, 어쨌든 내가 배운 가치가 똑바로 세워지는 기간이라고 생각하거든요. 고등학교 때 세워진 가치가 성인이 되었을 때 크게 안 바뀐다고 보는데, 그런 면에서 굳이 혁신학교가 아니더라도 가치관과 저 자신이 세워진 기간이기도 하고, 동시에 혁신학교라서 특별했던 것은, 시민이 될 수 있었던 것에 대해 집에서 배웠던 가치가 혁신학교하고도 부합했고, 그게 공동화되는 동시에 학교, 친구들과 선생님들과의 관계 자체가 제 가치관을 대내외적으로 표출할 수 있었던 기간이라 해서, 지금의 제가 어떻게 보면 혁신학교에서 만들어졌다고 볼 수 있습니다.(F고등학교, 오산 소재 대학 진학자 하운재 3차 면담 내용)

H고등학교 이현수는 대안교육 특성화고등학교에서의 교과 수업과 체험 활동 및 인간관계 등을 통해 내적으로 성장했다고 자평했다. 그는 고등학교에서 주체적으로 활동하면서 자존감을 형성했고, 좋은 사회의 모습과

그를 위한 실천 방법을 찾고자 했으며, 학벌을 대체하는 새로운 가치와 성공을 만들고 싶어 했다.

제 삶에서 변화된 것은 자존감을 얻은 것입니다. 스스로의 선택에 대한 확신이 생겼습니다. 친구들과 함께 만들어 간 경험을 통해 자존감을 회복했습니다. 자의로 뭐가를 해본 적이 있는데, 내 선택이 중요하다는 것을 알았습니다. 다른 일을 해도 할 수 있을 것 같다는 자신감이 있었습니다. 대학에 합격하지 않아도, 실패해도 과정에 대해 의미를 찾게 되었습니다. (중략) H고등학교 다니면서 내적으로 많이 변화하고 성장했다고 생각합니다. H고등학교에서의 경험을 통해 자존감을 많이 얻게 되었고, 좋은 사회에 대한 상상과 실천을 할 수 있게 되었으며, 입시 중심의 학벌주의 가치보다는 저 스스로의 가치와 성공을 만들어 가는 힘을 기르게 되었습니다.(H고등학교, 비진학자 이현수 3차 면담 내용)

F고등학교 박정선은 교과 수업에서 토론을 거듭 경험하면서 발표 능력을 길렀고, 다른 사람의 의견을 경청하며 의사소통하고 의견을 조율하는 법을 배운 점을 다행스럽게 생각했다. 그리고 고등학교 생활을 하는 동안 입시 공부 대신 스스로 행복하고 당당한 삶을 추구하자는 삶의 방향성을 대략 설정했다고 회상했다.

토론하는 교과목들이 도움이 되긴 했죠, 살아가는 데. 국어라든가 영어라든가─ 영어는 토론까지는 아니고 국어 정도는 그랬던 것 같아요. (중략) 확실히 발표 능력은 좋아졌고요. 계속 이런 활동을 하다 보니까. 그리고 다른 사람들이랑 의사소통하고 의견 조율하는 능력도 생겼고요. 제 의견만 말하지 않고 남의 의견도 한 번쯤 들어보고, 곱씹어 보고, 존중하게 되는 것도 좀 생겼고요. 삶의 방향성, 이런 것도 조금 잡힌 것 같아요. 행복하고 떳떳한 길을 가자, 대략 이런 식으로 방향성도 잡게 해준 기회가 된 것 같아요. (중략) 조금은 다르다 보니까 학업 능력은 떨어질 수 있지만, 지금은 공부도 공부지만 자기 의사 표현하고 또 독창적인 게 중요한 시대잖아요.(F고등학교, 비진학자 박정선 3차 면담 내용)

변혁의 가치 실천

참여자들은 혁신고등학교가 다양한 교과 수업 방식, 교사들의 선도적 실천, 과정 중심 평가, 독창적 학사 일정, 참신한 체험 프로그램, 매력적 교육환경, 개별 학생의 특성 존중, 입시에의 종속성 탈피, 사람 중심 학교 운영 등을 통해 변혁적 가치를 실천하고자 했다고 보았다.

C고등학교 나민희는 새로운 가치의 실천 측면에 대해 혁신고등학교에서는 교과 수업을 다양한 방식으로 운영했고, 교사들도 그만큼 도전적으로 수업에 대해 연구했으며, 평가 또한 과정을 중시하여 적용했다는 측면을 높게 보았다.

수업 방식에서 혁신고등학교가 딱 존재가 느껴지는 것 같아요. 수업 방식이 되게 다양하기도 했고, 선생님들도 다양하게 수업해 보려고, 도전적으로 수업 준비를 많이 하신 것 같아요. 평가 방식도 많이 다르니까, 결과보다는 과정도 중요시하는 편이라 수업 방식에서는 저희 혁신고등학교가 좀 더 가치가 있어 보이는 것 같아요.(C고등학교, 비진학자 나민희 3차 면담 내용)

A고등학교 장석호는 학교에서 보고 느낀 것을 바탕으로 혁신학교를 '기존 학교의 관행을 바꾸고 구성원이 새로운 관계 구조에서 함께 성장하는 학교'로 정의했다. 그는 혁신학교에 대하여 궁금해하는 대학 친구들에게는 '사계방학이나 해외 연수 프로그램 등을 운영하는 학교이고 교육환경도 매우 기능적으로 조성된 곳'이라고 설명하여 차별성을 이해시키고자 했다.

장석호	이런 것을 잘 모르더라고요, 애들이. 그래서 '우리는 방학이 네 번이었다'면서 자랑할 때도 있었고.
연구자	그런 거 자랑하면 다른 사람들이 어떻게 봤어요?
장석호	'우리는 두 번인데 왜 너는 네 번이냐?' 그래서 '아, 우리 학교는 혁신학교여서 그렇게 된 거다' 이런 식으로 말할 때도 있고, '어학연수도 다녀왔다' 그러고 '학교도 새것이었다' 그런 것. 애들이 잘 모르니까 말을 이렇게까지밖에 못 하겠더라고요.
(중략)	
연구자	그래서 혁신고등학교가 무엇이라는 설명도 간략히 해줬어요?
장석호	기존 학교를 약간 바꾸는, 바꿔서 가르치는 게 아니라 같이 성장해 나간다는, 그런 것을 많이 느꼈거든요. 그래서 그런 것(을) 같이 말할 기회가 많이 없었기는 한데, '혁신학교가 뭐야?' 하면 '방학도 있다' 그러면서 이렇게 말하는 것 같아요.

(A고등학교, 충주 소재 대학 진학자 장석호 3차 면담 내용)

A고등학교 박한솔은 자신의 고등학교에서는 일부 학생들이 이른바 명문대학에 합격했더라도 그것을 알리는 현수막을 내걸지 않았다는 점을 의미 있게 보았다. 그는 학교에서 공부를 잘하여 성과를 낸 학생들만 공개적

으로 우대하지 않고 입시 실적을 공개하는 관행을 따르지 않은 것은 다양한 학생들을 하나의 기준에 의해 차별하지 않는다는 선언을 한 것과 같다고 해석했다.

> 오래된 일반고등학교들 보면 졸업생 중에 명문대 입학한 몇 학년 몇 반, 학생 이름, 이렇게 나오는데 그건 말 그대로 '우리 학교 와라, 신입생 애들, 우리는 얘네를 서울대 보냈다' (하는) 보여주기 식이거든요. 그런데 저희 학교 같은 경우에는 좋은 대학에 갔어도 그런 현수막이 안 걸려 있었어요. 모두 공평하다 이거죠. 좋은 대학을 들어갔든 그렇지 않든 누구에게나 공평하게 길은 열려 있기에 차별 없는 게 좋다고 생각하거든요. 그래서 당연히 혁신학교, 저희 학교처럼 이렇게 실천하더라도 당연히 긍정적인 효과가 있으리라 생각해요.(A고등학교, 비진학자 박한솔 3차 면담 내용)

H고등학교 유하민은 자신이 다닌 대안교육 특성화고등학교에서는 교과 수업을 입시와 분리하여 파격적으로 운영했고, 모든 활동에서 사람을 존중하고 중심에 두었다고 요약했다. 그는 고등학교를 졸업하면서 눈물을 흘렸고 지금도 그 시절을 그리워한다고 술회했는데, 그 속에는 입시 중심의 고등학교들과는 다른 문화에서 사회화된 학생의 모습이 투영되어 있었다.

연구자	고등학교 생활을 돌아보면 전반적인 느낌이 어때요?
유하민	그리운 것도 있고, 힘들지만 재밌었어요. 그 시기가 다시 돌아오지 않을 걸 알기 때문에 그리울 것 같고, 그래서 졸업식 때 다들 많이 울었고.
연구자	굉장히 의미가 있었네요. 말로 다 나타내기 어려운?
유하민	헤어지는 것도 아니고 어차피 계속 보겠지만, 사람에 대한 그리움보다는

그 시기에 대한 그리움이 컸던 것 같아요.

(중략)

연구자 H고등학교가 학생들을 공부시키고 경험을 쌓게 하는 데 다른 학교와 조금 차별되는 측면이 있었다면 무엇일까요? 또 학교에서 학생들에게 가장 강조한 점은 뭐에요?

유하민 모든 게 독특했던 것 같아요. 수업도 독특했고, 일단 입시 중심이 아니라는 것 자체가 파격적이었어요. 뭔가 강조했던 점은, 사람 중심으로 생각하고 대하고 했던 것이에요.

(H고등학교, 춘천 소재 대학 진학자 유하민 3차 면담 내용)

제 5 장

미래,
지속가능한
혁신고등학교

이 장에서는 혁신고등학교 생활을 돌아보면서 혁신고등학교가 어떻게 변화해야 하는지, 그리고 혁신고등학교가 유지되는 데 필요한 조건은 무엇인지에 대한 참여자들의 생각을 정리했다. 또 혁신고등학교가 발전해야 한다는 관점에서 혁신고등학교의 실천을 어떻게 반성하고 재정비할 것인지와 혁신 실천을 통해 어떻게 사회 변화를 이끌어 내는 데 기여할지에 대한 연구진의 생각을 담았다.

혁신고등학교의 변화에 대한 기대 측면에서 참여자들은 학교가 학생들에게 삶에 필요한 폭넓은 경험을 제공해야 하고, 학생들이 고등학교에서 습득한 능력을 이후 삶의 단계에서 계속 활용할 수 있도록 기반을 마련해 주어야 한다고 보았다. 또 학교 교과가 혁신학교의 특성을 반영해야 하고, 인문학적 소양 함양과 진로와의 연결성 확보에 주력해야 하며, 학생 각자에게 유용해야 한다고 보았다. 그리고 학교는 학생들에게 다양한 진로에 대해 안내해야 하고, 교육과정에서 소외되기 쉬운 학생들을 위한 지도 방안을 마련해야 하며, 고등학교 교육 내용과 방법, 대학교육의 구조, 직업 체제 등도 함께 혁신해야 한다고 보았다.

혁신고등학교의 지속 요건에 대해, 참여자들은 성적 중심의 전형과 특정 유형의 고등학교에 더 주목하는 현행 대학 입시제도가 바뀌어야 하고, 학벌을 중시하는 사회적 인식이 전환되어야 하며, 학습 평가제도도 대폭 개선되어야 한다고 보았다. 또 혁신학교 내외의 실천을 점검하는 일로서 혁신학교 프로그램 운영을 개선하고, 혁신학교의 실천을 확산시키고 홍보할 필요가 있다고 제안했다.

혁신고등학교의 발전 방향에 대한 연구진의 생각은 혁신고등학교 실천의 반성과 재정비, 그리고 혁신고등학교 실천을 통한 사회 변화로 집약되었다. 먼저 혁신고등학교 실천의 반성과 재정비 방안으로 혁신고등학교 운영의 실천적 지식을 체계적으로 정리하고 기록하여 실천의 공유 및 계승을 도모해야 한다고 보았다. 교육과정 운영에서는 입시 중심 문화에서 소외되기 쉬운 학생들에 대한 지원체계가 구축되어야 한다고 제안했다. 교사들의 수업에서는 교과별 차이가 최소화되도록 혁신학교의 가치 내면화와 교원학습공동체를 통한 교수·학습의 전문성 확보를 요구했다. 교육과정에서는 학교교육과정 설계에 교육주체의 참여를 보장하고 지역사회와 연계하는 방안을 제안했다. 그리고 교과 및 수업, 체험 프로그램, 학생 자치활동 등의 혁신적 실천을 정리하고 전략적으로 홍보하여 일반 대중이 혁신고등학교에 대해 더 잘 인식하도록 해야 한다고 보았다.

혁신고등학교가 기존 교육 및 사회 질서에 문제를 제기하고 대안적 실천에 기여할 수 있는 측면에 대해서는 일반고등학교 교육과정의 다양화, 교육과정 편제 혁신을 통한 고교학점제 주도, 학생들의 교육 거버넌스 참여를 위한 학생회 네트워크 구축, 고등학교와 대학 간 입시 연계 모델 수립, 혁신교육 확산을 통한 사회 혁신 추동 등을 제시했다.

혁신고등학교는
어떻게 변화해야 하는가?

참여자들은 자신들의 경험에 기초하여 앞으로 혁신고등학교가 변화해야 하는 측면에 대해 삶에 대한 다각적 이해와 접근, 주체적인 삶의 능력, 교육과정의 특색, 대안적 삶에 대한 정보, 공동체성의 가치 내에서 존중되는 자율성, 고른 기회와 지원 등을 바랐다. 그들은 혁신학교가 학생들에게 대학 진학 외에도 선택 가능한 삶의 경로와 특성을 이해하도록 폭넓은 경험을 제공하고 판단 능력과 자기 주도적 학습 능력을 길러주며, 학교에서 습득한 주체적 삶의 능력이 사회에서도 지속될 수 있도록 연결 기반을 조성해야 한다고 보았다. 교과 편성에서는 혁신학교의 정수(精髓)를 반영해야 하고, 교육과정을 통해 학생들의 인문학적 소양을 기르거나 진로와의 연결성을 긴밀하게 확보해야 하며, 교과의 실행에서 개별 학생이 중심이 되도록 지원할 것을 기대했다. 또 학교가 학생들에게 대학 진학 외의 경로들을 다양하게 제시하고 대안적 삶에 대한 정보도 제공해야 하며, 개인의 자율성을 공동체성의 가치 내에서 기능하도록 관리해야 한다고 보았다. 그리고 교육과정에서 소외되기 쉬운 학생들에게도 기회를 고르게 제공해야 하고, 혁신고등학교의 실천에 더하여 고등학교 교육 내용과 방법, 대학교육의 구조, 사회의 직업 체제 등도 혁신되어야 한다고 보았다.

삶에 대한 폭넓은 이해와 접근

대학 진학 여부에 관계없이 참여자들은 세상에는 다양한 삶이 있으므로 학생들이 대학 진학 외에도 선택 가능한 삶의 경로와 특성을 이해할 필요가 있고, 그를 위해서는 폭넓은 경험을 하도록 학교에서 준비시켜 주어야 한다고 보았다.

먼저 비진학자들은 사회에 나와 보니 다양한 삶의 길이 있는데 고등학교에서는 그만큼의 정보를 안내받지 못했던 점을 아쉬워했고, 학생들이 여러 가지 경험과 체험을 통해 진로나 삶의 목적을 찾는 과정을 도와줄 필요가 있다고 보았다.

B고등학교 최기연은 실제 삶에서는 꿈꾸던 직업을 갖지 못할 수도 있으므로 학생들이 관련 직업을 살펴보거나 주변 영역까지 탐색함으로써 진로에 대한 시각을 넓힐 수 있게 도와주기를 희망했다.

> 저도 바로 영화 일을 할 줄 알았는데 다른 분야에서 다른 종목으로 일하고 있잖아요. 그런 것처럼 학생이 꿈은 있을 것 아니에요. 그 꿈에서 다양한 것을, 다양한 곁다리 부분을,―곁다리라고 하면 좀 그렇긴 한데―그 가지로. (중략) 꿈꾸던 것만 맹목적으로 바라보게 하는 게 아니라 주변 것들도 한번 시야를 넓혀서 보게 해주는 것도 중요하다고 생각합니다.(B고등학교, 비진학자 최기연 3차 면담 내용)

C고등학교 나민희는 대학에 진학하지 않은 자신의 경험에 비추어 비진

학 예정자를 위한 직업체험 프로그램의 필요성을 제시했다. 진학예정자들도 각자 원하는 학과와 진로에 대해 조사해 보고 체험하는 활동이 필요하지만, 대학 진학률이 높아 상대적으로 관심을 덜 받는 비진학 예정자들을 위한 직업체험활동이 동아리 방식으로 운영되어야 한다고 보았다.

> 진학을 원하는 친구들은 진학(에 관련된 것들)에 대해 세세히 조사하며 체험하면 좋겠어요. 학교보다는 여러 과를 체험해 볼 수 있게, 대부분의 원하는 진로에 따라—예를 들면 자기가 이 과 생활 체험을 해봤는데 적성에 안 맞고 내가 생각했던 것과 너무 다르면 다른 쪽으로 생각해볼 수 있게 다른 학교나 다른 과로도, 그런 것도 있으면 좋겠고, 비진학하는 친구들은 진로 쪽으로—직업체험처럼—그게 잘되어 있으면 좋겠어요. 학교 내에서 비진학 친구들은 따로 동아리처럼 원하는 직업을 체험해볼 수 있게 해서, 그 직업에 대해 좀 더 공부해 보면 좋겠어요. 저희가 학교 다닐 때는 주로 진학하는 친구들이어서 비진학하는 친구들은 힘들어했던 편이라, 그게 좀 잘되어 있으면 좋겠어요.(C고등학교, 비진학자 나민희 3차 면담 내용)

D고등학교 김정윤은 고등학교를 졸업할 때 학생들이 무엇을 좋아하는지 알기만 해도 큰 성과라고 보았다. 그는 고등학교에서는 학생들 각자 고유의 특성 또는 재능을 발견하기 위해 더 노력하고 그러한 특성이나 재능이 더 발전되도록 교과나 프로그램들을 연결해 주기 바랐다. 그리고 학생들이 고등학교에서 다양한 것을 경험하고 세상을 넓게 보면서 꿈을 키울 수 있게 되기를 희망했다.

졸업할 때 꿈까지는 아니더라도 뭘 좋아하는지 알고 졸업하는 정도만 되어도 혁신학교는 성공했다고 생각해요. 거기서 바로 (길을) 찾아서 취업하거나 원하는 과를 바로 가면 좋겠지만 그게 아니니까. (중략) 학교도 그렇죠. 아이들의 다양성을 찾아내려고 노력하면 좋을 것 같아요. 아이들의 다양성, 네, 이런저런 것 많이 시켜 보고, 선생님들도 아이들한테 관심을 가지고 '너는 좀 이런 것 같은데, 이런 쪽에 이런 게 있는데 들어 보면 어떠냐', '이런 대회가 있는데 수업 들어 보면 어떠냐' 이런 식으로 제안해 주고 존중해 주면 좋을 것 같아요. (중략) 저는 대학을 안 가서 그런지 모르겠는데, 그냥 하고 싶은 것 했으면 좋겠고, 좀 더 세상을 넓게 봤으면 좋겠어요.(D고등학교, 비진학자 김정윤 3차 면담 내용)

E고등학교 김하준은 고등학교에서 타 교과나 시험 준비 시간으로 대체되기 쉬운 체육 교과 시간을 이수 기준대로 보장하고, 교과서 외에 관련 도서를 읽고 의견을 나누는 깊이 있는 수업을 늘리면 좋겠다는 바람을 보였다. 그는 혁신고등학교 졸업생의 정체성은 '다른 일반고등학교 학생들에 비해 마음의 여유가 조금 더 있는 상태'에서 찾을 수 있다고 보았다.

그런 것은 많으면 좋았겠다고 생각해요. 체육활동 같은 게 다른 활동들에 비해 상대적으로 좀 부족한 느낌이었어요. 그래서 체육활동도 좀 있으면 좋겠다고 생각은 해요. 시험 기간마다 다른 활동들은 대체로 보장해 줬는데 보통 체육활동 시간을 빼서 자습 시간을 만들었거든요. 그래서 '체육활동 할 시간이 조금 더 많으면 괜찮았겠다', 이런 생각도 해요. (중략) 다른 경험은, 책 읽고 의견을 나누게 하는 수업이 좀 더 많으면 좋겠어요. 동아리활동은 많이 했는데, 교과에서는 그런 활동들이 있긴 있었지만 선생님에 따라 달라져서, 없으면 아예 없는 교과도 많았기 때문에, 그런 게 조금 더 있으면 좋지 않았을까, 과목별로 수업을 그런 방식으로 했으면 좋지 않았을까요. 수학도, 수학자들이 쓴 책 같은 것 있잖아요. 그런 것 읽고 스스로 공부해 보게 했으면 지금보다는 좀 더 수학을 잘하지 않았을까.(E고등학교, 비진학자 김하준 3차 면담 내용)

F고등학교 박정선은 고등학교의 입시 현실을 고려하더라도 자아를 인식하고 정체성을 찾아가는 과정이 중요하므로 자신에 대해 알아 가는 수업을 많이 하면 좋겠다고 했다. 또 학교에서는 학생들에게 의미 있는 체험활동과 경험을 많이 제공할 필요가 있다고 보았다.

G고등학교 고재우도 학교에서 학생들에게 직업에 대한 탐색 경험을 더 많이 제공하고, 성적이 좋아야 좋은 직업을 가질 수 있다는 편견을 깰 수 있도록 교육해야 한다는 견해를 보였다.

진로교육 활성화가 필요해요. 다양한 직업에 대해 탐색할 수 있는 경험을 제공하고, '좋은 직업=높은 성적', 이런 편견을 깰 수 있으면 좋겠어요. 저도 그랬고, 앞으로 살아갈 아이들이 성적에만 지나치게 스트레스 받는 것이 안타까워 보이더라고요. 갑자기 생각났는데, 혁신학교의 취지는 무엇일까요? 입시에 치여 사는 학생들을 위해 진정으로 학생이 행복한 학교가 생겼으면 좋겠네요.(G고등학교, 비진학자 고재우 3차 면담 내용)

주체적 삶의 능력

참여자들은 혁신고등학교에서는 학생들이 주체적으로 활동하고 이후 삶을 대비할 수 있도록 판단 능력과 자기 주도적 학습 능력을 길러 주어야 하고, 학교에서 습득한 주체적 삶의 능력이 사회에서도 단절되지 않고 지속될 수 있도록 연결 기반을 조성해 주어야 한다고 보았다.

A고등학교 이정민은 성인이 되면 자기 일에 스스로 결정을 내려야 하므로 그러한 판단 능력을 고등학교에서부터 체계적으로 길러 주는 일이 필요하고, 그것을 혁신학교에서 수행할 수 있다고 보았다.

> 학교 졸업하면 성인이잖아요. 성인이 되면 대부분의 선택과 결정이 자기 판단으로 이루어지니까, 그 판단을 잘할 수 있는 능력들이 다 다르니까, 그런 능력을 길러 주면 좋지 않을까요.(A고등학교, 서울 소재 대학 진학자 이정민 3차 면담 내용)

B고등학교 주민하는 혁신고등학교에서는 다른 고등학교들에 비해 상대적으로 학업 능력을 덜 강조하고 시험도 교과 학습 내용과 범위에서만 출제하므로 학생들이 내신성적을 원하는 수준으로 받는 데는 큰 어려움이 없다고 보았다. 그러나 학교에서 성적과 대입을 덜 강조한다고 하여 교과 학습을 소홀히 하는 것은 이후의 삶에 지장을 줄 수 있으므로 자기 주도적으로 학습하는 능력을 길러줄 필요가 있다고 했다.

> 학교에서 하는 걸로만 끝내고 집에선 안 한다─그러면 당연히 학업 능력이 떨어질 수 있겠다는 게 우려돼요. 다른 학교에서는 조금은 강제적으로 시키는 게 성적, 학업이잖아요. 그래서 학교에서도 하고 집에서 복습하고 하다 보면 성적을 잘 받을 수 있을 텐데. 혁신고등학교에서도 시험문제가 그렇게 어렵게 나오는 건 아니에요. 학교 생활에 충실하면 잘 맞힐 수 있는 문제긴 한데, 그런데도 (수업) 활동한 것만 기억하고 생각하고 이렇게만

있는다면—당연히 시험을 좀 더 고민해 보고 공부하고, 이런 시간을 갖는 건 필요해요.(B고등학교, 안양 소재 특수대학 진학자 주민하 3차 면담 내용)

H고등학교 이현수는 혁신고등학교에서 교육받는 동안 학생들이 키운 동기와 활동의 결과가 상급학교는 물론 사회에서도 지속될 수 있도록 연결되어야 한다고 보았다. 그렇게 되어야만 입시 중심의 경쟁적 교육시스템에서 혁신교육을 받은 학생들이 스스로 삶의 길을 찾아가도록 도울 수 있다고 했다.

이런 변화는, 저의 노력도 있었지만, 좋은 교육환경과 학교를 구성하는 주체들의 적극적인 지지가 있었기에 가능한 일이었고, 누군가도 이런 기회를 얻는다면 크게 성장할 수 있다는 생각이 듭니다. 그렇기에 앞으로도 많은 학교가 혁신교육을 하여 각 학교만의 혁신을 갖게 되면 좋겠고, 사회 및 학교가 학생들의 활동과 동기가 소외되지 않도록 그 열정들을 현실적인 삶과 부단히 연결시켜 주는 역할을 하면 좋겠습니다. 최근에도 어느 고등학교 학생이 시험의 압박에 어려움을 겪고 극단적인 선택을 했다는 기사를 접했습니다. 경쟁적인 교육시스템과 입시 위주 교육이 여전히 주류인 사회에서, 혁신교육 혹은 대안교육의 힘이 학생들이 스스로가 주체가 되는 삶을 찾아 나갈 수 있는 양분으로 도움이 되기를 소망합니다.(H고등학교, 비진학자 이현수 3차 면담 내용)

교육과정의 특색

참여자들은 혁신고등학교의 철학과 가치가 교육과정을 통해 구현된다는 인식을 보여주었다. 그러므로 교과 편성에 혁신학교의 본질적 의미를 반영해야 하고, 교육과정을 통해 학생들의 인문학적 소양을 기르거나 진로와의 연결성을 확보해야 하며, 개별 학생 중심으로 교과가 운영되어야 한다고 보았다.

D고등학교 구하영은 자신의 고등학교가 혁신학교이자 과학중점학교였는데, 대학 전공 선택을 뒷받침하는 근거로서 과학중점학교 교과 이수 이력은 생활기록부에서 바로 확인될 수 있었던 반면 혁신학교의 특색은 상대적으로 잘 드러나지 않았다고 지적했다.

> D고등학교가 과학중점학교였으니까, 과학중점학교를 생각하면서 생기부를 봤을 때는 '아, 과학중점학교이기 때문에 이런 걸 한 거구나' 하고 떠올릴 수 있는데. 생기부를 보면서 '이거 혁신학교이기 때문에 이런 활동이 있었구나' 하고 떠올릴 수 있는 게 딱히 없어서 혁신학교도 특색을 뭘 만들어야 될 것 같아요. 그래서 뭐가 도움 되는지 말씀드리고 싶은데 '이게 혁신학교 때문이었나?' 이렇게 알 수가 없으니까 색깔이 없다, 약간 이런 거….(D고등학교, 서울 소재 대학 진학자 구하영 3차 면담 내용)

E고등학교 강선민은 사람들의 인생 경로가 다양할 수 있으므로 고등학교에서 학생들에게 다양한 삶에 대한 정보를 제공해야 한다고 보았다. 대학생활에서는 교과 학습만으로는 다른 사람들과 교류하는 데 제약이 있으므로 고등학교에서부터 사회 문제에 대한 관점을 계발하고 인문학적 소양을 길러 주어야 한다고 제안했다.

> 일단 정보를 많이 제공하면 좋겠고, 늘 한정적으로 봤던 것 같아요. 그냥 다들 대학 진학할 거라고 생각하고, 보통 그런 것 위주로 많이 보긴 하는

데, 그 외에도 많은 게 있고, 그런 걸 알았으면 사람들이 다른 것에도 많이 고민하지 않았을까. (중략) 저는 고등학교 때 공부만 해서 사회 문제에 대해 알고 있는 게 많이 없거든요. 그런데 대학에 오니까 국·영·수 공부만 해서는 우물 안 개구리같이 느껴지는 거였어요. 지금도 그래요. 사회에서 일어나고 있는 일 같은 것에 관심도 없고, 철학 같은 걸 가지고 얘기하면 모르니까 얘기도 잘 못하겠고, 그래서 그런 것 많이 좀 배웠으면…(E고등학교, 서울 소재 대학 진학자 강선민 3차 면담 내용)

G고등학교 김지은은 고등학교에서 학생들에게 교과 학습뿐만 아니라 체험활동을 더 의미 있는 방식으로 조직하여 충분히 제공할 필요가 있다고 요구했다. 그는 고등학교 교육과정에서의 학습이 학생들의 진로와 더 긴밀하게 연계되도록 체계적으로 운영되어야 한다고 보았다.

어쨌든 혁신학교도 고등학교잖아요. 학교에 있어야 하는 시간이 어느 정도 있어야 하긴 하는데, 그런 걸 체감하는 게 있으면 좋겠어요. 일을 만들어 하러 간다든지, 그런 거 있잖아요. 캠퍼스 투어, 이런 걸 더 많이 신청해서 많은 학생을 데리고 간다든지, 그러니까 앉아서 하는 공부가 아니라 돌아다니면서 하는 게 더 있으면 좋겠어요. (중략) 예를 들어 변호사인데, 우리나라에서만 변호사를 할 수 있는 게 아니잖아요. 그걸 어문이랑 연결해서 진로 선택할 때 '어떤 걸 하는 게 좋을 것 같니?' 하고 애한테 좀 더 맞춰 주려고 한다든가, 이과 친구들이라면 자동차 엔지니어가 꿈이다(라고 할 경우) 어떤 분야의 특출난 걸 융합해서 할 수 있는, 엮어 주는 뭔가가 있으면 좋겠어요. 그걸 뭐라 해야 할지 모르겠는데…(G고등학교, 서울 소재 대학 진학자 김지은 3차 면담 내용)

G고등학교 황인하는 자신의 고등학교가 혁신학교이자 과학중점학교였는데도 주변의 다른 일반고등학교에 비해 과학 실험이 부족했고 실험 내용과 방법 또한 교사가 결정하는 방식이었다고 아쉬워했다. 그리고 학교에서 별도 반을 편성하려 한다면 그 기준은 내신성적이나 학습 능력이 아니라 특정 분야에 대한 관심이어야 하고, 관리 및 지원은 개별화 또는 소집단 맞춤형으로 이루어져야 한다고 보았다.

연구자   혁신학교라고 한다면 어쨌든 좀 특별한 교육과정이나 특색이 있어야 하잖아요. 그러면 과학은 어때야 한다고 생각해요? 아까 얘기한 대로 실험을 많이 하고 토론?

황인하   네. 사실 과학중점은 실험 수업이 따로 있단 말이에요. 그리고 G고도 실험 수업이 있었어요. 그 학교는 혁신학교가 아닌데도. 우리 학교는 혁신학교인데 하는 게 이론밖에 없고, 과학실은 두 개인데 과학실에 와서 수업해야 하고, 실험을 해도 선생님 혼자 실험, 우리는 보고 있고. 이런 게 많아서 실험을 해도, 그리고 물리 실험 위주.

(중략)

황인하   제가 문과였다면 관심 분야에 대한 시사나 독서, 이런 것에 좀 더 깊이 탐구하거나 논문을 쓰고, 읽어 보거나 그런 식으로 지도해 주셨으면 좋지 않았을까요. 당시 학교에서 점진반이라 하여 일정 등급·일정 등수의 학생들을 관리해 주는 게 있었는데, 그게 약간 독서실 형식으로 관리해 주는 것이거든요. 들어오라고 했지만 저는 안 들어갔는데, 그런 식으로 관리할 게 아니라, 공부 잘하는 학생들이 아니라, 공부 잘하는 학생들은 지들이 알아서 잘해요. 그러니까 좋아하는 게 있고, 관심 있는 학생들을 그렇게 점진반처럼 모아서, 선생님이 1대1로 붙으면 힘드니까 한두 선생님이 관리하셔도 괜찮아요. 그런 식으로 좀 케어해 주시는 게 좋지 않았을까?

(G고등학교, 충주 소재 대학 진학자 황인하 3차 면담 내용)

대안적 삶에 대한 정보

참여자들은 혁신고등학교에서도 삶의 경로로서 대학 입학이 일차적으로 권유되는 것이 현실이므로 학생들에게 대학 진학 외의 진로를 다양하게 제시해 줄 필요가 있고, 진로를 변경해야 하는 상황에도 대처할 수 있도록 대안적 삶에 대한 정보도 제공해야 한다고 보았다.

F고등학교 나혜주는 다수 학생이 대학에 진학하는 게 현실이지만 진학 의지가 확고하지 않고 개인적 진로 탐색도 불충분한 학생들에게까지 우선적으로 대학 진학을 권유하는 것은 합리적이지 못하다고 지적했다. 그는 대입을 중심으로 운영되던 보통의 고등학교들이 혁신고등학교로 지정받은 경우가 많으므로 대학 진학과 취업에 대한 지도를 같은 비중으로 지원하기는 어렵겠지만, 모든 학생에게 일차적 경로를 대학으로 안내하는 관행에는 분명 문제가 있다고 보았다.

> 대학 가는 학생이 대부분이긴 하지만 특별한 의지로 대학 가지 않고 다른 경로를 택하는 학생들도 있으니까요. 선생님들께서 학생들을 지도하실 때, 대학 갈 만한 애들이 있고 약간 애매한 애들이 있잖아요. 그렇게 애매한데다 그렇게 크게 갈 맘도 없고 딱히 목표나 그런 것도 없는 경우 대부분 대학으로 안내해 주시는 것 같아요.(F고등학교, 서울 소재 대학 진학자 나혜주 3차 면담 내용)

H고등학교 박아경은 고등학교에서는 학생들이 삶을 지속할 수 있는 힘을 길러 주어야 하고, 학생들이 처음 설정한 가치나 진로를 고수할 수 없는 상황이 될 경우 또 다른 선택을 할 수 있도록 대안적 삶에 대한 정보를 제공해야 한다고 보았다.

> 삶을 지속할 수 있는 힘을 기르는 게 중요합니다. 3년 동안 알차게 살아가는 것도 중요하지만, 졸업 이후에도 3년 동안 배운 것을 바탕으로 가치 있게 살아갈 수 있으면 좋겠습니다. 가치를 지킬 수 없는 환경에서도 가치를 지킬 수 있도록, 졸업 이후의 삶을 대안적으로 살아가는 사람들의 이야기를 공유하는 것도 좋을 듯합니다.(H고등학교, 서울 소재 대학 진학자 박아경 3차 면담 내용)

E고등학교 김하준은 혁신고등학교에서는 학생들에게 수학능력시험을 보고 그 결과에 따라 대학에 진학하는 것만이 유일한 길이 아니라 다른 선택도 얼마든지 가능하다는 것을 보여줄 수 있어야 한다고 보았다. 그는 그러한 가치가 내면화된다면 학생들이 졸업 후 삶에서 실패에 직면하더라도 또 다른 길이 있다는 믿음을 가지고 헤쳐 나갈 거라고 생각했다.

> 혁신학교는 기존 수능의 루트가 아니라 다른 루트도 있다는 것을 보여줘야 해요. 그러니까 세상에는 여러 가지 길이 있다는 걸 보여주는 것이 혁신학교라고 생각해요. (중략) 그래서 졸업 후의 삶을 고려할 때도, 혁신학교에서 그런 것들을 알려 줬다면 크고 작은 실패에도 무너지지 않고 '그래, 다른 길이 있겠지'라고 생각할 수 있으리라 보거든요.(E고등학교, 비진학자 김하준 3차 면담 내용)

공동체성 내에서 존중되는 자율성

참여자들은 혁신고등학교에서 존중되는 개인의 자율성은 타인의 자율성을 침해하지 않아야 하고 공동체성의 가치 내에서 기능해야 한다고 보았다.

A고등학교 장석호는 혁신학교 운영에서 중요한 가치가 자율성이라고 보았고, 그 자율성은 '체계가 잡혀' 있어야 한다고 했다. 그가 생각하는 체계 있는 자율성은 학교에 기대되는 과업들이 정상적으로 수행될 만큼의 질서가 유지되고 교권이 존중되는 범위에 존재하는 상태였다. 그는 혁신학교가 놀이터가 아닌 만큼 학습이 중시되어야 하고, 학생의 인권을 존중하는 일이 교사의 권위나 권리의 침해를 용인하는 것으로 오인되지 않아야 한다고 보았다.

연구자 혁신고등학교가 제일 두드러지게 가치를 인정받을 수 있는 측면이 무엇인가요?

장석호 자율성, 그런데 막 이렇게 퍼져 있는 자율성이 아니라 약간 체계가 잡혀 있는 자율성.

(중략)

연구자 고등학교 수준에서 자신이 받은 것과 같은 혁신교육을 후배들한테도 계속 제공한다고 할 때 제일 걱정되는 점은 뭐예요?

장석호 학교는 학교잖아요. 그래서 배울 때는 배우는데 너무 놀이터가 되지 않았으면 하고요.

연구자 배울 때는 배운다는 것은 학습에 조금 더 신경 쓴다는 의미?

장석호 네. 그리고 선생님이어도, 아무리 친한 선생님이어도 학생들이 선생님에게 도를 넘을 때가 있거든요. 장난 식으로 하고, 저희 때도 그랬고.

연구자	도를 넘는 것은 어느 정도로 하는 것을 말씀하시는 거예요?
장석호	수업시간에 선생님께 곤란한 질문 한다든지, 그런 걸로 분위기가 안 좋아질 때가 있거든요. 그리고 요즘 학생들이 너무 인권(의식)이 높아져 있어서 선생님들이 피곤하실 것 같아요. 학생 인권이 향상되어서 때리지도, 체벌도 못 하잖아요. 그래서 선생님한테 욕하는 친구들도 있고 그러다 보니까.
연구자	이런 생각은 지금뿐만 아니라 학교 때도 조금은 하고 있었어요?
장석호	'선생님 너무 만만히 본다'는 생각이 있었어요. 선생님한테 욕할 때도 있고, 그래서 '저건 아닌데' 하는 생각도 들었어요.

(A고등학교, 충주 소재 대학 진학자 장석호 3차 면담 내용)

고른 기회와 지원

참여자들은 혁신고등학교에도 다른 학교들과 마찬가지로 대학에 진학하지 않거나, 학업성적이 낮거나, 학업에 어려움을 겪는 학생들이 있으므로 그들이 소외되지 않도록 각자의 특성을 고려하여 기회를 고르게 제공하고 지원해야 한다고 보았다.

B고등학교 윤미래는 고등학교에서 많은 학생이 좋은 대학에 가고자 하고 교사들도 그렇게 노력하지만, 대학 진학 의사가 없거나 가정 형편상 비진학을 결정한 학생들에 대해서도 그에 맞는 배려와 지원을 해야 한다는 바람을 나타냈다.

애들은 웬만하면 대학 가고 선생님도 좋은 대학—내 아이들이 좋은 대학 가 가지고 좋게 지냈으면 좋겠으니까—거의 대학을 가고, 그런데 안 맞는 친구도 있을 것 아니에요. 대학 상관없는 친구들 있으면 그것에 대해 많은 선생님이 노력해 주시면 좋겠어요, 대학을 굳이 안 가도 되고 이런 길들이 있다고 따로.(B고등학교, 천안 소재 대학 진학자 윤미래 3차 면담 내용)

C고등학교 김우람은 혁신고등학교에서 교육받으며 생활하는 데 가장 우려되는 점은 학습에 동기화되지 않은 학생들을 어떻게 학업에 참여시키거나 나름대로 의미 있는 학습을 하도록 도울 것인가의 문제라고 보았다.

연구자　고등학교 수준에서 학생들에게 자신이 받은 것과 같은 혁신교육을 제공한다고 할 때 가장 우려되는 점은 무엇입니까?

김우람　학업의욕이 없는 애들은 졸업하기까지 학업을 잡지 못한다는 우려가 가장 커요.

(C고등학교, 천안 소재 대학 진학자 김우람 3차 면담 내용)

D고등학교 이국화는 혁신고등학교에서도 공부 잘하는 소수의 학생에게 더 관심을 기울이고 자원을 집중 지원하는 관행이 지속되었다는 문제의식을 드러냈다. 그는 재학생의 대학 진학 실적이 좋아야 다음 학년도 신입생 유치와 학교의 평판 유지에 유리할 것이라는 현실적 필요를 인정하면서도 학교의 관심과 자원이 각 학생의 요구에 맞게 고루 쓰여야 한다고 보았다.

연구자　고등학교 생활을 살펴보면서 앞으로 D고등학교가 '이런 학교였으면 좋겠다'라고 생각해 본다면요?

이국화　예전에는 사회적으로 그런 보이지 않는 게 있잖아요. 뭐라고 해야 하지? 공부 잘하는 학생만 좀 밀어주고 약간 이런.

연구자　편애하고?

이국화 네. 왜냐하면 대학 잘 보내야 다음 연도 신입생이 들어올 때 그런 면모를 보고 오는 것도 없지 않아 있으리라 생각하거든요. 그럼에도 공부 잘하거나 학교 생활에 전반적으로 잘 참여한다든가 이 학생만 밀어주는 것은 없어져야 한다고 생각합니다.

(D고등학교, 춘천 소재 대학 진학자 이국화 3차 면담 내용)

B고등학교 주민하는 혁신고등학교가 다른 학교들처럼 성적을 우선시하는 학교가 아니라면 대학에 진학하지 않는 학생들에게도 이후 어떤 진로를 택하여 생활을 영위할 수 있는지 안내하고 교육할 수 있어야 한다고 보았다.

대학 안 가는 학생들을 위해서도 혁신학교는 '성적이 다가 아니다', 이런 걸 내세우는 거잖아요. 그래서 대학 가지 않아도 어떻게 먹고 살 수 있는지, 그런 것을 교육해야 한다고 생각해요.(B고등학교, 안양 소재 특수대학 진학자 주민하 3차 면담 내용)

구조 변화를 동반한 학교 혁신

참여자들은 혁신고등학교에서 시도한 교육과 학교 변화의 움직임이 효과를 발휘하기 위해서는 교육 내용과 방법, 대학교육의 구조, 직업 체제 등도 동반하여 혁신되어야 한다고 보았다. 이런 측면은 대안학교 학생들이 재학 중에 형성된 가치관 및 생활방식이 사회에서 통용되는 현실적 기준과 맞지 않아 특히 졸업 후 다음 단계로 이행하는 과정에서 갈등을 겪었다는 연구 결과(김영화, 2014)에 비추어 볼 필요가 있다. 혁신고등학교가 일반고등학교에 대한 대안적 교육기관으로 인식되거나 졸업생들이 그에 따른 고충을 겪을 가능성이 어느 정도인지 생각해 보아야 한다.

E고등학교 신경아는 혁신학교의 이미지를 퇴색시키는 대표적 표현이 '노는 학교'임에도 혁신학교의 모습이 실제 그러해야 한다고 보았다. 그가 말하는 '노는 학교'는 국·영·수 중심의 시험을 위한 교과 학습이나 상대평가에서 우위를 점하기 위한 경쟁적 학습을 넘어 개별 학생의 진로나 전문성에 대한 탐색이 보장된 학교를 의미했다.

연구자　졸업생 입장에선 혁신고등학교를 어떻게 평가하십니까? '혁신고등학교는 이런 학교야' 라고.

신경아　고등학교가 좀 더 노는 학교가 되면 좋겠어요.

연구자　노는 학교라는 말은 일반적으로 비판하기 위해 쓰는 말인데요. 오히려 노는 학교였으면 좋겠다?

신경아　네. 앞으로 교육 같은 경우에는 다 이런 노는 학교로 가야 한다고 생각해요. 그러니까 학업 능력을 계속 말하는데, 국·영·수 같은 과목보다는 다른 교과외활동을 하는 게 훨씬 긍정적이고 이득이라고 생각해요.

연구자　이득이라고 생각한다?

신경아　교과목 같은 경우에는 일회성이라고 보기 때문에 사회에 나가서 좀 더 필요한 것은 전문성이나 스스로 탐구하는 과정이 진로 결정에 큰 도움이 되잖아요. 그런 의미에서 노는 학교가 돼야 한다고 생각해요.

연구자　여기 보니까 그 말씀이 쓰여 있네요. 1등급에서 9등급까지.

신경아　아. 네. 맞아요. 여기서 하려고.

연구자　나뉘는데 3등급부터 9등급 학생이 없어져 버리면 그 위의 등급 아이들이 또 1등급부터 9등급으로 나뉘는 거다.

신경아　네. 이런 걸 학교에서 반복하고 있는데, 이러면 마치 사람이 아니고 닭 우리에서 키워지는 것 같잖아요. 정말 싸움 붙여 놓은 것 같아요.

(E고등학교, 용인 소재 대학 진학자 신경아 3차 면담 내용)

    F고등학교 나혜주는 우리나라 교육이 실질적 혁신에 이르려면 초등학교부터 대학교까지 상호 연계성을 유지하며 변화를 수용해야 한다는 인식을 보여주었다. 그는 자신이 혁신고등학교에서 내면화한 가치와 생활 양식이 대학에서는 작동되기 어려운 상황들을 직시하면서 학교 체제의 총체적 변화와 그와 연관된 사회 변화가 함께 이루어져야 한다고 보았다.

나혜주   늘 그런 생각을 했어요. 교육이 우리나라의 화두인데 바뀌어야 한다, 뭐 혁신해야 한다, 항상 얘기하는데, 이게 '초·중·고·대학을 통틀어 어느 한 곳만 바뀌면 안 되는구나, 초등학교부터 대학교까지 싹 다 바뀌어야 하는구나' 하는 것을, 그 간극을 보면서 느꼈어요.

연구자   통찰하고 계신 것 같아요.

나혜주   진짜 내가 '혁신학교 나오면 뭐 해, 대학교는 그냥 일반대학교 와서 이렇게 안 맞게 생활하고 있는데', 그런 생각을 해요.

연구자   직업 세계도 바뀌어야 할 것 같죠?

나혜주   맞아요. 저도 그 생각 많이 했어요. '어디서부터 바뀌어야 하는 거지? 직업 임금 격차부터 없애야 하나?' 이 생각 하고 아니면 뭐 '유치원부터 바꿔야 하나? 도대체 어디서부터 바꿔야 하는 거지?', 그 생각 많이 했어요, 대학교 와서.

연구자   다 연결되어 있죠?

나혜주   네. 진짜 어려운 것 같아요.

(F고등학교, 서울 소재 대학 진학자 나혜주 3차 면담 내용)

H고등학교 유하민은 고등학교에서 학생들에게 대학 외에도 다양한 삶의 길이 있다는 것을 알려주는 역할을 충실히 해야 하지만, 그런 노력이 실효를 거두려면 사회와 연계하여 추진되어야 한다고 보았다. 그는 학교가 지역사회와 연계하여 지역 청년들이 일하는 시스템을 보여주거나 데이터로 가시화하여 길들을 제시해 줄 수 있다고 예시했다. 그러나 그런 노력을 학교가 온전히 감당하기 어려우므로 사회의 몫이 합쳐져야 한다고 지적했다.

연구자	학생들이 바라는 방법은 뭐예요? 학생들 생각이 중요할 것 같아요.
유하민	대학 말고 다른 길이 더 있으면 좋겠다고 하는데, 저는 학교에서 어떻게 해 줄 수 있는지 잘 모르겠어요. 지역사회와 연계해서 그 지역 청년들이 일할 수 있게 하는 시스템이 있으면 좋을까 하는 생각도 해보고, 데이터를 잘 만들어서 어떠어떠한 길이 있다고 명확히 제시해 주면 좋겠다는 생각도 드는데, 사실 그게 다 뭔가….
연구자	다 학교 책임이라고 하기에는 어렵지 않느냐는 생각도 들지요?
유하민	네. 학교가 할 수 있는 데는 한계가 있다는 생각이 계속 들어요. 학교가 노력하는 부분은 필요하다고 생각하는데, 그걸 뒷받침해 주는 걸 사회가 못하고 있으니까.
연구자	네. 사회 책임이 필연적으로 연결될 수밖에 없는 것 같아요.
유하민	그리고 학생들은 그렇게 말하는 학교에 배신감을 느끼는 경우도 많은 것 같아요. 뭔가 사회에 그렇게 마련되어 있지 않은데 왜 우리한테 그런 꿈을 꾸게 해서 더 갈피를 못 잡게 만드느냐고 하는 친구들도 있었고 해서.

(H고등학교, 춘천 소재 대학 진학자 유하민 3차 면담 내용)

혁신고등학교의
지속을 위한 요건은 무엇인가?

참여자들은 혁신고등학교가 지속되려면 성적 중심의 전형 관행과 특정 유형의 고등학교에 더 주목하는 현행 대학 입시제도가 변해야 하고, 학벌을 중시하는 사회적 인식이 바뀌어야 하며, 학습 평가제도가 대폭 개선되어야 한다고 보았다. 또 혁신학교 내외의 실천을 점검하는 일로서 혁신학교 프로그램 운영 개선, 혁신학교 실천의 확산과 홍보가 필요하다고 제안했다.

제도 및 인식의 변화

참여자들은 혁신고등학교가 지속되기 위해서는 내신성적이나 시험성적이 전형에 중요하게 작용하고 자율형사립고등학교나 특수목적고등학교 학생들이 우대받는 현행 입시제도를 개선해야 하고, 상대평가 중심의 평가제도를 절대평가 중심으로 바꾸어야 하며, 대학 학력(學歷)과 학벌 및 학교 성적을 중시하는 사회적 인식을 전환시켜야 한다고 보았다.

먼저 혁신고등학교 졸업생들은 우리나라 고등학교 교육의 문제점 개선 및 학교교육 정상화를 위한 정책적 관점에서 도입된 혁신고등학교가 지속되기 위한 조건으로 입시제도 변화를 요구했다.

　B고등학교 윤미래는 대입 수시 학생부종합전형에서 내신성적 반영을 최소화하거나 배제하는 전형이 확대되기를 기대했다. 그는 혁신고등학교에서 학생들이 참여한 다양한 활동과 그 과정에서 습득한 지식과 기술 및 태도 등에 근거하여 대학 입학 전형을 받을 수 있어야 학교가 이후까지 안정적으로 존속할 수 있을 거라고 보았다.

> 대학 입시만 보았을 때는 학생부종합전형이 계속 느는 추세잖아요. 그런데 종합전형도 성적 몇 퍼센트(로) 세 배수 뽑고 그다음 면접으로 뽑고 그러니까, 어떻게 보면 다 무조건 성적 봐야 하는 거잖아요. 성적 안 보고 뽑는 전형이 는다면, 애들이 어떻게 생활했는지 생기부만 보고 뽑는 전형이 는다면 괜찮을 것 같아요.(B고등학교, 천안 소재 대학 진학자 윤미래 3차 면담 내용)

　E고등학교 신경아는 대학 입시에서 학생들의 교과 성적이 우선시되고 희망이나 적성이 상대적으로 경시되는 관행이 개선되어야 한다고 보았다.

> 다들 교육만을 너무 우선시하다 보니까 입시제도도 등급 같은 것, 대학 갈 때 가장 중요한 것은 성적 같은 게 아니고 그 학생이 뭘 하고 싶어 하는지잖아요. 그런데 그런 것 들여다볼 생각도 안 하고, 오로지 교과목 성적으로만 채점한다는 게 정말 잘못된 것 같아서, 현재 입시제도가 바뀌어야 할 것 같아요.(E고등학교, 용인 소재 대학 진학자 신경아 3차 면담 내용)

　B고등학교 주민하는 고등학교 유형이 다양화되었지만 대부분의 학교에서 대학 입시를 중심에 놓고 학생들을 교육하고 있고, 특히 자율형사립고

등학교나 특수목적고등학교의 학생들은 학교의 사회적 위상에 힘입어 대학 입시에서 후광효과를 누리는 문제가 있다고 보았다.

> 제도적 측면에서는 대학 입시 위주의 학교가 너무 많은 것 같아요. 특목고도 그렇고 외고, 자사고, 이런 학교들이 많다 보니까 학생들이 대학교를, 어쨌든 외고나 이런 데서는 성적을 못 받아도 외고라는 타이틀 덕분에 학교를 좀 더 유리하게 가긴 하잖아요. 그런 게 있으니까 그냥 잘 모르겠어요. 그렇다고 이(런) 학교를 없애야 한다, 이건 아닌데, 이런 학교들이 많이 생겨나고 사람들의 인식 같은 게 좀 문제점이 있다는 생각이 들어요.(B고등학교, 안양 소재 특수대학 진학자 주민하 3차 면담 내용)

혁신고등학교의 지속 요건으로 입시제도의 변화에 더하여 참여자들이 관심을 가진 부분은 평가제도를 상대평가 중심에서 절대평가 중심으로 바꾸는 것이었다.

F고등학교 나혜주는 대학에 와서 일부 교과에서 경험한 절대평가에 매우 긍정적이었다. 상대평가가 절대평가로 대체되면서 남들보다 잘해야 하는 것이 아니라 정해진 기준을 충족시킬 만큼 성취하면 성적을 받을 수 있다고 생각하게 되었다. 그는 혁신고등학교에서도 평가제도를 바꾸면 모든 학생에게 관심을 가져 주고 함께 갈 수 있도록 기다려 주고 참여시켜 주는 모습을 실현할 수 있다고 보았다.

> 저희 대학교 같은 경우도, 이렇게 바뀔지 상상도 못했거든요. 제가 3학년인가, 4학년부터 상대평가에서 절대평가로 바뀌었어요, 일부. 그런데 완전히 바뀐 것이라기보다는 교수들이 선택할 수 있게끔, 상대평가를 할지 절

대평가를 할지. 저는 그게 합리적이라고 생각하거든요. 절대평가로 바뀜으로써 남들보다 내가 잘해야 하는 게 아니라 내 몫을 하면 성적을 받을 수 있게 바뀌었거든요. 외국인 친구들이랑 얘기하다 보니까 외국 애들은 그것에 너무 놀라는 거예요. A, B, C가 각각 33%씩 정해져 있는 것, 아무리 잘해도 A를 못 받는 것을 상상도 할 수 없다는 듯이 반응하는데, 그것도 너무 충격적인 거예요. 내가 내 것을 잘하면 되는 거지 남들보다 잘할 필요가 있는 건 아니잖아요. 물론 절대평가로 바뀌긴 했지만 그 비율은 유지해야 하긴 했는데. 결론적으로 혁신고등학교도 지금 가장 공격받고 의심받는 부분이 공부에 대한 것이고 학업성취에 대한 부분인데, 저는 그게 공격받고 있더라도 더 완화되어도 된다고 생각하고, 그런 부분이 혁신학교의 정말 본질적인 모습을 유지할 수 있는 방법이 아닐까 생각해요.(F고등학교, 서울 소재 대학 진학자 나혜주 3차 면담 내용)

참여자들은 우리 사회에서 학교의 시험 점수와 학력(學歷) 및 학벌을 중시하는 인식이 바뀌어야 개인 특성에 맞게 교육받고 사회에 진출하는 추세가 정착될 수 있으며, 그러한 가치를 지향하는 혁신고등학교도 존속될 수 있을 것으로 보았다.

G고등학교 고재우는 자녀교육에서 공부를 최우선 가치로 정해 놓고 등위 경쟁에서 앞서야 자녀를 인정하는 부모들의 인식과 행태가 바뀌어야 한다고 보았다. 그는 자녀들이 각자 관심과 적성에 따라 활동하는 모습을 지켜보면서 적극 지지하고 조력하는 부모의 모습을 기대했다.

공부가 전부라는 인식을 안 하게 되면 좋겠어요. 스카이캐슬이라는 드라마가 있었잖아요. '방에서 공부해, 이거 다 할 때까지 나오지 마' 하고, 반에서 공부 1, 2, 3등 하는 애 부모님끼리 얘기하면서 '우리 애가 1등 했다' 막 그런 걸 괜히 인식해 가지고, 옆에 예를 들어 '현수 엄마가 그러는데 현수 이번에 1등 했다더라. 너는 이번에 5등 했니?' 이러면서 '엄마가 창피하다. 1등 앞에서 5등인 애를 자랑하는 게 창피하더라. 나중에 걔를 뛰어넘어라.' 그런 식의…. 좀 그렇잖아요. 5등 했다고 해서 애가 그만큼 노력을 안 한 건 아니잖아요? 애가 만족감을 느끼면 '수고했다, 잘했다'고 해주면 되는 거고, 만족하지 못하고 서운해하면 더 용기를 주고 안심시켜 주고, 그러면 더 잘하지 않을까. 영어 학원, 수학 학원 밤늦게까지 다니는 자식 표정과 태권도 하고 싶어서 태권도 학원 갔다가 밤 10시에 오는 딸 표정 중에서 누가 더 좋겠어요? 자기가 하고 싶어서 (뭔가를) 하고 온 딸이 더 얼굴이 밝을 거 아니에요. 그런 사회가 되면 좋겠어요.(G고등학교, 비진학자 고재우 3차 면담 내용)

A고등학교 박한솔은 대학교육을 받아야 사회적으로 대접받는 우리 사회의 풍조를 지적하면서 '좋은 대학 입학이 곧 좋은 직장을 갖는 길'이라는 성인들의 인식을 바꾸어야 한다고 보았다. 그는 그런 인식이 결국 공부 잘하는 학교와 그렇지 못한 학교를 구분하고 서열을 정하게 한다고 해석했고, 고등학교에는 학생들이 자신의 특성에 맞추어 배우는 곳 이상의 의미를 부여할 필요가 없다고 생각했다.

거기는 머리 좋고 또 명문대 많이 가는 학교로 취급되어 있는데, 그런 게 없어지면 좋겠어요. 학교는 학교거든요. 학교 간다는 건 어느 학생이든 그 학교에서 배우기 위해 가는 거예요. 그 학교에 간다는 것은 교통 거리가 있기 때문에 자기 집에서 가까운 학교에 가서 배운다는 건데, 그 거리를 상관하지 않고 △△고는 공부 잘하는 학교, ○○고는 그냥 신설학교, 혁신학교, 이런 이미지로 되어 있는데, 그 이미지를 어른들이 바꿔야 한다고 생각해요. 대학 나왔다고 좋게 대우해 준다는 것도 말이 안 된다고 봐요. 저희 큰삼촌 아들들만 해도 대학교 안 나왔어요. 인문계 고등학교 졸업하셨는데 본인이 열심히 아르바이트 해서 친구랑 같이 사업을 한 게 확장되어 지금은 중소기업 정도로 돈을 벌고 계시거든요. 충분히 그렇게 잘살고 계시는데, 굳이 대학 안 가도 잘살 수 있는 길이 여러 갈래로 엄청 많이 열려 있는데, 사회 인식이 그렇잖아요. 좋은 대학 나와야 좋은 직장에 취업이 된다. 이건 애들이 아니라 어른들이 고쳐 나가야 한다고 생각해요.(A고등학교, 비진학자 박한솔 3차 면담 내용)

혁신학교 안팎의 실천 점검

참여자들은 혁신고등학교의 지속을 위해서는 혁신학교 안팎의 실천을 점검하는 일로서 혁신고등학교 프로그램 운영 개선, 혁신학교 실천의 확산과 홍보가 필요하다고 보았다.

참여자들은 우선 혁신고등학교 프로그램에서 공동 활동을 확대하고, 교육과정의 성공적 실행을 위해 구성원 간 상호작용을 증진하며, 혁신의 실천이 3학년까지 단절 없이 적용될 수 있는 방안을 모색해야 한다고 보았다.

F고등학교 하운재는 혁신고등학교에서는 지식 중심의 교과 비율을 낮추고 구성원 간 공동 활동을 늘려가야 한다고 보았는데, 그러한 장면들을 통하여 학생들이 공동체적 삶 속에서 자신을 돌아보고 미래를 준비할 기회를 가질 수 있다고 했다.

교과 비중을 줄이고 통합적인 동아리활동, 수련활동 등 함께하는 활동의 비중을 좀 더 늘리면 좋겠어요. 공동체적 삶을 바라보면 그렇기도 하고, 외적으로는 제가 얼마 전에 봤던 것 중에―독일이었나― 나라는 정확히 기억 안 나는데, 고등학교 3년을 배우고 스무 살이 되면 무조건 나라에서 1년 동안의 유예 기간을 주는 경우가 있다고 하더라고요. 그런 걸 통해 공동체적 삶을 위해 1년 동안 나의 삶을 돌아볼 수 있는 기간을 제도적으로 마련하는 것도, 어떻게 보면 공동체적 삶이 저희에게 가장 중시되고 있지 못한데요. 먹고살기 바빠 죽겠는데 공동체가 뭔 소리냐, 빨리 가야 한다, 스피드에 열광해 있으니까. 그런데 1년을―강제로 볼 수 있지만―생각할 수 있는 시간을 마련하는 것도 어떻게 보면 가치를, 한계를 바라볼 수 있는 시간을 줄 수 있지 않을까 생각합니다.(F고등학교, 오산 소재 대학 진학자 하운재 3차 면담 내용)

C고등학교 나민희는 혁신고등학교의 가치를 보여줄 수 있는 실체를 교육과정 또는 프로그램이라고 할 때, 교육과정의 원활한 운영을 위해서는 학교교육에 관여하는 사람들 간 상호작용을 통한 이해 증진과 협력이 매우 중요하다고 보았다.

대화가 잘 통해야겠고 서로 간의 이해가 중요할 것 같아요. 학생과 학생 간도 그렇고, 학생과 선생님 간도 있을 것이고, 또 학생과 학부모 간도 있을 테니까, 대화가 되어야 서로 이해가 된다고 생각하거든요. 서로 원하는 것을 해주고 상대방도 들어 주고 대화가 잘 통해야 할 것 같아요. 입시만 한다 해서 다 되는 건 아니기 때문에, 계속 혁신학교가 이루어지려면 학교 내에서도 상호작용이 중요할 것 같아요. 선생님이랑 학생이건 학생이랑 학

부모건, 학생이랑 학생이 제일 중요하기도 하니까 그게 제일, 상호작용.(C
고등학교, 비진학자 나민희 3차 면담 내용)

    D고등학교 이국화는 대학 입시 전형 구분이 모든 고등학교 학생에게 공
히 적용되는 상황에서 혁신고등학교 3학년 학생들이 2학년까지 경험한 다
양한 실천의 단절에 직면하기 쉬운 현실을 지적했다. 수시 전형을 준비하
는 학생들은 교과와 체험활동 경험을 최대한 활용하려 하지만 합격을 확신
할 수 없으므로 수능시험도 대비해야 했고, 정시 전형을 염두에 두는 경우
수능시험 외의 영역은 도외시할 수밖에 없었다는 것이다.

연구자   D고에서도 정시파가 있었죠? 수능만 준비하는? 그런 학생들은 어땠던 것
        같아요?

이국화   3학년 때 와서 굳히기에 들어가는 학생들이 많아 가지고, 2학년 때까지는
        그래도 내신을 챙기는 친구들이 많았는데 3학년 때는 확실히 이게 확 나
        뉘는 게 보이더라고요. 정시파와 수시를 챙기는 친구들로. 그런데 그 친구
        들은 아예 모든 것을—학교 생활을 놔 버리니까 시험, 이런 것도 따로 준비
        안 하고, 모의고사에만 계속 집중하고.

연구자   그럼 상위권 학생이나 중위권 학생이나 다 마찬가지라는 얘기죠?

이국화   네. 그런데 정시 쪽에서, 상위권이었던 친구가 학생부 쪽으로 전환하는 것
        을 본 적이 있어요.

연구자   그런 경우에는 혁신학교 프로그램이 다양한 게 훨씬 도움이 되겠네요. 역
        으로.

이국화   네. 시너지 효과가 나지 않았을까 생각이 들어요.

                         (D고등학교, 춘천 소재 대학 진학자 이국화 3차 면담 내용)

참여자들은 혁신고등학교에서 시도한 실천이 더 많은 고등학교로 확산되어야 하고, 특히 입시에 대한 혁신학교의 관점과 방법들을 적극 알릴 필요가 있다고 했다.

B고등학교 윤미래는 혁신고등학교의 지정과 운영이 일과성 정책 사업이 되지 않도록 계속 이루어져야 하고, 더 많은 학교로 확산되어 학생들이 경험할 수 있어야 한다고 보았다.

> 혁신고등학교면 학교답게 그것을 끈기 있게 계속 시행하면 이게 긍정적인 의미를—전에는 몰라도 후에는—부여할 수 있을 것 같은데, 이걸 몇 군데서만 하고 안 하면 딱히 긍정적인 의미를 부여할 수 있는 게 없을 것 같아요. 다른 애들이 많이 모르잖아요.(B고등학교, 천안 소재 대학 진학자 윤미래 3차 면담 내용)

A고등학교 박한솔은 혁신학교 지정 계획에 대한 학부모들의 반발에 대한 논란을 언급하면서, 혁신고등학교에서는 학생들이 대학 입시 외에도 여러 가지 다른 길을 택하도록 존중한다는 관점을 차분히 전달하는 것이 필요하다고 보았다.

> 그 학교를 홍보하는 게 아니라 혁신학교라는 것을 홍보하는 거죠, 그러니까 긍정적인 이미지가 될 수 있게끔. 혁신학교라는 게 절대 나쁜 길이 아니다, 물론 다른 부모님들이 부정적으로 생각하는 게 혁신학교라고 하면 대학을 못 간다는 게 제일 크다고 생각하거든요. 그러니까 혁신학교라고 해서 대학 못 가는 거 아니다, 혁신학교에는 여러 길이 있는데, 입시의 길은 그중 하나다, 나머지 길도 어려 갈래로 있기 때문에 전혀 문제될 게 없다,

이렇게. 그러니까 홍보를 이런 식으로 해주면 이미지도 그렇고 좀 많이 긍정적으로 변하지 않을까요.(A고등학교, 비진학자 박한솔 3차 면담 내용)

혁신고등학교를 일반에게 알리는 방법에 대해 A고등학교 장석호는 유튜브 등의 방송매체를 이용한 정보 전달과 혁신학교의 학부모가 일반 학부모에게 경험과 생각을 전달하는 방법이 효과적일 거라고 보았다. 또한 C고등학교 김우람은 혁신학교 졸업생들을 면담하여 그들의 학교 생활에 대해 듣고 그 결과를 책이나 자료 형태로 만들어내는 방법을 제안했다.

연구자   혁신학교 졸업생과 학부모들이 단체를 결성하여 활동하고 있는데, 그런 단체에서는 어떤 일을 하는 것이 혁신학교 실천의 유지에 도움이 된다고 생각하십니까?

김우람   혁신학교 졸업생들을 찾아가서 학교 다닐 때 어쩌했는지 인터뷰하고 조사해서 책을 내거나 자료를 발표한다거나 하면 좋겠어요. (결과가) 다 좋게 나오는 건 아니더라도 저 같은 경우는 혁신학교에 만족했으니까 다른 친구들도 그랬으리라 생각하거든요. 인터뷰하고 결과를 발표하는 것도 좋긴 한데 혁신학교를 나왔다고 그 결과가 좋은 것은 아니니까, 결과보다는 당시 학교 다녔을 때가 어땠는지를 인터뷰해서 발표하는 게 좋지 않을까 싶어요.

(C고등학교, 천안 소재 대학 진학자 김우람 3차 면담 내용)

혁신고등학교의 실천을
어떻게 반성하고 재정비할 것인가?

혁신고등학교가 정책에 의해 유지되어 온 측면을 감안한다면 학교의 발전을 위해서는 혁신의 실천에 대한 반성과 성찰을 통해 시기별로 재정비의 노력을 기울일 필요가 있다. 먼저 혁신학교 운영 과정에서 축적된 실천적 지식을 체계적으로 정리하고 기록하여 학교 구성원의 변화에도 불구하고 실천 내용과 근거가 계승되도록 하는 것이 중요하다. 교육과정 운영에서는 학습 능력이 약한 학생이나 비진학 예정자들이 소외되지 않도록 지원체계를 구축할 필요가 있다. 교사들의 수업 실천에서는 교과별 편차가 최소화되도록 혁신학교의 가치를 내면화하고, 교원학습공동체를 통해 교육과정과 수업 및 평가에 대한 이해를 도모하여, 학생들이 풍부하게 학습할 수 있도록 전문적 대응 노력을 해야 한다. 교육과정에서는 교육 및 학교 자치의 흐름을 반영하여 학교교육과정 설계에 교원뿐 아니라 학생 및 학부모의 참여를 보장하고 학생들이 다양한 삶의 모델을 경험할 수 있도록 지역사회와 연계하는 방안을 강구해야 한다. 그리고 혁신고등학교에서 학생들의 자율성과 자기 주도성을 보장해 주고자 시도된 교과 및 수업, 체험 프로그램, 학생 자치활동 등의 실천이 대중에게 전달 및 공유되어 혁신고등학교에

대한 이해 제고 및 인식 개선에 효과적으로 쓰일 수 있도록 성과의 정리와
전략적 홍보가 필요하다.

실천적 지식의 기록과 공유

혁신고등학교의 역사가 쌓여 가고 있지만, 공립 학교에서는 순환근무제
로 교원 구성이 계속 바뀔 수밖에 없다. 혁신학교에서 수년의 열정과 노력
을 들여 혁신 리더나 혁신 전문가가 된 교사들이 단위학교 근무기간을 채
우고 새로운 학교로 떠나면 그 자리는 새로운 구성원으로 채워진다. 그런
시스템에서는 혁신 경험이 축적되기보다는 유실될 우려가 크고, 결과적으
로 지속가능한 학교 혁신을 어렵게 만드는 요인으로 작용한다. 초빙교사제
도를 활용하여 혁신 실천에 유리하도록 전보 요청을 할 수 있지만 해당 제
도에 명시된 근무기한이 있으므로 근본적 대안이 되기 어렵다. 자율학교
의 장점을 활용하여 가능하면 교사들이 원하는 기간 동안 근무할 수 있는
제도적 조건과 여건을 정책적으로 모색할 필요가 있다. 동시에 교육과정과
수업, 평가, 학생 자치회, 프로그램 등에 대해 무엇을 고민했고, 무엇을 실
천했는지, 그 의도는 무엇이었는지, 진행 과정은 어떠했는지, 그리고 성과
와 과제는 무엇이었는지 체계적으로 정리할 필요가 있다. 시간이 지날수록
혁신의 실천을 위한 각각의 프로그램이 형식으로만 전수되고, 어떤 맥락
에서 그것이 만들어졌는가에 관한 의미 공유가 이루어지지 못할 가능성이
커지기 때문이다.

혁신고등학교의 지속가능성과 재정비를 위해서는 무엇보다 학교 구성
원이 만들어 가는 일상에 대한 기록과 정리 작업이 필요하다. 학교 구성원
이 계속 바뀌는 상황에서 그러한 문서화 작업 없이 구전 방식만으로는 프

로그램들을 떠받치는 철학과 가치의 전승에 한계가 있기 때문이다. 그러나 학교현장에서는 일상을 기록할 수 있는 여력이 충분치 않은 것이 사실이다. 그러므로 학교 구성원에 대한 의존을 넘어서 연구년 교사제, 내·외부 기록프로젝트 지원, 외부 연구진 지원 등의 방안을 정책적으로 모색할 필요가 있다.

소외 학생을 위한 지원체계 구축

기존 교육 관행을 바꾸고자 다양한 변화를 도모해 온 혁신고등학교에서도 비진학 예정자나 학습 능력이 약한 학생들은 교육과정 실행 과정에서 소외를 경험했다. 일부 대학 진학자들도 교육과정 이수에 어려움이 있거나 동기가 형성되어 있지 않은 또래 학생들을 지원할 수 있는 교육과정이나 프로그램이 필요하다고 제언했다. 대학 입시에 집중하는 보통의 고등학교들에 비해 혁신고등학교에는 대학 진학 외의 삶의 길을 선택하는 학생 비율이 낮지 않을 가능성이 있음에도 그들을 위한 질적 대안이 충분히 마련되어 있지 않았다. 일부 학교에서는 공식적으로 직업교육 위탁과정을 통해 학생들의 진로를 연결하고자 했지만, 그 과정에 참여한 학생은 학교로부터 소외된 감정을 느꼈고, 위탁과정을 마친 후에도 입지가 불분명했다.

고교학점제가 전면적으로 시행되지 않는 상황에서는 일반고등학교에서 교육과정을 설계할 때 전문교과 I, II를 활용하는 경우 보통교과에서 학습에 대한 흥미가 약한 학생들을 교육과정의 궤도에 복귀하도록 도울 수 있을 것이다. 일반고등학교에서는 직업교육 위탁과정 운영을 기피하는 경향이 있다. 그러나 현실적으로 교육과정 이수에 정상적으로 참여하지 못하거나 개인의 여건에 의해 고통받는 학생들이 있다는 점을 감안하면, 그들에 대한 지원시스템 모색도 충분히 고려할 필요가 있다. 대체로 공동교육과정이 성적이 우수한 학생들을 위해 활용되는 측면이 있는데, 기존 교육과정에 의미를 느끼지 못하는 학생들을 위한 진로형 프로그램 개발에도 관심을 가져야 할 것이다.

교과별 실천의 편차 극복

우리 연구에 참여한 졸업생 대부분은 혁신고등학교의 교육 방향과 실천에 대해 비교적 높게 지지했고, 입시 준비와 관련된 갈등이 없진 않았으나 자신들이 받은 교육에 만족하는 편이었다. 그들은 다양한 수업과 활동을 하며 직접적인 상호작용을 통해 풍부한 경험을 했고, 그것들이 자신의 삶을 세워 가는 데 영감을 주거나 실질적 기술을 배우도록 이끌었다고 보았다.

그러나 그들의 경험을 들여다보면 교사 간 교과 수업 실천에서 차이가 적지 않음을 확인할 수 있었다. 교과 수업에서 프로젝트 기반 학습이 진행되는 경우도 있지만 설명식 수업을 고수하는 경우도 있었고, 다양한 탐색과 발견이 가능하도록 내용을 조직한 수업도 있지만 교과서에 의지하는 수업도 있었다. 그런 모습은 혁신학교가 지향하는 수업, 교육과정, 평가 방향에 대한 교사들의 이해 및 공유와 실제적 학습이 부족했음을 나타내는 것이다. 혁신학교에서 수립한 비전을 명확히 공유하고 그에 전문적 대응 노력을 하지 않은 채 교과의 벽에 갇혀 개인에게 익숙한 방식으로 수업을 하는 무기력한 상황은 극복되어야 할 것이다.

교원학습공동체를 통해 교사 간에 수업을 일상적으로 보고 나누는 문화를 만드는 것이 필요하고, 전입 교사를 대상으로 워크숍 등을 내실 있게 운영하여 혁신학교의 가치를 내면화할 기회를 제공해야 한다. 혁신학교 교사들은 학교에서 무엇을 해야 하고 하지 말아야 하는지에 대한 전문가로서의 규범 또는 실천의 지향점을 확인해야 한다. 그러한 투명성과 개방성, 학습지향성, 공공성, 전문성의 가치가 학교에서 문화로 구현될 때 교과별 실천의 편차가 완화될 수 있을 것이다.

교육과정 자치의 모델 구현

교육 자치는 학교 자치를 향해야 하고, 학교 자치는 교육과정 자치로 이어져야 학교의 고유성을 살린 변화의 시도와 축적이 가능해질 것이다. 국가는 세세한 교육과정이 아닌 대강화된 교육과정을 제시하고 이를 학교와 지역 단위에서 설계할 수 있도록 충분한 권한을 부여해야 한다. 혁신고등학교가 미래형 고등학교로 나아가기 위해서는 교육과정에 관한 과감한 실험이 필요하며, 그 방법 중 하나는 지역 단위와 연계한 교육과정의 구현이다. 이는 마을교육공동체나 혁신교육지구사업과 필연적으로 연계될 수밖에 없다. 학생들이 자신들이 살고 있는 지역에 대해 탐색하고 이해하며 실천하는 과정이 중요하다. 교과와 연계한 지역 이해 단원을 재구성할 수도 있고, 지역 단위 프로젝트를 구현할 수도 있으며, 지역 이해 교과를 개설하여 학생들로 하여금 지역에 대한 애정과 정주의식을 고양할 수도 있다. 그런 맥락에서 혁신고등학교에서는 교육과정, 수업, 평가에 대한 과감한 실험이 필요하다. 이는 곧 다양한 삶을 경험하고 체험하는 과정이 필요하다는 졸업생들의 제언과도 맥이 닿는다. 학생들이 표준화되거나 획일화된 삶의 모델에서 탈피하여 다양한 삶의 경로와 양상을 만들어 갈 수 있다는 것을 경험하도록 해야 한다. 이것은 단속적인 체험 프로그램보다는 일상적으로 교육과정을 이수하면서 자연스럽게 알아 가는 과정으로 제공되어야 한다. 각 학교의 교육과정을 만들어 가는 과정에 학생과 학부모의 참여 역시 중요한 부분이다. 그들의 필요와 요구를 파악하고 학교의 비전과 방향을 세우면서 특색 교과를 포함하여 교육과정을 설계해야 한다. 교육주체들의 참여 과정이 보장된 교육과정의 공동 설계가 필요하며, 이는 공급자 중심 교육과정에서 벗어날 수 있는 첫걸음이다.

혁신고등학교에 관한 성과 정리 및 전략적 홍보

혁신고등학교는 다른 고등학교들에 비해 학생들의 성적이 떨어진다든지, 학생들이 대학 진학에 불리하다는 주장을 포함하여 여러 가지 오해를 받고 있다. 그러나 졸업생의 학교 생활과 현재 삶을 조명해 보는 과정에서 혁신고등학교가 지닌 상당한 잠재력과 장점이 확인되었다. 혁신고등학교는 학교의 가치와 실천 측면에서 기존 일반고등학교와 특수목적고등학교 등에 대하여 차별성을 키우고자 했다. 특히 통제 중심의 학교 문화에서 탈피하여 학생들의 자율성과 자기 주도성을 보장해 주려는 철학은 다양한 교과 및 수업, 체험 프로그램, 학생 자치활동 등을 통해 실천되었다.

그러한 철학과 실천을 보여주는 사례들이 학교 밖으로 충분히 알려지지 않은 측면이 있으므로 그에 대한 체계적 연구와 정리 및 홍보가 필요하다. 특히 혁신학교에 관한 연구가 대체로 학술논문이나 단행본 중심으로 발간되어 온 경향이어서, 대중의 이해를 제고하고 인식을 변화시키는 데 부족한 면이 있다. 유튜브나 소셜 네트워크 서비스(SNS)를 적극 활용하여 혁신고등학교의 특성과 변화를 위한 노력을 공개하고, 개별 학교 단위로도 다양한 성과를 정리하여 공유하며, 교육부나 교육청 차원에서도 새로운 학교교육 문화를 구축하고 전파하기 위해 전략적 홍보 방안을 마련할 필요가 있다.

혁신고등학교의 실천으로
어떻게 사회 변화에 기여할 것인가?

혁신고등학교는 학교운영 체제의 변화를 시도하는 한 단위로서 우리 사회의 구조와 변화를 반영하기도 하지만, 사회 변화를 이끌어낼 수 있는 실천 잠재력도 있다. 혁신고등학교가 기존 교육 및 사회 질서에 문제를 제기하고 대안적 실천을 제시할 수 있는 부분은 일반고등학교 교육과정의 다양화, 고교학점제, 학생의 주체화, 고등학교의 특성을 반영한 대학 입시, 사회 변혁의 관점에서 혁신교육의 확장 등이다. 우선 혁신고등학교가 자율학교로서 교육과정에서의 자율성을 활용하여 학교급 간 연결성을 강화하거나, 학습과 진로 특성을 고려한 특색 있는 교육과정을 다양하게 실험하는 역할을 해야 한다. 교육과정에 대한 혁신적 실험은 학생들의 교과 선택권을 보장하고 개별화된 교육과정을 제공하는 고교학점제의 실천으로 연결될 필요가 있다. 또 지역 내 혁신고등학교를 주축으로 고등학교 학생회 네트워크를 구축하여 교육에 대한 거버넌스에 참여하고 자치를 익힐 수 있도록 준비해야 한다. 그리고 학생들이 혁신고등학교에서 다양한 방법으로 공부하고 활동한 과정 및 결과가 대학 입시 전형에도 연계될 수 있는 모델이 수립되어야 하며, 사회 변혁의 관점에서 혁신교육을 재해석하고 확장하기 위한 담론과 정책을 형성해야 한다.

일반고등학교 교육과정의 다양화 실험

혁신학교는 상대적으로 초등학교와 중학교에서 강점을 발휘하고 있다. 고등학교는 입시 장벽이 워낙 공고하여 여전히 회의적인 시각이 팽배하므로 혁신고등학교를 활성화할 수 있는 정책을 개발해야 한다. 그를 위해서는 혁신고등학교의 양적 확대보다 질적 심화와 성숙을 중시해야 한다. 교육과정에서 자율성을 발휘하고 그 성과를 정리하여 공유하는 일이 고등학교급에서 더욱 시급히 요청된다. 향후 혁신학교 초·중·고 연계 벨트 등을 강화할 필요가 있고, 필요한 경우 중·고 통합운영학교 모델을 적용하여 적어도 6년 이상 혁신교육의 가치를 담보하는 교육과정 체제를 모색할 필요가 있다.

혁신학교는 기본적으로 선발효과보다는 학교효과를 중시하는 학교라는 점에서 중학교에서의 수행 층위에 따라 개별 학생의 성장 모델을 충분히 보급할 필요가 있다. 온라인 양방향 교육과정, 마을교육과정, 진로 프로젝트 모형, 자기 주도 학습모형 등 고등학교에 보다 특화된 정책도 필요하다. 앞으로 특수목적고등학교와 자율형사립고등학교는 존치 가능성이나 영향력이 불투명하거나 낮아질 것으로 보인다. 고교 서열화 역시 간과할 수 없는 교육 문제다. 그러나 특수목적고등학교와 자율형사립고등학교가 일반고등학교 등으로 전환된다 하더라도 혁신고등학교를 포함한 일반고등학교의 교육과정이 특성화, 특색화, 다양화되지 못한다면 상당한 정책 부담이 될 수 있다. 이런 점에서 혁신고등학교는 네트워크에 기반을 둔 미래형 교육과정을 설계하여 일반고등학교 살리기 정책의 중심에 자리할 필요가 있다. 그러한 전략적 사고를 바탕으로 혁신고등학교의 과감한 실험을 전폭적으로 지원해야 한다.

교육과정 편제 혁신을 통한 고교학점제 실험

고교학점제는 진로를 중심으로 한 선택형 교육과정을 보장하면서 책임교육의 가치를 구현하는 시스템이다. 고교학점제는 다소 복잡한 면이 있지만, 학생의 성장을 촉진하는 데 유용한 정책적 도구로 기대된다. 현재 혁신고등학교들에서 운영되는 교육과정은 학교 간에 질적 차이가 심한 편이다. 학생들의 선택권을 대폭 보장해 주는 학교도 있고, 과학중점학교 교육과정의 특성까지 부각하고자 노력하는 학교도 있다. 연구 참여자들이 지적한 것처럼 교과 이수 상황을 보더라도 혁신고등학교 교육과정의 특성이 확연히 드러나지 않는 모호함도 있다. 고등학교에서는 초등학교나 중학교와 달리 선택 교육과정을 운용할 수 있다. 초등학교나 중학교는 학생의 교과 선택 여지가 매우 제한되어 있으므로 창의적 체험활동 중심으로 교육과정을 풀어 가거나 교육과정 재구성 차원에서의 실천이 많이 이루어진다. 고등학교는 교육과정 편제에 관한 다양한 실험을 할 수 있으나, 혁신고등학교가 자율학교의 장점을 교육과정에서 얼마나 극대화하고 있는지, 교육과정에 관한 과감한 혁신을 얼마나 시도하고 있는지는 차분히 살펴보아야 할 영역이다.

고교학점제는 학생들의 선택권뿐만 아니라 책임교육을 중심적 가치로 설정한 교육과정 운영 방식이다(김성천 외, 2019). 선택권은 다양성의 가치를 중시하는 실천이며, 책임교육은 혁신고등학교가 수행해야 할 본질적 역할의 하나다. 그런 측면을 고려할 때 혁신고등학교가 고교학점제의 전면적 도입과 실시에 대비하여 관련 제도에 관한 다양한 실험과 실천을 주도할 수 있고, 그에 대한 정책적 지원이 이루어져야 한다. 학교 간 협력을 통하여 상호 도움을 주고, 나아가 지역사회학습장을 활용하여 다양한 학습 경험을 제공함으로써 이른바 플랫폼과 네트워크 학교 모델을 구축할 필요가 있다.

학생들의 교육 거버넌스 참여를 위한 학생회 네트워크 구축

혁신고등학교에서는 학생들의 자율성, 주체성, 주도성을 일정 수준으로 보장해 주고 있고, 연구에 참여한 졸업생들도 그런 분위기에서 성장했다고 회고했다. 학생 자치도 비교적 활발하게 이루어지고 있어 그에 대한 정보와 노하우가 지역 단위로 확산될 필요가 있다. 제도적으로는 학교운영위원회에 학생들의 참여가 보장되어야 하며, 교육과정, 수업, 평가에 관한 발전 방안을 충분히 개진하고 그를 바탕으로 교원과 소통하는 과정이 중요하다. 이른바 교육주체화의 과정은 일차적으로 학생회의 활성화에서 시작될 수 있기 때문이다. 학생의회나 청소년의회에 관한 논의들이 이루어지고 있는데, 이는 궁극적으로 학생들의 정책 참여를 보장하자는 의미이며 거버넌스에 관한 요구로 보아야 한다.

지역 단위에서 학생들의 네트워크를 구축할 필요가 있다. 혁신고등학교 학생회를 중심으로 인근 학교와 연계하여 구축한 네트워크는 학생회의 실천 수준을 높이는 데 도움이 될 수 있다. 그러나 학생회 임원이 학년도별로 바뀌므로 지속가능성에 한계가 있어 교육지원청 차원에서 다양한 방식으로 지원할 필요가 있다. 교육장이나 교육감과의 정례 간담회가 보장된다면 학생회의 대의체계를 통해 다양한 의견이 수렴될 수 있다.

고등학교-대학 연계 입시 모델 수립

우리 연구에서는 고등학교에서 교과 수업과 체험활동에 충실히 참여하고 그 과정에 대한 의미 있는 기록을 바탕으로 대학에 진학한 졸업생들이 다수 있었고, 그것이 향후 우리 교육이 나아가는 길에 시사하는 바가 적지 않았다. 이른바 과정 중심 평가라든지 교육과정과 수업·평가·기록이 일체화된 모델이 제시된다면 학생부종합전형을 둘러싼 여러 논쟁이 완화 및 해소될 수 있다. 혁신고등학교에서는 기본적으로 관계성을 중심으로 다양한 참여를 강조하고, 교육과정 재구성을 시도하고 있다. 그런 과정이 입시와 분리되는 방식이 아니라 자연스럽게 연계되는 방식이 되면 혁신고등학교 학생들이 대입에서 불리하기보다 오히려 강점을 가질 수 있다. 특히, 교육과정을 통해 학생들의 성장스토리가 만들어지고 그것을 대학에서 면접이나 생활기록부를 통해 밀도 있게 검증할 수 있게 되면 기존 입시 위주 교육과 혁신교육이 반드시 충돌한다고 보기 어려울 것이다. 고등학교와 대학이 학생들의 역량을 중심으로 연계하면서 상생의 길을 찾아야 한다. 특히 수학능력시험의 역할과 비중은 점진적으로 약화시킬 필요가 있다. 수시 전형에서 수학능력시험 최저 등급을 반영하지 않는다면 혁신고등학교의 다양성과 혁신성을 더욱 보장할 수 있다. 결국 대학 입시가 공교육의 발전을 저해하는 게 아니라 도모하는 방식의 고등학교-대학 연계 전략이 필요하다. 예컨대 모집 단위별 특성화 전형을 활성화하여 특정 진로에서 요구되는 교과 이수 여부를 의미 있게 살핀다면 교육과정 다양화는 물론 고교학점제도 촉진할 수 있다. 혁신고등학교의 실험이 과감하게 이루어질 수 있는 대입제도 개선이 요구된다. 공정성 확보의 수단을 수학능력시험의 확대로 인식하기보다는 학생들의 다양한 삶의 특성을 고려한 대입제도의 다양화가 중요하며, 다양한 트랙 내에서 개방성과 투명성, 공공성, 윤리성을 담보할 수 있는 방안을 모색할 필요가 있다.

혁신교육을 통한 사회 혁신 추동

우리 연구에서는 혁신교육의 가치 확장성과 연속성에 관한 논의의 출발점이 될 수 있는 주제를 확인했다. 졸업생들이 고등학교에서는 토론·발표·프로젝트 방식으로 수업에 적극 참여했는데, 대부분의 대학 수업에서는 강의식 수업과 암기식 시험으로 회귀한 모습을 보여주었다. 일부 졸업생은 시험에서 교수가 전달한 지식을 그대로 옮겨 적어야 좋은 학점을 받을 수 있다는 사실에 당혹감을 나타냈다. 고등학교에서는 협력의 가치를 또래들에게 적용하고 실천했는데, 대학에서는 대부분의 동료 학생들이 학업 관련 정보를 이기적으로 관리하고 활용했다. 또 문제의식을 바탕으로 삶의 공간에서 변화를 추동하려다가 위계적 문화나 권위적 문화 속에서 의기가 꺾이기도 했다. 비진학자들의 경우 전통적 대학 서열이 아닌 진로 또는 가치에 의해 선택한 길에 대해 주변 사람들의 시선이 다르다는 것을 확인하면서 갈등을 겪기도 했다.

혁신교육은 계속 진화하여 혁신학교를 넘어 학교 혁신을, 학교 혁신을 넘어 지역 혁신으로, 대학 혁신으로, 사회 혁신으로 나아가야 한다(나현주 외, 2018). 사회 변혁의 관점에서 혁신교육을 재해석하고 확장하지 않으면 혁신 고등학교 고립 현상이 나타날 수 있다. 혁신교육은 궁극적으로 학교를 바꾸어 사회를 변화시키겠다는 관점을 내포하고 있다. 혁신교육은 근본적으로 포용사회 또는 포용국가의 비전과 연결된다. 포용의 가치는 기본적으로 다양성에 대한 인정을 전제로 한다. 혁신고등학교는 획일화된 기존 학교의 모습에 균열을 내는 역할을 하고 있으나 주류적 흐름으로 자리매김했다고 보기는 어렵다. 그런 맥락에서 혁신고등학교의 가치를 확장하기 위한 사회적 담론의 형성과 정책 방안 수립이 절실히 요구된다. 고립된 학교를 넘어 연대하는 학교의 모습은 사회 혁신을 위한 기본적인 준비 과정이 된다.

참고문헌

경기도교육청(2018). 학교 혁신 정책 이해자료.

경기도교육청(2019). 2019 학교 혁신 운영 기본계획.

권새봄·김대훈·김성은·김찬울·이정·이재경·정동녘(2012). 학교 바꾸기 그 후 12년:
남한산초등학교 졸업생들의 이야기. 서울: 맘에드림.

김성천(2018). 혁신학교 정책의 여섯 가지 차원의 딜레마. 교육문화연구, 24(2), 33-56.

김성천·정미라·민일홍(2019). 고교학점제란 무엇인가. 서울: 맘에드림.

김영화(2014). 대안학교 졸업생은 어떤 삶을 살아가고 있는가? 교육사회학연구, 24(3), 63-97.

김은수(2017). 혁신고등학교와 일반고등학교 학생의 학교 생활만족도 비교. 부경대학교
교육대학원 석사학위논문.

김지수·박수빈·정소연·김준수·유동우·장유진·권택현·김채란·박유순·송화영·조용주·하현승·정
영준·김정안·이선미·김인호(2015). 혁신고등학교 졸업생들이 전하는 진짜 공부 : 혁신학교
3년 세상을 배우다. 서울: 맘에드림.

나현주·김성천·임재일(2018). 경기혁신교육 3.0 개념 정립 연구. 현안 2018-12.
경기도교육연구원.

나효진(2015). 경기도혁신학교 운영에 따른 학교체제 변화 연구: 초등학교 사례를 중심으로.
중부대학교 대학원 박사학위논문.

남궁상운·이현근·정태식·강영기·손수경(2017). 학교 혁신의 길, 아이들에게 묻다. 서울: 살림터.

박근영(2018). 전국 시·도별 혁신학교 지정 및 운영 수의 변화 추이. 교육정책포럼, 297, 37-39.

박세준·이해니·이승호(2019). 혁신학교 고등학생의 인지적, 정의적 성취에 대한 종단적 비교
분석: 특목고, 자사고, 일반고와의 차이를 중심으로. 학습자중심교과교육연구, 19((1), 569-
595.

서민희·전경희(2018). 초등단계 혁신학교 재학 경험이 학생의 학업성취도 향상에 미치는 영향.
교육연구논총, 39(1), 1-21.

안병영·하연섭(2014). 한국의 교육개혁: 평가와 과제. 수탁연구 CR 2014-36. 한국교육개발원.

유경훈(2014). 혁신 고등학교 운영과정의 특징에 관한 문화기술적 사례연구: 양가성(ambivalence)을 중심으로. 교육행정학연구, 32(4), 229-261.

유기웅·정종원·김영석·김한별(2012). 질적 연구방법의 이해. 서울: 박영사.

이정연·남미자·이은지·윤희정·목정연·김미영(2018). 혁신 초중학교 졸업생의 고등학교 생활 연구. 정책연구 2018-09. 경기도교육연구원.

이중현(2017). 혁신학교는 지속가능한가: 혁신학교의 도약을 위한 진단과 제안. 서울: 에듀니티.

조용환(1999). 질적 연구: 방법과 사례. 서울: 교육과학사.

조용환·송수진·이아리따·최상근·차성현(2009). 고등학생의 학업생활과 문화 연구. 연구보고 RR 2009-08-2. 한국교육개발원.

조윤정·남미자·정진화·이규대(2014). 경기도 혁신고등학교 교육과정 구성 및 실행에 관한 사례 연구. 기본연구 2014-07. 경기도교육연구원.

Ezzy, D. (2002). *Qualitative analysis: Practice and innovation*. London: Routledge.

Merriam, S. B. (2009). *Qualitative research: A guide to design and implementation*. San Francisco, CA: Jossey-Bass.

삶의 행복을 꿈꾸는 교육은 어디에서 오는가?

교육혁명을 앞당기는 배움책 이야기 혁신교육의 철학과 잉걸진 미래를 만나다!

한국교육연구네트워크 총서

01 핀란드 교육혁명
한국교육연구네트워크 엮음 | 320쪽 | 값 15,000원

02 일제고사를 넘어서
한국교육연구네트워크 엮음 | 284쪽 | 값 13,000원

03 새로운 사회를 여는 교육혁명
한국교육연구네트워크 엮음 | 380쪽 | 값 17,000원

04 교장제도 혁명
한국교육연구네트워크 엮음 | 268쪽 | 값 14,000원

05 새로운 사회를 여는 교육자치 혁명
한국교육연구네트워크 엮음 | 312쪽 | 값 15,000원

06 혁신학교에 대한 교육학적 성찰
한국교육연구네트워크 엮음 | 308쪽 | 값 15,000원

07 진보주의 교육의 세계적 동향
한국교육연구네트워크 엮음 | 324쪽 | 값 17,000원
2018 세종도서 학술부문

08 더 나은 세상을 위한 학교혁명
한국교육연구네트워크 엮음 | 404쪽 | 값 21,000원
2018 세종도서 교양부문

09 비판적 실천을 위한 교육학
이윤미 외 지음 | 448쪽 | 값 23,000원
2019 세종도서 학술부문

10 마을교육공동체운동:
   세계적 동향과 전망
심성보 외 지음 | 376쪽 | 값 18,000원

11 학교 민주시민교육의 세계적 동향과 과제
심성보 외 지음 | 308쪽 | 값 16,000원

12 학교를 민주주의의 정원으로
   가꿀 수 있을까?
성열관 외 지음 | 272쪽 | 값 16,000원

한국교육연구네트워크 번역 총서

01 프레이리와 교육
존 엘리아스 지음 | 한국교육연구네트워크 옮김
276쪽 | 값 14,000원

02 교육은 사회를 바꿀 수 있을까?
마이클 애플 지음 | 강희룡·김선우·박원순·이형빈 옮김
356쪽 | 값 16,000원

03 비판적 페다고지는
   세상을 변화시킬 수 있는가?
Seewha Cho 지음 | 심성보·조시화 옮김 | 280쪽 | 값 14,000원

04 마이클 애플의 민주학교
마이클 애플·제임스 빈 엮음 | 강희룡 옮김 | 276쪽 | 값 14,000원

05 21세기 교육과 민주주의
넬 나딩스 지음 | 심성보 옮김 | 392쪽 | 값 18,000원

06 세계교육개혁:
   민영화 우선인가 공적 투자 강화인가?
린다 달링-해먼드 외 지음 | 심성보 외 옮김 | 408쪽 | 값 21,000원

07 콩도르세, 공교육에 관한 다섯 논문
니콜라 드 콩도르세 지음 | 이주환 옮김 | 300쪽 | 값 16,000원
2019세종도서학술부문

08 학교를 변론하다
얀 마스켈라인·마틴 시몬스 지음 | 윤선인 옮김
252쪽 | 값 15,000원

09 존 듀이와 교육
짐 개리슨 외 지음 | 심성보 외 옮김 | 376쪽 | 값 19,000원

10 진보주의 교육운동사
윌리엄 헤이스 지음 | 심성보 외 옮김 | 324쪽 | 값 18,000원

혁신학교
성열관·이순철 지음 | 224쪽 | 값 12,000원

행복한 혁신학교 만들기
초등교육과정연구모임 지음 | 264쪽 | 값 13,000원

서울형 혁신학교 이야기
이부영 지음 | 320쪽 | 값 15,000원

대한민국 교사, 어떻게 가르칠 것인가?
윤성관 지음 | 320쪽 | 값 15,000원

아이들을 어떻게 가르칠 것인가
사토 마나부 지음 | 박찬영 옮김 | 232쪽 | 값 13,000원

비고츠키 선집 시리즈 발달과 협력의 교육학 어떻게 읽을 것인가?

 생각과 말
레프 세묘노비치 비고츠키 지음
배희철·김용호·D. 켈로그 옮김 | 690쪽 | 값 33,000원

 도구와 기호
비고츠키·루리야 지음 | 비고츠키 연구회 옮김
336쪽 | 값 16,000원

 어린이 자기행동숙달의 역사와 발달 Ⅰ
L.S. 비고츠키 지음 | 비고츠키 연구회 옮김
564쪽 | 값 28,000원

 어린이 자기행동숙달의 역사와 발달 Ⅱ
L.S. 비고츠키 지음 | 비고츠키 연구회 옮김
552쪽 | 값 28,000원

 어린이의 상상과 창조
L.S. 비고츠키 지음 | 비고츠키 연구회 옮김
280쪽 | 값 15,000원

 비고츠키와 인지 발달의 비밀
A.R. 루리야 지음 | 배희철 옮김 | 280쪽 | 값 15,000원

 수업과 수업 사이
비고츠키 연구회 지음 | 196쪽 | 값 12,000원

 비고츠키의 발달교육이란 무엇인가?
비고츠키교육학실천연구모임 지음 | 412쪽 | 값 21,000원

 비고츠키 철학으로 본 핀란드 교육과정
배희철 지음 | 456쪽 | 값 23,000원

 성장과 분화
L.S. 비고츠키 지음 | 비고츠키 연구회 옮김
308쪽 | 값 15,000원

 연령과 위기
L.S. 비고츠키 지음 | 비고츠키 연구회 옮김
336쪽 | 값 17,000원

 의식과 숙달
L.S 비고츠키 | 비고츠키 연구회 옮김
348쪽 | 값 17,000원

 분열과 사랑
L.S. 비고츠키 지음 | 비고츠키 연구회 옮김
260쪽 | 값 16,000원

 성애와 갈등
L.S. 비고츠키 지음 | 비고츠키 연구회 옮김
268쪽 | 값 17,000원

 관계의 교육학, 비고츠키
진보교육연구소 비고츠키교육학실천연구모임 지음
300쪽 | 값 15,000원

 비고츠키 생각과 말 쉽게 읽기
진보교육연구소 비고츠키교육학실천연구모임 지음
316쪽 | 값 15,000원

 교사와 부모를 위한 비고츠키 교육학
카르포프 지음 | 실천교사번역팀 옮김 | 308쪽 | 값 15,000원

 모두를 위한 국제이해교육
한국국제이해교육학회 지음 | 364쪽 | 값 16,000원

 혁신교육, 철학을 만나다
브렌트 데이비스·데니스 수마라 지음
현인철·서용선 옮김 | 304쪽 | 값 15,000원

 혁신교육 존 듀이에게 묻다
서용선 지음 | 292쪽 | 값 14,000원

 다시 읽는 조선 교육사
이만규 지음 | 750쪽 | 값 33,000원

 대한민국 교육혁명
교육혁명공동행동 연구위원회 지음 | 224쪽 | 값 12,000원

 경쟁을 넘어 발달 교육으로
현광일 지음 | 288쪽 | 값 14,000원

 독일 교육, 왜 강한가?
박성희 지음 | 324쪽 | 값 15,000원

 핀란드 교육의 기적
한넬레 니에미 외 엮음 | 장수명 외 옮김 | 456쪽 | 값 23,000원

 한국 교육의 현실과 전망
심성보 지음 | 724쪽 | 값 35,000원

4·16, 질문이 있는 교실 마주이야기 통합수업으로 혁신교육과정을 재구성하다!

통하는 공부
김태호·김형우·이경석·심우근·허진만 지음
324쪽 | 값 15,000원

내일 수업 어떻게 하지?
아이함께 지음 | 300쪽 | 값 15,000원
2015 세종도서 교양부문

인간 회복의 교육
성래운 지음 | 260쪽 | 값 13,000원

교과서 너머 교육과정 마주하기
이윤미 외 지음 | 368쪽 | 값 17,000원

수업 고수들
수업·교육과정·평가를 말하다
박현숙 외 지음 | 368쪽 | 값 17,000원

도덕 수업, 책으로 묻고 윤리로 답하다
울산도덕교사모임 지음 | 320쪽 | 값 15,000원

체육 교사, 수업을 말하다
전용진 지음 | 304쪽 | 값 15,000원

교실을 위한 프레이리
아이러 쇼어 엮음 | 사람대사람 옮김 | 412쪽 | 값 18,000원

마을교육공동체란 무엇인가?
서용선 외 지음 | 360쪽 | 값 17,000원

교사, 학교를 바꾸다
정진화 지음 | 372쪽 | 값 17,000원

함께 배움
학생 주도 배움 중심 수업 이렇게 한다
니시카와 준 지음 | 백경석 옮김 | 280쪽 | 값 15,000원

공교육은 왜?
홍섭근 지음 | 352쪽 | 값 16,000원

자기혁신과 공동의 성장을 위한
교사들의 필리버스터
윤양수·원종희·장군·조경삼 지음 | 280쪽 | 값 14,000원

함께 배움 이렇게 시작한다
니시카와 준 지음 | 백경석 옮김 | 196쪽 | 값 12,000원

함께 배움 교사의 말하기
니시카와 준 지음 | 백경석 옮김 | 188쪽 | 값 12,000원

교육과정 통합, 어떻게 할 것인가?
성열관 외 지음 | 192쪽 | 값 13,000원

학교 혁신의 길, 아이들에게 묻다
남궁상운 외 지음 | 272쪽 | 값 15,000원

미래교육의 열쇠, 창의적 문화교육
심광현·노명우·강정석 지음 | 368쪽 | 값 16,000원

주제통합수업, 아이들을 수업의 주인공으로!
이윤미 외 지음 | 392쪽 | 값 17,000원

수업과 교육의 지평을 확장하는 수업 비평
윤양수 지음 | 316쪽 | 값 15,000원
2014 문화체육관광부 우수교양도서

교사, 선생이 되다
김태은 외 지음 | 260쪽 | 값 13,000원

교사의 전문성, 어떻게 만들어지나
국제교원노조연맹 보고서 | 김석규 옮김 392쪽 | 값 17,000원

수업의 정치
윤양수·원종희·장군 지음 | 280쪽 | 값 14,000원

학교협동조합,
현장체험학습과 마을교육공동체를 잇다
주주원 외 지음 | 296쪽 | 값 15,000원

거꾸로 교실,
잠자는 아이들을 깨우는 수업의 비밀
이민경 지음 | 280쪽 | 값 14,000원

교사는 무엇으로 사는가
정은균 지음 | 292쪽 | 값 15,000원

마음의 힘을 기르는 감성수업
조선미 외 지음 | 300쪽 | 값 15,000원

작은 학교 아이들
지경준 엮음 | 376쪽 | 값 17,000원

아이들의 배움은 어떻게 깊어지는가
이시이 쥰지 지음 | 방지현·이창희 옮김 | 200쪽 | 값 11,000원

대한민국 입시혁명
참교육연구소 입시연구팀 지음 | 220쪽 | 값 12,000원

교사를 세우는 교육과정
박승열 지음 | 312쪽 | 값 15,000원

전국 17명 교육감들과 나눈 교육 대담
최창의 대담·기록 | 272쪽 | 값 15,000원

들뢰즈와 가타리를 통해 유아교육 읽기
리세롯 마리엣 올슨 지음 | 이연선 외 옮김 | 328쪽 | 값 17,000원

학교 민주주의의 불한당들
정은균 지음 | 276쪽 | 값 14,000원

프레이리의 사상과 실천
사람대사람 지음 | 352쪽 | 값 18,000원
2018 세종도서 학술부문

혁신학교, 한국 교육의 미래를 열다
송순재 외 지음 | 608쪽 | 값 30,000원

페다고지를 위하여
프레네의『페다고지 불변요소』읽기
박찬영 지음 | 296쪽 | 값 15,000원

노자와 탈현대 문명
홍승표 지음 | 284쪽 | 값 15,000원

선생님, 민주시민교육이 뭐예요?
염경미 지음 | 244쪽 | 값 15,000원

어쩌다 혁신학교
유우석 외 지음 | 380쪽 | 값 17,000원

미래, 교육을 묻다
정광필 지음 | 232쪽 | 값 15,000원

대학, 협동조합으로 교육하라
박주희 외 지음 | 252쪽 | 값 15,000원

입시, 어떻게 바꿀 것인가?
노기원 지음 | 306쪽 | 값 15,000원

촛불시대, 혁신교육을 말하다
이용관 지음 | 240쪽 | 값 15,000원

라운드 스터디
이시이 데루마사 외 엮음 | 224쪽 | 값 15,000원

미래교육을 디자인하는 학교교육과정
박승열 외 지음 | 348쪽 | 값 18,000원

흥미진진한 아일랜드 전환학년 이야기
제리 제퍼스 지음 | 최상덕·김호원 옮김 | 508쪽 | 값 27,000원

폭력 교실에 맞서는 용기
따돌림사회연구모임 학급운영팀 지음 | 272쪽 | 값 15,000원

그래도 혁신학교
박은혜 외 지음 | 248쪽 | 값 15,000원

학교는 어떤 공동체인가?
성열관 외 지음 | 228쪽 | 값 15,000원

교사 전쟁
다나 골드스타인 지음 | 유성상 외 옮김 | 468쪽 | 값 23,000원

시민, 학교에 가다
최형규 지음 | 260쪽 | 값 15,000원

교육과정, 수업, 평가의 일체화
리사 카터 지음 | 박승열 외 옮김 | 196쪽 | 값 13,000원

학교를 개선하는 교장
지속가능한 학교 혁신을 위한 실천 전략
마이클 풀란 지음 | 서동연·정효준 옮김 | 216쪽 | 값 13,000원

공자뎐, 논어는 이것이다
유문상 지음 | 392쪽 | 값 18,000원

교사와 부모를 위한 발달교육이란 무엇인가?
현광일 지음 | 380쪽 | 값 18,000원

교사, 이오덕에게 길을 묻다
이무완 지음 | 328쪽 | 값 15,000원

낙오자 없는 스웨덴 교육
레이프 스트란드베리 지음 | 변광수 옮김 | 208쪽 | 값 13,000원

끝나지 않은 마지막 수업
장석웅 지음 | 328쪽 | 값 20,000원

경기 꿈의 학교
진흥섭 외 지음 | 360쪽 | 값 17,000원

학교를 말한다
이성우 지음 | 292쪽 | 값 15,000원

행복도시 세종, 혁신교육으로 디자인하다
곽순일 외 지음 | 392쪽 | 값 18,000원

나는 거꾸로 교실 거꾸로 교사
류광모·임정훈 지음 | 212쪽 | 값 13,000원

교실 속으로 간 이해중심 교육과정
온정덕 외 지음 | 224쪽 | 값 13,000원

교실, 평화를 말하다
따돌림사회연구모임 초등우정팀 지음 | 268쪽 | 값 15,000원

학교자율운영 2.0
김용 지음 | 240쪽 | 값 15,000원

학교자치를 부탁해
유우석 외 지음 | 252쪽 | 값 15,000원

국제이해교육 페다고지
강순원 외 지음 | 256쪽 | 값 15,000원

선생님, 페미니즘이 뭐예요?
염경미 지음 | 280쪽 | 값 15,000원

평화의 교육과정 섬김의 리더십
이준원·이형빈 지음 | 292쪽 | 값 16,000원

학교를 살리는 회복적 생활교육
김민자·이순영·정선영 지음 | 256쪽 | 값 15,000원

수포자의 시대
김성수·이형빈 지음 | 252쪽 | 값 15,000원

교사를 위한 교육학 강의
이형빈 지음 | 336쪽 | 값 17,000원

혁신학교와 실천적 교육과정
신은희 지음 | 236쪽 | 값 15,000원

새로운학교 학생을 날게 하다
새로운학교네트워크 총서 02 | 408쪽 | 값 20,000원

삶의 시간을 잇는 문화예술교육
고영직 지음 | 292쪽 | 값 16,000원

세월호가 묻고 교육이 답하다
경기도교육연구원 지음 | 214쪽 | 값 13,000원

혐오, 교실에 들어오다
이혜정 외 지음 | 232쪽 | 값 15,000원

미래교육, 어떻게 만들어갈 것인가?
송기상·김성천 지음 | 300쪽 | 값 16,000원
2019 세종도서 교양부문

혁신교육지구와 마을교육공동체는
어떻게 만들어지는가?
김태정 지음 | 376쪽 | 값 18,000원

교육에 대한 오해
우문영 지음 | 224쪽 | 값 15,000원

선생님, 특성화고 자기소개서 어떻게 써요?
이지영 지음 | 322쪽 | 값 17,000원

혁신교육지구 현장을 가다
이용운 외 지음 | 348쪽 | 값 18,000원

학생과 교사, 수업을 묻다
전용진 지음 | 344쪽 | 값 18,000원

배움의 독립선언, 평생학습
정민승 지음 | 240쪽 | 값 15,000원

혁신학교의 꽃, 교육과정 다시 그리기
안재일 지음 | 344쪽 | 값 18,000원

서울의 마을교육
이용운 외 10인 지음 | 352쪽 | 값 18,000원

교육혁신의 시대 배움의 공간을 상상하다
함영기 외 13인 지음 | 264쪽 | 값 17,000원

학습격차 해소를 위한 새로운 도전:
보편적 학습설계 수업
조윤정 외 3인 지음 | 225쪽 | 값 15,000원

평화와 인성을 키우는 자기우정
따돌림사회연구모임 우정팀 지음 | 240쪽 | 값 15,000원

물질의 새로운 만남
베로니카 파치니-케처바우 지음 | 이연선 외 옮김
240쪽 | 값 15,000원

미래교육을 열어가는 배움중심 원격수업
하늘빛중학교 원격수업연구회 지음 | 332쪽 | 값 17,000원

살림터 참교육 문예 시리즈 영혼이 있는 삶을 가르치는 온 선생님을 만나다!

꽃보다 귀한 우리 아이는
조재도 지음 | 244쪽 | 값 12,000원

선생님이 먼저 때렸는데요
강병철 지음 | 248쪽 | 값 12,000원

성깔 있는 나무들
최은숙 지음 | 244쪽 | 값 12,000원

서울 여자, 시골 선생님 되다
조경선 지음 | 252쪽 | 값 12,000원

아이들에게 세상을 배웠네
명혜정 지음 | 240쪽 | 값 12,000원

행복한 창의 교육
최창의 지음 | 328쪽 | 값 15,000원

밥상에서 세상으로
김흥숙 지음 | 280쪽 | 값 13,000원

북유럽 교육 기행
정애경 외 14인 지음 | 288쪽 | 값 14,000원

우물쭈물하다 끝난 교사 이야기
유기창 지음 | 380쪽 | 값 17,000원

시험 시간에 웃은 건 처음이에요
조규선 지음 | 252쪽 | 값 15,000원

오천년을 사는 여자
염경미 지음 | 272쪽 | 값 16,000원

다정한 교실에서 20,000시간
강정희 지음 | 296쪽 | 값 16,000원

교과서 밖에서 만나는 역사 교실 상식이 통하는 살아 있는 역사를 만나다

전봉준과 동학농민혁명
조광환 지음 | 336쪽 | 값 15,000원

남도의 기억을 걷다
노성태 지음 | 344쪽 | 값 14,000원

응답하라 한국사 1·2
김은석 지음 | 356쪽·368쪽 | 각권 값 15,000원

즐거운 국사수업 32강
김남선 지음 | 280쪽 | 값 11,000원

즐거운 세계사 수업
김은석 지음 | 328쪽 | 값 13,000원

강화도의 기억을 걷다
최보길 지음 | 276쪽 | 값 14,000원

광주의 기억을 걷다
노성태 지음 | 348쪽 | 값 15,000원

선생님도 궁금해하는 한국사의 비밀 20가지
김은석 지음 | 312쪽 | 값 15,000원

걸림돌
키르스텐 세룹-빌펠트 지음 | 문봉애 옮김
248쪽 | 값 13,000원

역사수업을 부탁해
열 사람의 한 걸음 지음 | 388쪽 | 값 18,000원

진실과 거짓, 인물 한국사
하성환 지음 | 400쪽 | 값 18,000원

우리 역사에서 사라진 근현대 인물 한국사
하성환 지음 | 296쪽 | 값 18,000원

꼬물꼬물 거꾸로 역사수업
역모자들 지음 | 436쪽 | 값 23,000원

즐거운 동아시아사 수업
김은석 지음 | 240쪽 | 값 15,000원

노성태, 역사의 길을 걷다
노성태 지음 | 324쪽 | 값 17,000원

교과서 밖에서 배우는 역사 공부
정은교 지음 | 292쪽 | 값 14,000원

팔만대장경도 모르면 빨래판이다
전병철 지음 | 360쪽 | 값 16,000원

빨래판도 잘 보면 팔만대장경이다
전병철 지음 | 360쪽 | 값 16,000원

영화는 역사다
강성률 지음 | 288쪽 | 값 13,000원

친일 영화의 해부학
강성률 지음 | 264쪽 | 값 15,000원

한국 고대사의 비밀
김은석 지음 | 304쪽 | 값 13,000원

조선족 근현대 교육사
정미량 지음 | 320쪽 | 값 15,000원

다시 읽는 조선근대 교육의 사상과 운동
윤건차 지음 | 이명실·심성보 옮김 | 516쪽 | 값 25,000원

음악과 함께 떠나는 세계의 혁명 이야기
조광환 지음 | 292쪽 | 값 15,000원

논쟁으로 보는 일본 근대 교육의 역사
이명실 지음 | 324쪽 | 값 17,000원

다시, 독립의 기억을 걷다
노성태 지음 | 320쪽 | 값 16,000원

한국사 리뷰
김은석 지음 | 244쪽 | 값 15,000원

경남의 기억을 걷다
류형진 외 지음 | 564쪽 | 값 28,000원

어제와 오늘이 만나는 교실
학생과 교사의 역사수업 에세이
정진경 외 지음 | 328쪽 | 값 17,000원

우리 역사에서 왜곡되고 사라진
근현대 인물 한국사
하성환 지음 | 348쪽 | 값 18,000원

더불어 사는 정의로운 세상을 여는 인문사회과학 사람의 존엄과 평등의 가치를 배운다

밥상혁명
강양구·강이현 지음 | 298쪽 | 값 13,800원

좌우지간 인권이다
안경환 지음 | 288쪽 | 값 13,000원

도덕 교과서 무엇이 문제인가?
김대용 지음 | 272쪽 | 값 14,000원

민주시민교육
심성보 지음 | 544쪽 | 값 25,000원

자율주의와 진보교육
조엘 스프링 지음 | 심성보 옮김 | 320쪽 | 값 15,000원

민주시민을 위한 도덕교육
심성보 지음 | 500쪽 | 값 25,000원
2015 세종도서 학술부문

민주화 이후의 공동체 교육
심성보 지음 | 392쪽 | 값 15,000원
2009 문화체육관광부 우수학술도서

교과서 밖에서 배우는 인문학 공부
정은교 지음 | 280쪽 | 값 13,000원

갈등을 넘어 협력 사회로
이창언·오수길·유문종·신윤관 지음 | 280쪽 | 값 15,000원

오래된 미래교육
정재걸 지음 | 392쪽 | 값 18,000원

동양사상과 마음교육
정재걸 외 지음 | 356쪽 | 값 16,000원
2015 세종도서 학술부문

대한민국 의료혁명
전국보건의료산업노동조합 엮음 | 548쪽 | 값 25,000원

교과서 밖에서 배우는 철학 공부
정은교 지음 | 280쪽 | 값 14,000원

교과서 밖에서 배우는 고전 공부
정은교 지음 | 288쪽 | 값 14,000원

교과서 밖에서 배우는 사회 공부
정은교 지음 | 304쪽 | 값 15,000원

전체 안의 전체 사고 속의 사고
김우창의 인문학을 읽다
현광일 지음 | 320쪽 | 값 15,000원

교과서 밖에서 배우는 윤리 공부
정은교 지음 | 292쪽 | 값 15,000원

카스트로, 종교를 말하다
피델 카스트로·프레이 베토 대담 | 조세종 옮김
420쪽 | 값 21,000원

한글 혁명
김슬옹 지음 | 388쪽 | 값 18,000원

일제강점기 한국철학
이태우 지음 | 448쪽 | 값 25,000원

우리 안의 미래교육
정재걸 지음 | 484쪽 | 값 25,000원

한국 교육 제4의 길을 찾다
이길상 지음 | 400쪽 | 값 21,000원
2019세종도서학술부문

왜 그는 한국으로 돌아왔는가?
황선준 지음 | 364쪽 | 값 17,000원
2019세종도서교양부문

마을교육공동체 생태적 의미와 실천
김용련 지음 | 256쪽 | 값 15,000원

공간, 문화, 정치의 생태학
현광일 지음 | 232쪽 | 값 15,000원

교육과정에서 왜 지식이 중요한가
심성보 지음 | 440쪽 | 값 23,000원

인공지능 시대의 사회학적 상상력
홍승표 지음 | 260쪽 | 값 15,000원

식물에게서 교육을 배우다
이차영 지음 | 260쪽 | 값 15,000원

동양사상과 인간 그리고 사회
이현지 지음 | 418쪽 | 값 21,000원

왜 전태일인가
송필경 지음 | 236쪽 | 값 17,000원

장자와 탈현대
정재걸 외 4인 지음 | 424쪽 | 값 21,000원

한국 세계시민교육이 나아갈 길을 묻다
유네스코태평양 국제이해교육원 지음 | 360쪽 | 값 18,000원

놀자선생의 놀이인문학
진용근 지음 | 380쪽 | 값 18,000원

대한민국 대학혁명
대학무상화·대학평준화 추진본부 연구위원회 지음 | 240쪽 |
값 15,000원

포스트 코로나 시대, 예술과 정치
현광일지음 | 288쪽 | 값 16,000원

코로나 시대, 마을교육공동체 운동과
생태적 교육학
심성보지음 | 280쪽 | 값 17,000원

평화샘 프로젝트 매뉴얼 시리즈 학교폭력에 대한 근본적인 예방과 대책을 찾는다

학교폭력 어떻게 만들어지는가
문재현 외 지음 l 300쪽 l 값 14,000원

학교폭력, 멈춰!
문재현 외 지음 l 348쪽 l 값 15,000원

왕따, 이렇게 해결할 수 있다
문재현 외 지음 l 236쪽 l 값 12,000원

젊은 부모를 위한 백만 년의 육아 슬기
문재현 지음 l 248쪽 l 값 13,000원

우리는 마을에 산다
유양우·신동명·김수동·문재현 지음 l 312쪽 l 값 15,000원

누가, 학교폭력 해결을 가로막는가?
문재현 외 지음 l 312쪽 l 값 15,000원

아이들을 살리는 동네
문재현·신동명·김수동 지음 l 204쪽 l 값 10,000원

평화! 행복한 학교의 시작
문재현 외 지음 l 252쪽 l 값 12,000원

마을에 배움의 길이 있다
문재현 지음 l 208쪽 l 값 10,000원

별자리, 인류의 이야기 주머니
문재현·문한뫼 지음 l 444쪽 l 값 20,000원

동생아, 우리 뭐 하고 놀까?
문재현 외 지음 l 280쪽 l 값 15,000원

**코로나 19가 앞당긴 미래,
마을에서 찾는 배움길**
문재현 외 5인 지음 l 308쪽 l 값 16,000원

남북이 하나 되는 두물머리 평화교육 분단 극복을 위한 치열한 배움과 실천을 만나다

10년 후 통일
정동영·지승호 지음 l 328쪽 l 값 15,000원

분단시대의 통일교육
성래운 지음 l 428쪽 l 값 18,000원

한반도 평화교육 어떻게 할 것인가
이기범 외 지음 l 252쪽 l 값 15,000원

선생님, 통일이 뭐예요?
정경호 지음 l 252쪽 l 값 13,000원

김창환 교수의 DMZ 지리 이야기
김창환 지음 l 264쪽 l 값 15,000원

포괄적 평화교육
베티 리어든 지음 l 강순원 옮김 l 252쪽 l 값 17,000원

창의적인 협력 수업을 지향하는 삶이 있는 국어 교실 우리말 글을 배우며 세상을 배운다

중학교 국어 수업 어떻게 할 것인가?
김미경 지음 l 340쪽 l 값 15,000원

토닥토닥 토론해요
명혜정·이명선·조선미 엮음 l 288쪽 l 값 15,000원

어린이와 시
오인태 지음 l 192쪽 l 값 12,000원

언어던
정은균 지음 l 268쪽 l 값 15,000원
2019 세종도서 교양부문

감각의 갱신, 화장하는 인민
남북문학예술연구회 l 380쪽 l 값 19,000원

토론의 숲에서 나를 만나다
명혜정 엮음 l 312쪽 l 값 15,000원

인문학의 숲을 거니는 토론 수업
순천국어교사모임 엮음 l 308쪽 l 값 15,000원

수업, 슬로리딩과 함께
박경숙 외 지음 l 268쪽 l 값 15,000원

민촌 이기영 평전
이성렬 지음 l 508쪽 l 값 20,000원

참된 삶과 교육에 관한
생각 줍기